2.80

D1858290

Zu diesem Buch

Werner Hofmann stellt mit diesem Leitfaden eine neuartige Form von Orientierungshilfe zum Verständnis der Wirtschaftsgesellschaft zur Verfügung. Mit aller Sorgfalt werden die Grundfragen der Gesellschaft und ihrer ökonomischen Bedingungen erläutert.

Nach einer methodischen Einleitung werden im ersten Teil Grundbegriffe der Gesellschaftslehre behandelt; der zweite Teil enthält eine kritische Bestandsaufnahme der vorkapitalistischen Gesellschaftsformationen; der dritte Teil analysiert die kapitalistische Erwerbsgesellschaft: A. ihre gesellschaftlichen Grundverhältnisse, B. die Hauptaspekte des Wirtschaftsgeschehens (Wertschöpfung, Kapitalgewinn und Arbeitslohn, Preisbildung, Geld und Kredit, den volkswirtschaftlichen Gesamtprozeß, die Weltwirtschaft), C. die Grundbedingungen der Wirtschaftspolitik und D. die wichtigsten ökonomischen Lehrmeinungen; der vierte Teil kennzeichnet die Struktur der sozialistischen Gesellschaft.

Werner Hofmann, *geboren 1922, ist seit 1966 Ordinarius für Soziologie an der Philipps-Universität Marburg und Direktor des Soziologischen Instituts.*

Zahlreiche Buchveröffentlichungen – vgl. Bibliographie zu diesem Band –; unter anderem mit Heinz Maus gemeinsame Herausgabe von rororo aktuell 986 «Notstandsordnung und Gesellschaft in der Bundesrepublik».

WERNER HOFMANN

Grundelemente der Wirtschaftsgesellschaft

Ein Leitfaden für Lehrende

rororo

ROWOHLT

rororo aktuell – Herausgegeben von Fritz J. Raddatz

ERSTAUSGABE

1.–25. Tausend April 1969
26.–33. Tausend Dezember 1969

Veröffentlicht im Rowohlt Taschenbuch Verlag GmbH,
Reinbek bei Hamburg, April 1969
Umschlagentwurf Werner Rebhuhn
Das abgebildete Foto zeigt ein Stickstoffwerk im Braunkohlengebiet
bei Köln (dpa)
© Rowohlt Taschenbuch Verlag GmbH, Reinbek bei Hamburg, 1969
Alle Rechte, auch die des auszugsweisen Nachdrucks und
der fotomechanischen Wiedergabe, vorbehalten
Gesetzt aus der Linotype-Aldus-Buchschrift
und der Palatino (D. Stempel AG)
Gesamtherstellung Clausen & Bosse, Leck/Schleswig
Printed in Germany
ISBN 3 499 11149 7

Inhalt

Vorwort

Vorab und mit allem Nachdruck habe ich dem Leser – oder besser: dem Benutzer dieses Bändchens zu sagen, was die vorliegende Schrift *nicht* sein will und was er von vornherein nicht in ihr suchen sollte: Dieser ‹Leitfaden› – hervorgegangen aus Arbeitsunterlagen für Kurse zur Fortbildung hessischer Gymnasiallehrer – ist kein Lehrbuch, sondern eine Orientierungshilfe; er ist eine Anleitung zum Gebrauch – und auch: zum Nichtgebrauch – von Lehrbüchern; er will vorab nicht feststellen, sondern richtigstellen. Zu korrigieren sind hierbei nicht die Sachverhalte – zu berichtigen ist ein falsches Bewußtsein, eine verdinglichte Denkstruktur, auch eine weithin beirrende Lehrtradition, die sich vor die Sachverhalte geschoben, die eine *Ersatzwirklichkeit* geschaffen hat.
Die Aufarbeitung ideologischen Sinkstoffs im Zeitbewußtsein kann natürlich selbst nur an den bestimmten Objekten des Denkens geschehen. Insoweit ist der Inhalt des folgenden ein «konkreter» – bei allem Verzicht auf «Stoff» und daher auf lehrhafte Systematisierung. – Von allem Anfang an notwendig ist es hierbei, eine falsche und unhaltbar gewordene wechselseitige Sonderung und Verselbständigung von Lehrgebieten zu überwinden, die der Sache nach zusammengehören; eine Scheidung, die mit den Denkobjekten das Denken selbst zerstückelt und deformiert und einer wahrhaft weiterführenden Einsicht geradezu methodisch den Weg verlegt. Die Wirtschaftsgesellschaft als gemeinsamen Gegenstand von Nationalökonomie, Soziologie und Historie zu begreifen ist ein erstes Erfordernis für jeden Lehrenden. Und hiermit verbindet sich für mich die Hoffnung, die mich bei der Ausarbeitung der nachfolgenden thesenartigen Gedanken geleitet hat, der Wunsch, im Bereich der Erwachsenenbildung, der Gewerkschaftsschulung und besonders der Arbeit an den Schulen aller Gattungen – kurzum überall da, wo «Volksbildung» im vornehmsten, im bedeutungsvollsten Sinn des Wortes geleistet wird, einer Denkerneuerung voranzuhelfen, die in den wolkigen Höhen professioneller Gelehrsamkeit besonderen Schwierigkeiten begegnet.
Mein besonderer Dank gilt den Mitarbeitern, die mich in mannigfacher Weise beraten und mir bei der Durchsicht der Korrekturen beigestanden haben, insbesondere Herrn Dr. Dieter Boris, Herrn Dipl. Sozialwirt Wolf Rosenbaum und Herrn cand. phil. Adolf Sauerwald.

Universität Marburg
Februar 1969 — Professor Dr. Werner Hofmann

Einleitung
Zur Methodik sozialökonomischen Arbeitens

1. Wissenschaft als Frage nach Grundsachverhalten

Wissenschaft unterscheidet sich vom einfachen Denken dadurch, daß sie von der bloßen Wahrnehmung einzelner Tatbestände, ihrer Klassifizierung, Verallgemeinerung auf wesentliche Grundsachverhalte, Kräfte, Tendenzen, ‹Gesetze› zurückgeht.
Die Sozialwissenschaften insbesondere haben die Aufgabe, gesellschaftliche Sachverhalte und Geschehnisse zu erklären und zu deuten. Sie werden hierbei ihr Genüge nicht darin finden, den bloßen wechselseitigen Zusammenhang von Einzelerscheinungen zu registrieren. Vielmehr werden sie stets nach Ursachen fragen und hierbei in der Kette der aufweisbaren Kausalbeziehungen jene Grundbedingungen und bewegenden Kräfte erschließen, die einer geschichtlich bestimmten Gesellschaft jeweils eigentümlich sind.
Der vorliegende Leitfaden geht von solchem Typischen, Inhaltlichen, Wesentlichen aus und deutet von daher die wahrnehmbaren sozio-ökonomischen Phänomene. Die unterweisende Vermittlung im Unterricht wird den umgekehrten Weg einschlagen, indem sie vom Anschaulichen, unmittelbar Faßlichen zu Grundsachverhalten fortschreitet.

So wird man etwa, vielleicht bei der Behandlung von Lohnfragen, ausgehend von Tagesanlässen, die Löhne in ihrem Aufbau – am besten unter Zuhilfenahme eines Tarifvertragstextes – untersuchen, dann nach den in die Lohnbildung eingehenden Bestimmungsfaktoren, nach der unterschiedlichen Bedeutung des Arbeitsentgelts für Lohnzahler und Lohnempfänger fragen und so schließlich zum Grundverhältnis der unselbständigen Arbeit als solcher gelangen.
Die Umsetzung des im folgenden Skizzierten in die Lehrtätigkeit macht keine besonderen Schwierigkeiten, wenn der Unterweisende selbst gelernt hat, die Einzelheiten des Wirtschaftslebens auf bestimmte sozioökonomische Grundsachverhalte der Wirtschaftsgesellschaft zurückzuführen. Dann kann auch in der Wahl der Themen locker vorgegangen werden. Wichtig ist hierbei, die Behandlung der einzelnen Gegenstände so weit zu vertiefen, daß sie immer wieder elementare Grundeinsichten in die Inhalte der Wirtschaftsgesellschaft erschließt und daß solche Einsichten von den verschiedensten Seiten her stets neu überprüfbar werden.
Bei der Verschiedenartigkeit des gedanklichen Weges, wie er im folgenden eingeschlagen wird und wie ihn die didaktische Umsetzung erfordert, ist davon abzuraten, die sozialkundliche Unterweisung etwa unmittelbar an Hand dieses Leitfadens durchzuführen. Selbstverständlich sollte allerdings auch die Vermittlung sozialkundlicher Einsichten nach *wissenschaftlichen* Grundsätzen geschehen.

2. Objektivierende und subjektivierende Sicht der Gesellschaft

Eine wissenschaftliche Erklärung des sozialen Lebens ist zunächst auf die *objektiven Sachverhalte* der Gesellschaft gerichtet. Durch vertiefende Deutung und Analyse solcher Sachverhalte gelangt man zu allgemeineren theoretischen Einsichten. Diese sind an der Wirklichkeit und ihrem Wandel stets neu zu kontrollieren. So findet man zu einer *empirisch begründeten Theorie.*

Ausgangspunkt der Erklärung gesellschaftlicher Sachverhalte können nicht die Vorstellungen oder auch die Illusionen sein, welche die Beteiligten sich von diesen Sachverhalten machen. Anderenfalls würde Wissenschaft den Horizont des vielfach entstellten, interesse-getrübten, durch Ideologien überfremdeten, mit Vorurteilen belasteten gewöhnlichen Denkens nicht überschreiten.

Die objektiven Umstände und Bedingungen gesellschaftlichen Handelns sind allerdings durch Bewußtseinsakte der Menschen vermittelt. (Auch der bloße Nachvollzug von festen Handlungsnormen, das Erdulden gesellschaftlicher Zwänge usw. gehört hierzu.) Doch stellen die subjektive Verhaltensbereitschaft, die Motivationen und Vorstellungen von einzelnen und Gruppen nicht einen zureichenden Erklärungsgrund für das Bestehen der objektiven Bedingungen selbst dar, innerhalb deren sich das Denken und Handeln gesellschaftlicher Menschen vollzieht. So ist etwa die soziale Selbstzurechnung von Menschen und Menschengruppen, die Dauerhaftigkeit bestimmter Vorurteile (Beispiele: Antisemitismus, Verhältnis zu Farbigen, Einstellung gegenüber der im öffentlichen Leben stehenden Frau), das Verhältnis unserer Menschen zu tagespolitischen Fragen für den Sozialforscher von erheblichem symptomatischen Interesse. Die *Erklärung* solcher Bewußtseinshaltungen ist allerdings nicht auf der psychischen Ebene selbst zu suchen. Die gängigen Vorstellungen bedürfen vielmehr einer deutenden Rückführung auf *Umstände,* denen sie entsprechen, aus denen sie sich erhalten und die ihrem Fortwirken günstig (oder ungünstig) sind.

3. Ideologie

Was die Einsicht in sozio-ökonomische Sachverhalte heute erschwert, ist vielfach nicht so sehr in der Sache selbst gelegen als vielmehr in der interesse-bedingten Entstellung, die sie erfahren haben mag. Es kann nicht davon abgesehen werden, daß die Vorstellungen von der Wirtschaftsgesellschaft einer besonderen Gefährdung durch Ideologien unterliegen. Unter Ideologie soll verstanden werden eine *Fehlmeinung, die gesellschaftliche Herrschaftsverhältnisse absichert.*

Das bedeutet:
1. Ideologien gehören herrschaftsgeordneten Gesellschaften an. Das Ideologien erzeugende Interesse ist herrschaftlicher Natur. (Zum Begriff von ‹Herrschaft› vgl. unten S. 29 ff.)
2. Ideologien sind nicht nur Fehllehren mit *Rechtfertigungs*tendenz, wenn auch dieser Typus von Ideologie besonders häufig wiederkehrt.
3. Wie alle Fehlurteile, Irrtümer etc., die nicht gänzlich absurd sind, enthalten auch Ideologien durchwegs zutreffende Elemente. Eben hierdurch können sie Glauben finden. Ideologien sind daher nicht nur auf ihre unzutreffenden Aussagen zu prüfen, sondern auch auf ihren verborgenen gesellschaftlichen Wahrheitsgehalt, auf die ‹falsche Wirklichkeit› in ihnen. Ihre letzte Wahrheit finden sie in dem Ideologien stiftenden *Bedürfnis.*
4. Ideologien sind zumeist nicht als bewußte Täuschungsversuche von seiten der Ideologieträger anzusehen. In gewissem Umfang glauben die Verbreiter von Ideologien selbst an diese. (Beispiel: Antisemitismus, Nationalismus.) Die moralisierende Frage nach dem Grad subjektiver Redlichkeit von Ideologieträgern geht an der durchaus überindividuellen Natur der Ideologien zeugenden objektiven gesellschaftlichen Interessen vorbei.

Beizeiten den Sinn auch der Aufnehmenden für ideologiehaltige Aussagen zu wecken und zu schärfen gehört zu den wichtigsten Bildungsaufgaben einer wissenschaftlich verstandenen Sozialkunde.

Wie kommt man Ideologien auf die Spur? Stets werden zwei Schritte zu tun sein: Zunächst ist der *Wahrheits*gehalt bestimmter Aussagen zu prüfen. Nur unrichtige Meinungen, nicht etwa zutreffende Aussagen können von ideologischer Natur sein. Sind Urteile irrig, so ist weiter zu fragen, ob sich an ihre Aufrechterhaltung gesellschaftliche *Interessen* knüpfen. Hierauf können gewisse häufig feststellbare Verfahrensmängel in der Argumentation hindeuten. Etwa:
1. In eine Aussage gehen ohne weitere Begründung Wertauffassungen ein, welche die Meinung des Aufnehmenden schon bei Mitteilung eines einfachen Sachverhalts beeinflussen.
2. Voraussetzungen, aus denen Schlüsse gezogen werden, sind unrichtig oder unvollständig. Eine nicht näher bezeichnete Vorauswahl ist getroffen worden.
3. Das zu Beweisende wird stillschweigend schon in die Voraussetzungen einer Gedankenfolge aufgenommen.
4. Annahmen von zunächst hypothetischer Natur verwandeln sich unversehens in feste Behauptungen.
5. Falsche oder einseitige Kausalbeziehungen werden hergestellt.

Ferner kann der Ideologie-Charakter unzutreffender Aussagen auf *soziologische* Weise aufgedeckt werden: Es sind etwa Beziehungen zwischen bestimmten Aussagen und der Interessenlage derer nachzuweisen, die sich ihrer bedienen; ebenso zwischen der Aussage und dem politisch-

sozialen Verhalten der Ideologieträger (etwa: Widerspruch zwischen Behauptung und eigenem Verhalten). Oder die Behauptungen oder Begründungen werden je nach Bedürfnis gewechselt. Oft ist es auch wichtig, die verborgenen Konsequenzen einer Ideologie zu Ende zu verfolgen.
Ideologien sind unterschiedlich schwer zu durchschauen. Vielfach nehmen sie den Charakter von gesellschaftlichen Vorurteilen an. Je spezieller aber die Interessen, die sich mit ihnen verbinden, desto leichter sind sie aufzudecken. Dies gilt etwa für viele mit ‹volkswirtschaftlichen› Argumenten begründete ökonomische Wünsche besonderer Wirtschafts- oder Berufsgruppen.
Wichtig ist, daß an Ideologien nicht in einer vorgefaßten Haltung herangegangen wird, die ihrerseits Befangenheit des Betrachters vermuten läßt. Der ideologische Gehalt einer Aussage kann nur auf wissenschaftliche Weise, durch methodisches Vorgehen und zunächst ‹immanent›, durch Prüfung am Sachverhalt selbst erhellt werden, wobei die einzelnen Gedankenschritte kontrollierbar bleiben müssen. Nur so können Ideologien durch Aufdeckung überwunden werden, ohne daß neue ideologieverdächtige Aussagen an deren Stelle treten.

4. Wissenschaft und Werturteil

Eine wissenschaftlich erarbeitete Einsicht in gesellschaftliche Sachverhalte wird schließlich zu Wertungen führen. Wissenschaft hat die Möglichkeit und daher das Recht, begründete Werturteile auszusprechen.
Solche Wertungen dürfen selbstverständlich nicht am Anfang der Untersuchung stehen. Der wissenschaftliche Weg geht vielmehr von der unbefangenen und nicht durch Parteinahme vorbestimmten umfassenden *Aufnahme* des Sachverhalts (*konstatierendes Urteil*) über die deutende Vertiefung und *Erklärung* (Herstellung von Zusammenhängen zwischen beobachtbaren Erscheinungen, Erschließung von Grundsachverhalten; *deutendes Urteil*) zur schließlichen *Einschätzung* des untersuchten Sachverhalts (*wertendes Urteil*). Dabei müssen die zugrunde liegenden Wertungsmaßstäbe selbst erkennbar und überprüfbar sein.
Die Forderung nach einer unbefangenen und umfassenden Untersuchung des Sachverhalts wird dadurch nicht beeinträchtigt, daß selbstverständlich je nach der Fragestellung zwischen relevanten und nicht bedeutsamen Umständen geschieden wird. Insofern wird stets eine vom Erkenntnisziel und vom gegebenen Erkenntnisstand des Forschenden selbst bestimmte methodische Auswahl der Umstände getroffen, die in die Überlegung eingehen. Vorurteilslosigkeit der wissenschaftlichen Arbeit bedeutet nicht Voraussetzungslosigkeit. Entscheidend bleibt, daß die Kriterien solcher Auswahl der theoretischen Überlegung und der empirischen Kontrolle unterliegen.
Der methodische Weg, auf dem wissenschaftliche Werturteile gefunden

werden, muß also überschaubar und der kritischen Überprüfung zugänglich sein. Suggestive Formeln, von denen insbesondere die Sprache unserer Journalistik sowie der Politiker strotzt (im sozialökonomischen Bereich etwa: ‹gerechte Einkommensverteilung›, ‹gesunde Wirtschaftspolitik› usw.), sollten streng vermieden werden.

Man frage sich: Gibt es objektive Maßstäbe dafür, warum Erscheinungen wie der Nationalsozialismus, das Rassenvorurteil, der Kolonialismus, Sklaverei heute als verurteilenswert gelten. Als letzter Maßstab gesellschaftlicher Wertungen dürfte sich hierbei ergeben, über welche geschichtlichen *Möglichkeiten* eine Gesellschaft jeweils verfügt. Zu fragen ist etwa, ob es historisch ‹notwendig› oder ‹gerechtfertigt› ist, daß in einem Teil der Erde ungeheure Produktionsmöglichkeiten nicht (oder für Rüstungs- und andere nicht ‹produktive› Zwecke) genutzt werden, daß Nahrungsmittel zwecks Marktstabilisierung vernichtet werden, während ein wachsender Teil der Erdbevölkerung vom Hungertod bedroht wird; ob innerhalb der reichsten Nation der Erde selbst das Elend von 30 Millionen Menschen, das Kümmerdasein insbesondere der Mehrzahl der farbigen Bevölkerung, der ‹Bildungsnotstand› weitester Schichten der Bevölkerung nach dem Stande der materiellen Kräfte ‹unvermeidlich› ist, und so fort. – Der Maßstab solcher Wertungen ist hierbei nicht von außen an gesellschaftliche Verhältnisse herangetragen; er entspringt vielmehr aus der Überlegung, aus der Einsicht in das Auseinanderklaffen zwischen dem Gegebenen und dem, was gesellschaftlich und technisch als möglich erscheint. – Hieraus folgt, daß auch die Maßstäbe gesellschaftlicher Wertung nicht unverrückbar, nicht ‹absoluter› Natur sind, sondern – wie im übrigen auch Ethnologie und Geschichtswissenschaft zeigen – von Volk zu Volk und von Epoche zu Epoche dem Wandel und der Erweiterung der historischen Möglichkeiten selbst unterliegen.

5. Wissenschaftliche Begriffsbildung

Die allgemeinen Prinzipien wissenschaftlichen Arbeitens gelten auch für die Bestimmung der Arbeitsbegriffe. Ihr kommt in der Sozialökonomie unmittelbar inhaltliche Bedeutung zu. Folgende Anforderungen sind zu stellen:

1. Die gebrauchten Begriffe müssen eindeutig bestimmt sein.
2. Sie sind in dem einmal bezeichneten Sinn konsequent durchzuhalten.
3. Sie sollen nicht vorgefaßte Wertungen suggerieren oder in anderer Weise ideologiebehaftet sein.
4. Zu bestehen ist auf der Einheit von soziologischem und ökonomischem Kategorialsystem.

So ist es etwa unrichtig, bei dem Begriff des ‹Kapitals› einen Unterschied zwischen Kapital im ‹privatwirtschaftlichen› und im ‹sozialwirtschaftlichen› Sinn entwickeln zu wollen. – Mißleitende Begriffe (vgl. unten: ‹Sparen›, ‹Zins› u. a.) verstellen von vornherein die Einsicht in die Sachverhalte selbst. Auch konventionelle Bedeutungen, die sich an bestimmte Begriffe heften, bedürfen der kritischen Prüfung. – Beizeiten ist der Sinn für Eindeutigkeit und Konsequenz der Begriffsbildung auch beim Aufnehmenden zu schärfen.

6. Geschichtliche Natur sozialer Sachverhalte

Gegenstand der Lehre von der Wirtschaftsgesellschaft ist nicht das Verhältnis eines abstrakt gedachten Menschen zur Natur (zur ‹Güterwelt›), sondern das Verhältnis gesellschaftlicher Menschen zueinander. Und dieses Verhältnis unterliegt dem Wandel der Geschichte.

So sind etwa ‹Bedürfnisbefriedigung›, ‹Knappheitsprinzip› zwar allgemeine Bedingungen jedweden Wirtschaftens, doch ist schon die Bedürfnisstruktur sowie die Weise der Bedürfnisbefriedigung mit fortschreitenden materiellen Möglichkeiten selbst immer mehr gesellschaftlich bestimmt. Was vollends in unserer Markt- und Erwerbsgesellschaft zählt, ist überhaupt nicht das bloße Bedürfnis, das Verbrauchsbegehren, sondern vielmehr der kaufkräftige *Bedarf,* und daher nicht der bedürfende Mensch als solcher, sondern vielmehr der *Nachfrager* auf den Märkten. Der Bedarf kann andererseits durch die Marktanbieter selbst planvoll hervorgebracht oder in bestimmte Richtungen gelenkt werden.

Entgegen der weitverbreiteten Neigung, eilfertig auf psychologische oder anthropologische ‹Konstanten› und unwandelbare ‹Gesetze› zurückzugreifen, wird sich die wissenschaftliche Deutung gesellschaftlicher Sachverhalte streng an den Grundsatz zu halten haben, *Soziales durch Soziales zu erklären.* Falsch ist daher die anthropologische Verallgemeinerung eines speziellen wirtschaftlichen Verhaltens, falsch ist die Rückbeziehung von durchaus unserer Epoche zugehörenden Erscheinungen wie Kapital und Kapitalbildung auf eine imaginäre Urzeit, falsch sind alle Robinsonaden. (Vgl. auch die Lehre von den ‹Produktionsfaktoren›; Leseprobe im Anhang.)

7. Verkehrsformen und Produktionsverhältnisse der Gesellschaft

Der *Inhalt* einer Sozialordnung ist *nicht* ausreichend bezeichnet durch die *Verkehrsformen* der Gesellschaft. Entscheidend sind die sozialen Bedingungen der *Produktion,* durch welche die Menschen sich in ihren physischen wie in ihren gesellschaftlichen Lebensbedingungen erhalten.
Die Natur unserer eigenen Wirtschaftsordnung wird daher nicht angemessen mit den Begriffen ‹Tauschwirtschaft›, ‹Geldwirtschaft›, ‹Markt-

wirtschaft› (etwa im Gegensatz zu ‹zentralgeleiteter› oder ‹Planwirtschaft›) bezeichnet; wenngleich die Entwicklung von vielseitigem Tausch und mobilem Eigentum, die Produktion von Waren, die Entfaltung der Märkte und des Geldverkehrs allgemeine historische Voraussetzungen unserer Wirtschaftsweise gewesen sind. Wesentlich ist vielmehr die besondere gesellschaftliche Rollen- und Funktionsteilung, innerhalb deren sich die *Produktion* vollzieht und auf deren Grundlage sich auch die Fragen der Verteilung des gesellschaftlichen Produkts entscheiden.
Es ist infolgedessen auch nicht haltbar, die sogenannte *soziale Frage* etwa als Angelegenheit reiner Verteilungsgerechtigkeit – und daher als Gegenstand bloßer ‹Sozialpolitik› – zu betrachten.

8. Theorie und Praxis

Die Frage nach den gesellschaftlichen Verhältnissen und Beziehungen findet ihr Genüge nicht in den fertigen Formen und in dem gegebenen Zustand einer sozialen Ordnung; sie ist vielmehr auf die bewegenden *Kräfte* und Tendenzen einer Gesellschaft gerichtet, auf die Bedingungen ihrer Entfaltung, ihres Fortschreitens, ihres Verfalls, und schließlich auf die Möglichkeiten ihrer bewußten Gestaltung und Umgestaltung.
In diesem Sinne ‹dient› die Lehre von der Gesellschaft, die um die Geschichtlichkeit ihres Gegenstandes weiß, *als Wissenschaft* zugleich dem ‹Leben›: Sie fragt nach dem Woher und Wohin der Gesellschaft; sie betrachtet diese demnach als veränderbar und weist die Möglichkeiten eines Eingreifens auf.

Literatur: Werner *Hofmann*: Gesellschaftslehre als Ordnungsmacht. Die Werturteilsfrage – heute, Berlin 1961. Ders.: Universität, Ideologie, Gesellschaft. Beiträge zur Wissenschaftssoziologie, 1. u. 2. Aufl. Frankfurt 1968. – Theodor *Geiger*: Ideologie und Wahrheit. Eine soziologische Kritik des Denkens, Stuttgart–Wien 1953. – Emile *Durkheim*: Regeln der soziologischen Methode, a. d. Frz. (Soziologische Texte Bd. 3), Neuwied und Berlin 1965². – Kurt *Lenk*: Ideologie (Soziologische Texte Bd. 4), Neuwied und Berlin 1964². – Hans *Albert*: Marktsoziologie und Entscheidungslogik. Ökonomische Probleme in soziologischer Perspektive (Soz. Texte Bd. 36), Neuwied und Berlin 1967. – Charles Wright *Mills*: Kritik der soziologischen Denkweise, a. d. Am. (Soziolog. Texte Bd. 8), Neuwied–Berlin 1963 – Institut für Sozialforschung: Soziologische Exkurse, Frankfurt a. M. 1956 – Friedrich *Lenz*: Wirtschaftssoziologie, in: Die Lehre von der Gesellschaft, hg. v. Gottfried Eisermann, Stuttgart 1958, S. 235–291 – Karl *Marx*: Einleitung zu einer Kritik der politischen

Ökonomie, in: Karl Marx, Ökonomische Schriften, Bd. 3, hg. v. Hans-Joachim Lieber u. Benedikt Kautsky, Darmstadt 1964, S. 795–833 (Bd. VI der Karl-Marx-Ausgabe). – Ludwig *Helbig*: Sozial- und Gemeinschaftskunde. Lehrerhandbuch Bd. IV, Weinheim–Berlin 1968.

Erster Teil
Grundbegriffe der Gesellschaftslehre

VORBEMERKUNG: Es gibt nur wenige Erscheinungen des gesellschaftlichen Lebens, die allen Sozialordnungen in der Geschichte – angefangen von der Welt der schweifenden Freibeuter – gemeinsam sind und daher Gegenstände einer wirklich ‹allgemeinen› Gesellschaftslehre bilden können. Aber auch diese wenigen übereinstimmenden Inhalte des sozialen Zusammenwirkens erfahren ihre nähere inhaltliche Bestimmung nur innerhalb einer jeweils besonderen Gesellschaftsordnung: sie unterliegen den wechselnden Bedingungen von Zeit und Ort. Selbst gedanklich können sie erst im nachhinein, als Summe und Zusammenfassung der schon vorliegenden geschichtlichen Erfahrung bestimmt werden. Dem Anspruch einer ‹reinen› Theorie der Gesellschaft – oder auch einer ‹reinen› Ökonomie – ist daher gründlich zu mißtrauen. In der Tat wandern in die heute häufig begegnenden formal-abstrakten ‹Modelle› einer allgemeinen Lehre vom menschlichen ‹Handeln› als solchen, von den gesellschaftlichen ‹Strukturen› u. a. regelmäßig Vorstellungen unvermerkt ein, die unserer eigenen Ordnungswelt und den sehr genau zu bestimmenden Denkbedürfnissen unserer Tage entsprungen sind.

A. ARBEIT UND ARBEITSTEILUNG

1. Arbeit als Grundtatsache menschlicher Selbsterhaltung

Die Lehre von der Wirtschaftsgesellschaft, wie sie im weiteren entwickelt werden soll, geht mit keinerlei vorgefaßten Annahmen, mit keinerlei spekulativen Voraussetzungen an die sozialen Tatbestände heran. Ihre einzige ‹Voraussetzung› ist selbst von empirischer Art, sie entspringt der unmittelbaren Erfahrung: Das erste Bedürfnis der Menschen, ihre erste Existenznotwendigkeit ist die Erhaltung ihres Daseins.
Solche Daseinserhaltung ist zunächst von rein physischer Natur, nämlich Fortsetzung des individuellen Lebens und Fortpflanzung der Art. Mit zunehmender Naturbeherrschung und wachsender Kulturhöhe verfeinern und erweitern sich die Lebensbedürfnisse.
Unsere Untersuchung geht also von den Menschen als *Handelnden*, als Tätigen aus, welche in ihrer Wirksamkeit die Umwelt und hierdurch zugleich sich selbst verändern und sich schrittweise jenen materiellen Freiheitsraum schaffen, mit dem sich auch die *Möglichkeiten* des sozialen Zusammenlebens erweitern und bereichern.

2. Arbeit als soziales Verhältnis

Die erste Grundtatsache menschlichen Umweltverhältnisses ist die *Arbeit*, das heißt die bewußte, überlegte, planvolle Aneignung der Natur: der Naturgüter wie der Naturkräfte. Nur im Menschen ist die kreatürliche Welt zu solchem bewußten und aktiven Naturverhältnis gelangt; nur der Mensch arbeitet, nur er produziert.

Die Produktion stellt sich jedoch nicht nur als Einwirkung des Menschen auf die Gegenstände und Kräfte der Natur dar, als eine *technische* Beziehung von Subjekt und Objekt der Arbeit, sondern zugleich als ein *soziales* Verhältnis zusammenwirkender Menschen zueinander: Von allem Anfang an vollzieht sich die Auseinandersetzung der Menschen mit der Natur in Formen des Zusammenwirkens.

Die Notwendigkeit gemeinsamer Daseinsvorsorge ergibt sich schon aus der biologischen Ausstattung des Menschen:

1. Im Vergleich zu den anderen Lebewesen kommt der Mensch verhältnismäßig unentwickelt und hilflos zur Welt; seine postfätale Entwicklung ist eine sehr langsame; das junge Menschenkind bleibt daher lange der Hilfe und der Nahrungsfürsorge seiner Umwelt bedürftig. Dies ist eine allgemeine Voraussetzung der menschlichen Sozialisation.
2. Gegenüber den Tieren bringt der Mensch einen geringen Bestand an ererbten Instinkten mit; er bleibt angewiesen auf das Lernen, auf Beobachtung, auf zwischenmenschliche Kommunikation (Ausbildung der Sprache!), auf Aneignung der Erfahrungen anderer im Daseinskampf mit der Natur.
3. Seiner physischen Beschaffenheit nach ist der Mensch gegenüber den meisten Tieren im Nachteil: er verfügt über keine besonderen körperlichen Angriffs- oder Verteidigungswaffen. Diesen Nachteil muß er ausgleichen a) durch Entwicklung von Verstandeskräften, b) durch Vereinigung der individuellen Einzelkräfte in der Zusammenarbeit.

So findet sich schon bei einfachsten menschlichen Kleingruppen auf der Stufe der Sammler und Jäger gegenseitige Ergänzung in der Nahrungsfürsorge; und alle weitere Fortentwicklung der Gesellungsformen beruht auf der Entfaltung der *verbundenen Arbeit*.

3. Arbeitsteilung

Alle Produktion ist gesellschaftliche Tätigkeit, worin die Einzelarbeiten einander ergänzen. *Arbeitsteilung* bezeichnet insofern ein Wechselverhältnis von Arbeits*scheidung* und Arbeits*vereinigung*; beide können sehr verschiedene Formen annehmen.

Arbeitsscheidung

Der Prozeß zunehmender Sonderung der menschlichen Wirksamkeiten kann geschichtlich nach drei Hauptrichtungen verfolgt werden:

1. *Verselbständigung verschiedener Tätigkeitszweige*: Von der anfangs alles beherrschenden Nahrungsfürsorge sondern sich in der Geschichte zunächst Formen der gewerblichen Produktion ab (‹Beruf› des Schmiedes, des Töpfers etc.). Es verselbständigt sich weiter die händlerische Tätigkeit. ‹Geistige Berufe› treten hinzu, nachdem sich frühzeitig in Gestalt des Medizinmannes, Zauberers, Schamanen, später des Priesters schon die erste soziale Scheidung von geistiger und körperlicher Arbeit angedeutet hat.

2. *Zerlegung der Arbeit innerhalb bestehender Tätigkeitszweige*: Sie vollzieht sich überall da, wo ein Arbeitsprodukt aus dem Zusammenwirken vieler, auf verschiedene Personen aufgeteilter und aufeinander bezogener Einzelverrichtungen hervorgeht. Ihre äußerste Entwicklung erfährt eine solche Arbeitszerlegung in der modernen Fabrik.

3. *Zwischenräumliche Arbeitsteilung*: Ihr Umfang ist geschichtlich ständig gewachsen: Der Weg geht von der interlokalen über die interregionale und interterritoriale zur internationalen Arbeitsteilung der Weltwirtschaft von heute.
Von wahrhaft weltgeschichtlicher Bedeutung ist hierbei die frühzeitige *Scheidung von Stadt und Land* geworden. Seitdem vollzieht sich die materielle, soziale und geistige Entwicklung zwischen beiden Sphären – und heute zwischen den verschiedenen Weltzonen – höchst *ungleichmäßig*. Der Rückstand des ländlichen Teils der Gesellschaft gegenüber dem städtischen erscheint hierbei in der Geschichte einerseits als eine Voraussetzung, andererseits selbst wieder als Folge einer anhaltenden *Herrschaft* der Stadt (besser: der städtisch-gewerblichen Oberschichten) über das flache Land.

Arbeitsvereinigung (Kooperation)

Alle Arbeitsscheidung bleibt gebunden an die Entwicklung entsprechender Formen gleichzeitiger Arbeitsvereinigung. Die Zusammenfassung dessen, was sich gesondert hat, kann vor sich gehen:
1. *technisch: innerhalb* einer Wirtschaftseinheit, zum Beispiel innerhalb eines Betriebes, wo die vereinigte Wirksamkeit kooperierender Spezialarbeiter eine neue produktive Gattungskraft bildet;
2. *ökonomisch*: durch das Zusammenwirken *zwischen* den Wirtschaftseinheiten, die durch regelmäßigen Warenverkehr (Tausch) miteinander verbunden sind.

4. Tausch

Es können verschiedene *geschichtliche Entwicklungsstufen des Tauschs* unterschieden werden; wobei die Entwicklungshöhe des Tausches ablesbar ist am Stande des verwendeten Tauschmittels:

1. *Gelegentlicher Tausch,* auf naturaler Grundlage: Ein Tauschgut ist jeweils Maßstab und Äquivalent des anderen.
2. *Gewohnheitsmäßiger Tausch* (etwa: zwischen Stadt und Land): Ein Tauschgut wird zum allgemeinen Tauschmesser und Tauschmittel gegenüber allen anderen Gütern.
3. *Regelmäßiger Tausch:* Produkte werden von vornherein für den Tausch, das heißt als *Waren,* hervorgebracht. Dies ist Voraussetzung des Übergangs vom ‹Bedarfstausch› zum ‹Erwerbstausch› (Max *Weber*). Das allgemeine Tauschmittel verselbständigt sich in Gestalt des (zunächst gewogenen, dann geprägten, jedenfalls aber noch für lange unmittelbar stoffwertigen) *Geldes.*

5. Arbeitsteilung und herrschaftliche Teilung der Gesellschaft

Grad und Ausdehnung der Arbeitsteilung bezeichnen die allgemeine materielle Höhe einer Gesellschaft. Neben solcher Differenzierung eines Sozialverbandes in der ‹Horizontalen› aber und auf ihrer Grundlage entwickelt sich eine Teilung der Gesellschaft von ganz anderer Art: eine Scheidung in der ‹Vertikalen›. Hat die Produktivkraft der verbundenen Arbeit einen gewissen historischen Reifegrad erreicht, so erlaubt sie auch eine Teilung der Gesellschaft in *Arbeitende* und in *Nichtarbeitende,* welche Teile des Produktionsergebnisses anderer auf dem Wege *herrschaftlicher Aneignung* an sich ziehen.

Die Verteilung des Arbeitsertrags kann *gemeinschaftsbestimmt* oder *herrschaftsbestimmt* sein. Sie ist gemeinschaftsbestimmt, wenn die Verfügung über die wichtigsten Arbeitsmittel nicht bei einzelnen, sondern bei einer zusammenwirkenden Gruppe liegt und die Verteilung daher dem Zweck der gemeinsamen Daseinsfürsorge folgt. Herrschaftsbestimmt ist die Verteilung des Arbeitsertrages dann, wenn über die entscheidenden Arbeitsmittel der Produzenten direkt oder indirekt Nichtarbeitende verfügen, wenn daher *sozial einseitige Aneignungsgewalt* besteht und Nichtarbeitende kraft eines dinglichen Unterpfandes am Arbeitserzeugnis anderer teilhaben. Gemeinschafts- oder herrschaftsbestimmte Verteilung der Arbeitsmittel und daher des Arbeitsertrages bezeichnen einen denkbar allgemeinen Unterschied geschichtlicher Gesellschaftsformationen.

Ein besonders sprechendes Beispiel für den Übergang von Arbeitsteilung in herrschaftliche Teilung der Gesellschaft bezeichnet etwa das indische Kastenwesen, ein System von «Berufsklassen» (Karl *Bücher*). – Immer besteht übrigens die Neigung, die herrschaftliche Scheidung gesellschaftlicher Gruppen als einen Vorgang bloßer ‹Arbeitsteilung› zu erklären; so daß etwa die Tätigkeit des feudalen, aus den Leistungen seiner abhängigen Bauern lebenden ritterlichen ‹Berufskriegers›, die Wirksamkeit des Kapital akkumulierenden Unternehmer-Eigentümers, schließlich selbst die bloße Konsumtion moderner Kapitalrentner als eine für den Bestand der Gesellschaft ‹notwendige› Funktion und daher als vergleichbar mit der produktiven Arbeit anderer Glieder der Gesellschaft erscheint.

B. HERRSCHAFT

VORBEMERKUNG: Der Sachverhalt gesellschaftlicher Herrschaft ist von geradezu konstitutiver Bedeutung für die Gesellschaftslehre, vollends für die Soziologie des Staates. Herrschaftsverhältnisse prägen auch unserer Ordnung nach den verschiedensten Seiten ihren Stempel auf. Daher ist, gegenüber der heute allgemein verbreiteten babylonischen Sprachverwirrung, die um den Herrschaftsbegriff entstanden ist, auf konsequente, deutende Vertiefung gesellschaftlicher Erfahrungssachverhalte und auf begriffliche Schärfe hier besonders zu dringen.

I. Autorität – Macht – Herrschaft

1. AUTORITÄT

Unter sozialer Autorität soll verstanden werden die anerkannte Befähigung von Personen, bestimmte Sachaufgaben zu meistern.
Solche Befähigung beruht in aller Regel auf fachlicher Kompetenz; sie entspringt den bestehenden Formen der Arbeitsteilung. Kennzeichen von Autorität ist, daß sie einer Kontrolle des Erfolgs unterliegt und daher verlorengehen kann, wenn der Erfolg für längere Zeit ausbleibt. Die Anerkennung der Autorität bestimmter Personen findet ihren Ausdruck in einer freiwilligen Unterordnung der sachlich weniger Kompetenten, auch dann, wenn kein Weisungs- und Gehorsamsverhältnis gegeben ist.

2. MACHT

Demgegenüber beruht Macht auf der Möglichkeit, zu *Zwangsmitteln* zu greifen. Macht ist also gesellschaftlich mehr oder minder *institutionali-*

siert, sie beruht in der Regel auf *Befugnissen.* Die Ausübung von Macht stellt eine spezifische gesellschaftliche *Rolle* dar.
In diesem Sinne kann von Macht der Staatsorgane, von Macht eines Vorgesetzten, von Wirtschaftsmacht etc. gesprochen werden. – Der Ausübung von Macht entspricht auf seiten der Unterlegenen nicht oder nicht allein (wie bei der Geltendmachung von Autorität) Anerkennung, sondern vielmehr *Gehorsam,* ein Sich-Fügen aus *Interesse:* Man will Sanktionen, die bei einem Andershandeln zu befürchten sind, vermeiden, oder man erhofft von einem erwartungsgemäßen Verhalten Vorteile. – Hiermit ist auch angedeutet: Machtbeziehungen können, ja müssen sich in gewissem Maße verinnerlichen. Jede gegebene Machtordnung drängt danach, äußeren Druck durch die Entwicklung innerer Konformitätsbereitschaft bei den Machtunterlegenen nicht nur zu ergänzen, sondern nach Möglichkeit auch zu ersetzen. Die Gewissensmacht, die Religionsgemeinschaften auszuüben pflegen, zeugt hiervon ebenso wie etwa das Bemühen, in der modernen betrieblichen Arbeitswelt zu dem ständigen Leistungsauftrag und dem unmittelbaren Befehl gegenüber den Unselbständigen Impulse des Eigeninteresses an der Erfüllung des fremden Willens treten zu lassen (etwa vermittels des Leistungslohns, der Kunst betrieblicher ‹Menschenführung›, der Pflege des ‹Betriebsklimas› etc.). Kein Machtsystem, dem es nicht gelingt, sich durch Entwicklung einer gewissen Bereitschaft zum erwartungsgemäßen Verhalten bei den Machtbefohlenen selbst zu internalisieren, könnte sich dauerhaft behaupten.
Bei alledem bleiben die vielfältigen Formen gesellschaftlicher Machtausübung, für sich selbst genommen, ganz unstrukturiert. Ihren besonderen Inhalt erhält Macht erst, wenn sie in Beziehung gesetzt wird zu *Herrschaft.*

3. Herrschaft

Unter Herrschaft sollte – im Unterschied zu dem gängigen laxen Gebrauch des Begriffs – etwas sehr Bestimmtes verstanden werden: nämlich ein *Grundverhältnis* der Gesellschaft, das gekennzeichnet ist durch die *Aneignung fremder Arbeitsleistung durch Nichtarbeitende,* und zwar auf Grund von Herrengewalt an den entscheidenden Wirtschaftsmitteln. Dieses zunächst sozio-ökonomisch zu bestimmende Verhältnis zwischen *Produzenten* und *Nutznießenden* wird ergänzt und vervollständigt durch ein System außerökonomischer (politischer, militärischer, rechtlicher etc.) Herrschafts*sicherung.*

Die Soziologie hat in dieser Hinsicht wichtige Einsichten der *Marx*schen Gesellschaftstheorie zu danken. Allerdings macht die wissenschaftliche Prüfung der besonderen geschichtlichen Herrschaftsverhältnisse gegenüber dem klassischen

Marxismus eine differenziertere, in manchem modifizierte Sichtweise notwendig. (Vgl. hierzu unten, S. 43 ff.)

Es ist wichtig, Herrschaft zunächst als einen elementar sozio-ökonomischen Sachverhalt zu begreifen. Zwischen dem eigentlichen *Inhalt* von Herrschaft und den wahrnehmbaren *Formen* der *Herrschaftssicherung* ist sorgsam zu unterscheiden. Letztere stellen sich in den äußeren *Machtmitteln* dar, über die eine herrschaftlich geordnete Gesellschaft verfügt. Vor einer vorschnellen Politisierung und damit Veräußerlichung des fundamentalen Herrschaftssachverhalts ist zu warnen.

4. Mehrarbeit, Mehrprodukt, Herrengewalt über Wirtschaftsmittel

Die Aneignung von *Mehrarbeit* anderer setzt voraus

1. einen geschichtlichen Entwicklungsstand der *materiellen Kräfte*, der einen Ertrag der Arbeit über den notwendigen Bedarf der Produzenten selbst (und über die Ergänzung der verbrauchten Wirtschaftsmittel) hinaus erlaubt;
2. die Ausbildung von *Herrengewalt* über die jeweils entscheidenden Wirtschaftsmittel.

Zu 1. a) *Mehrarbeit* kann *unmittelbar* angeeignet werden, indem die Arbeits*kraft* der Produzenten selbst für Zwecke des Herrn in Anspruch genommen wird (Beispiel: Fronarbeit), oder *mittelbar* durch Aneignung von Teilen des Arbeits*produktes* anderer. Allemal muß dabei der erreichte Stand der Arbeitsproduktivität es ermöglichen, daß ein Teil der Arbeit der Produzenten über die Deckung des eigenen Subsistenzbedarfs hinaus für die Zwecke des Herrn verfügbar gemacht wird.
b) Die Grenze zwischen ‹notwendigem› Bedarf der Produzenten und verfügbarem Überschußprodukt (oder verfügbarer Überschußarbeit) ist nie ganz scharf zu ziehen. Sie bestimmt sich innerhalb fixierter Grenzen durch sozialen Kampf, bei eingespielten Verhältnissen mehr oder minder durch Konvention.
c) Herrschaftliche Aneignung fremder Arbeitsleistung geschieht zwar *aus* dem gesellschaftlichen *Mehrprodukt* (bzw. unmittelbar aus der Mehrarbeit von Produzenten); doch ist der auf solche Weise angeeignete Ertrag nicht mit dem gesellschaftlichen Mehrprodukt (der Mehrarbeit) als solcher größengleich. Ein Teil des Arbeitsüberschusses dient stets der Befriedigung von Gemeinschaftsbedürfnissen; er kann hierbei Zwecken der Produktion (Regulierung von Strömen in den Flußkulturen der Alten Welt; Bau von Verkehrswegen) oder der Konsumtion dienen (Anlage von Nahrungsvorräten für Zeiten der Mißernte, Versorgung Arbeitsunfähi-

ger, Errichtung von Hospitälern etc.). Allerdings pflegen an die Wahrnehmung solcher Gemeinschaftsaufgaben bei den hiermit Betrauten sich in der Geschichte allemal herrschaftliche Interessen anzuschließen. (Beispiel: Aufstellung eines Kriegsheeres, das nicht der bloßen Verteidigung des Landes, sondern vielmehr der Ausdehnung oder Behauptung von Herrschaftsgewalt dient.)

d) Größe und Wachstum der verfügbar zu machenden gesellschaftlichen Mehrarbeit bestimmen den wirtschaftlichen Spielraum für die Entfaltung von Aneignungsverhältnissen und für den Umfang des Nutznießerkreises. Dieser ist vollends unter den Bedingungen unseres Wirtschaftssystems so gewachsen, daß im Bewußtsein der Zeitgenossen der Sinn für die eigentlich ‹produktive› Tätigkeit weithin verlorengegangen ist.

e) Aneignungsverhältnisse werden auch dadurch verdeckt, daß allemal Teile der Beherrschten selbst aus der Mehrarbeit anderer mitversorgt werden. Sie haben nun allerdings nicht produktive Funktion, sondern sind entweder beim Genuß des Überschusses selbst behilflich (von den Köchen eines Lucullus über die Eunuchen osmanischer Serails und die Hofpoeten aller Epochen und Breiten bis zu den Dienstboten, Hotelboys etc. von heute); oder sie nehmen Funktionen im Apparat der Herrschaftssicherung (im weitesten Sinn verstanden) wahr, wie etwa Leibgarden, Tempelwächter, Polizisten, Verfassungshüter etc.

f) Ferner unterliegt der herrschaftlich angeeignete Überschuß der Produzenten einer *Umverteilung* zwischen den ökonomisch und politisch Herrschaftsbeteiligten: Aus ihm leben etwa unter Bedingungen der Feudalität (s. u., S. 46 ff.) nicht nur Grundherren, sondern auch Satrapen, Mandarine, Priester, Monarchen, Kaufleute etc., unter Verhältnissen des modernen Kapitalismus nicht nur industrielle Unternehmer, sondern auch die Bezieher von Zins- und Dividendeneinkommen, von Pacht und Miete, von Gewinnen aus Börsen- wie aus Bodenspekulation usw. (Zur Umverteilung der Gewinneinkommen in der Gesellschaft unserer Zeit siehe unten, S. 66 f.) Nicht nur der gesellschaftliche Grundkonflikt zwischen Arbeitenden und Aneignenden, sondern auch der Konflikt zwischen den Aneignenden selbst um die Größe ihrer *Teilhabe* an der gesellschaftlichen Mehrarbeit und um Neuverteilung der Aneignungsgrundlagen wie der Aneignungsmasse füllt die Geschichte bis auf unsere Tage.

Zu 2. Herrengewalt über die entscheidenden Wirtschaftsmittel kann in mannigfachen Formen existieren. Von einem «Eigentum an den Produktionsmitteln» im Sinne der Marxisten kann in des Wortes strenger Bedeutung erst unter den Bedingungen kapitalistischer Erwerbswirtschaft die Rede sein; wie überhaupt erst eine kommerziell entwickelte Gesellschaft zum Begriff des Eigentums im Sinne einer (innerhalb der Gesetze) unbeschränkten Verfügung des Berechtigten über die Sache unter Ausschließung Dritter gelangt. Das feudale Lehnsrecht hingegen (man vergleiche das mittelalterliche Europa, das feudale Japan und andere geschichtliche Gebilde) kennt Verhältnisse von gestuftem ‹Ober-› und ‹Untereigentum›, die mit dem modernen Eigentumsbegriff durchaus unverträglich sind. Ebenso ist das feudale Knechtschaftsverhältnis höriger oder leibeigener (meist bäuerlicher) Produzenten, die gleichzeitig tatsächliche und in der Regel erbliche Inhaber des nach den Verhältnissen der Zeit wichtigsten Produktionsmittels, des Bodens, sind, mit der Formel vom *Eigentum* des Feudalherrn an den Produktionsmitteln nicht angemessen bestimmt. Herren*gewalt* des Grundherrn am Boden besteht dennoch; ihr schafft notfalls die Schärfe des Schwertes Respekt. Überhaupt sind zu den Aneignungsmitteln früherer Epochen durchaus auch die *Waffen* zu rechnen; ihre Produktion sowie die Beschaffung von Menschen, die sie führen (reisiges Kriegsgefolge aller Art) steht durchaus nicht außerhalb der sozio-ökonomischen Bedingungen von Herrschaft.

5. Macht als Erscheinungsform von Herrschaft

Herrschaft bezeichnet den *Grundsachverhalt* einer durch das Verhältnis von Arbeit und Aneignung geteilten Gesellschaft. Macht ist, soweit sie einem Herrschaftsverhältnis entspringt, die *Erscheinungsform* von Herrschaft.

Es ist daher von einem Herrschafts*verhältnis* und von Macht*beziehungen* zwischen gesellschaftlichen Menschen zu sprechen. (Vgl. auch unten, S. 39.)

Die besonderen Formen von Machtentfaltung sind auf Herrschaftsverhältnisse vielfach sehr direkt rückführbar: so etwa die Macht eines Sklavenaufsehers, die Macht eines Provinzstatthalters, eines Kolonialgouverneurs, die Macht des Vorgesetzten im modernen Arbeitsprozeß. Die Beziehung von Macht zu einem tieferliegenden Herrschaftsverhältnis kann allerdings auch sehr vermittelt sein. Soziale Herrschaft prägt ihren Stempel allen Seiten des gesellschaftlichen Lebens auf; sie nährt den Wunsch nach Unterordnung anderer wie die Bereitschaft zum Gehorsam in weiteren sozialen Daseinsbezirken. So pflegt etwa das Inzweifelziehen einer starken Stellung des Lehrers, des Vaters etc. als Ausdruck eines weitergreifenden Aufbegehrens gegen gesellschaftliche Verhältnisse überhaupt empfunden zu werden.

6. Macht bei Fehlen der Herrschaftsgrundlage

Eine Gesellschaft kann ihrem Erscheinungstypus nach machtgeordnet sein, ohne in ihrem Inhalt von herrschaftlicher Natur zu sein.

Dies ist in der Welt unserer Tage der fundamentale (und immer wieder verkannte) Unterschied zwischen einer ‹westlichen› und einer sozialistischen Gesellschaft. Die letztere ist, bei aller *Macht*entfaltung, die Länder des sozialistischen Typs zeitweilig in extremer Weise an den Tag gelegt haben, gleichzeitig keine Ordnung, die auf dem Verhältnis der Aneignung fremder Mehrarbeit beruht. Alles tiefere Verständnis einer sozialistischen Ordnung und ihres möglichen Entwicklungsspielraums beruht auf der Einsicht in diesen elementaren Sachverhalt. (Siehe im übrigen unten, 4. Teil.)

II. Gesellschaftliche Klassen und Schichten

1. Klassen

Als Klassen sind gesellschaftliche Gruppen anzusehen, die durch das *Merkmal von Herrschaft*, das heißt durch das Verhältnis von Arbeit und Aneignung gegeneinander geschieden sind.
Das bedeutet:
1. Ob in einer jeweiligen Gesellschaft Klassen bestehen, entscheidet sich nicht nach den Vorstellungen der Beteiligten; sowenig wie sich etwa die Klassenzugehörigkeit nach der Selbsteinschätzung und Selbstzurechnung der Gesellschaftsglieder bestimmen kann. Kriterium der Existenz und des Unterschiedes von Klassen ist vielmehr ein *objektiver* Sachverhalt.
Dieser erschließt sich der wissenschaftlichen Analyse, das heißt der deutenden Verarbeitung typischer ‹Rollen›, typischen Handelns, typischer Erwartungen, denen gesellschaftliche Menschen unterliegen.
Ein Klassenverhältnis besteht also unabhängig von dem Grade des ‹Klassenbewußtseins›, das herrschende oder beherrschte Gruppen jeweils aufweisen. Hierdurch wird selbstverständlich die Bedeutung nicht herabgesetzt, die ein solches ‹Klassenbewußtsein› für das Verhalten der Beteiligten selbst hat.
2. Zu fragen ist allem voran: auf welche *Weise* beschaffen sich Menschen die Mittel zur Erhaltung ihrer physischen und ihrer sozialen Existenz, *wovon* – oder: von *wem* – leben sie? Gleichgültig ist demgegenüber, ob sie hierbei gut oder schlecht gestellt sind, ob sie ihrem ‹Stande› gemäß ausgestattet sind oder nicht; gefragt wird nicht nach der *Höhe* von Einkommen oder Besitz. Gesellschaftliche Klassen unterscheiden sich nicht nach arm und reich: Vielmehr kommt es auf die sozialen *Mechanismen* an, vermittels deren man reich wird oder arm bleibt. Zu fragen ist mithin nach einem durchaus *überindividuellen* Sachverhalt.
3. Als vollends ungeeignet zur Bestimmung dessen, was soziale Gruppen zu gegensätzlichen Klassen macht, erscheinen bestimmte *person*gebundene Merkmale: Rasse, Volkszugehörigkeit, Bildungsgrad, Konfession,

Geschlecht, Alter, Geburtsstand. So bedeutungsvoll Unterschiede, auch Konflikte bis auf unsere Tage geblieben sind, die sich an solche Merkmale anschließen – man vergleiche den neuzeitlichen Antisemitismus, die Bewegung zur Frauenemanzipation, die Farbigenfrage in den USA, den Sprachenkampf in vielen Nationalstaaten von heute –, so sind sie doch letztlich nur in ihrer Beziehung zu dem tieferliegenden Grundverhältnis und Grundkonflikt der Gesellschaft zu begreifen.

Teils drückt sich in solchen Konflikten selbst der Hauptkontrast der Gesellschaft aus (wie in der Rolle des amerikanischen Neger-Proletariats); teils sind sie Seitentriebe des sozialen Grundgegensatzes (man vergleiche den Hochschulkonflikt von heute); teils schließlich kommt ihnen soziale Ersatz- und Ablenkungsfunktion zu: Beispiele bietet der Antisemitismus, der Nationalismus usw.

2. Soziale Schichten

Sind soziale Klassen also aus dem gesellschaftlichen Grundverhältnis zu bestimmen, so gehört hingegen das beobachtbare Schichtengefüge (Berufsgruppen, Rangstufen usw.), das eine Ordnung bietet, dem äußeren Erscheinungsbild des gesellschaftlichen Lebens an. Allerdings erschließen sich die Natur, das typische Verhalten, der gesellschaftliche Standort solcher Schichten selbst erst aus den Grundbedingungen einer Ordnung, innerhalb deren sie auftreten und wirksam werden.
Die Beziehung zwischen Klassen und sozialen Schichten kann von dreifacher Art sein:
1. Das Schichtengefüge einer Gesellschaft stellt die *Feingliederung* von Klassen dar. (Beispiel: Unterteilung einer Feudalaristokratie in niederen Adel, Hochadel, Krone. – Heute: Großunternehmungen, Kleinunternehmer; Facharbeiter, Ungelernte; einfache und höhere Angestellte; Rangstufungen im öffentlichen Dienst etc.)
2. Gesellschaftliche Schichten stehen *zwischen* den Klassen. (Beispiel heute: die ökonomischen ‹Zwischenschichten› der selbständigen Gewerbetreibenden – Handwerker, Kleinhändler – und Bauern, der Angehörigen freier Berufe.)
3. Soziale Schichten stehen *neben* den Klassen. (Beispiel: ein großer Teil der Intelligenz; die Geistlichkeit. Nicht ausgeschlossen ist hierbei, daß die unteren oder oberen Teile solcher Schichten ihrerseits objektiv Klassen zugehören.)

Besondere Typen gesellschaftlicher Schichtung sind a) *Kasten*: Sie stellen eine besondere Form der Feingliederung von Klassen dar, wobei ein besonderes Merkmal der gegenseitige Abschluß ist, also das fast völlige Fehlen von ‹vertikaler Mobilität› innerhalb einer solcherart gegliederten Gesellschaft; b) *Stände*: Sie bilden soziale Lebenskreise von umfassender Natur und ähneln Kasten darin, daß sie ihre Angehörigen durch äußere Umstände voneinander abgrenzen (etwa:

Adel, Geistlichkeit, Bauern). Dennoch ist ein ständisches System weit durchlässiger und wandlungsfähiger, wie die Ausbildung eines städtisch-gewerblichen Bürgertums in der Feudalität etwa des europäischen Mittelalters gezeigt hat.

Im Schichtungsbild der Gesellschaft finden auch die Umstände des sozialen *Bewußtseins* ihren Raum: Hierzu rechnen etwa ein schicht-spezifisches Denken und Verhalten der Zugehörigen, bestimmte Wertauffassungen, ein gewisser Ehrenkodex (der ‹Ritterlichkeit›, des ‹Gentleman›, des ‹ehrbaren Kaufmanns›), auch bestimmte Standesideologien usw.
Allgemein gilt: Von den bestehenden Klassengruppierungen aus ist auch das Schichtengefüge der Gesellschaft zu verstehen, nicht umgekehrt. Dies ist von Bedeutung etwa für die Soziologie der modernen *Intelligenz.*

3. Sozialer Konflikt

Im Wesen eines gesellschaftlichen Herrschafts- und Klassenverhältnisses liegt tief begründet die Tatsache des sozialen *Konflikts.* Dem Kontrast der Klassenpositionen entspricht der Gegensatz der objektiven Interessen – unabhängig davon, wie lebhaft dieser jeweils empfunden oder ausgetragen wird.
Der Konflikt, der in dem Gegensatz der Interessenpositionen angelegt ist, nimmt in den verschiedenen Herrschaftsformationen jeweils mannigfache und wechselnde Formen an. Zwei Aspekte aber lassen sich regelmäßig unterscheiden: Es besteht jeweils 1. Konflikt zwischen Aneignenden und Arbeitenden, und 2. Verteilungskonflikt zwischen den verschiedenen Gruppen der Aneignenden selbst. Dabei ist der Gegensatz zwischen den Produzenten und den Nutznießern von Vorrang: Hier geht es letztlich um die Grundlagen des Herrschaftsverhältnisses selbst. Hingegen ist der Konflikt zwischen den Aneignenden von sekundärer oder abgeleiteter Natur. Er bewegt sich um die Teilhabe von einzelnen oder Gruppen an den Quellen und Resultaten der Arbeit anderer *innerhalb* eines gegebenen Herrschaftsverhältnisses.
Bei aller Verworrenheit, die das Bild der gesellschaftlichen Kämpfe innerhalb einer jeweiligen Ordnung in der geschichtlichen (oder zeitgenössischen) Nahsicht bieten mag, bleibt doch bestehen: Das Feld der sozialen Auseinandersetzungen hat eine gewisse ‹Struktur›. Es gibt gesellschaftlich ‹dominante› und gesellschaftlich ‹rezessive› Konflikte. Dies bezeugt die Erfahrung selbst:
1. Erscheint die Grundlage der Aneignung als gefährdet, die allen Herrschenden gemeinsam ist, so pflegen diese ihre eigenen Gegensätze zurückzustellen und sich zur Abwehr des gemeinsamen Gegners zusammenzuschließen.
2. Vor dem fundamentalen innergesellschaftlichen Konflikt treten in Zei-

ten der Gefahr auch Gegensätze zur Außenwelt zurück: Der ‹nationale› Konflikt weicht dem sozialen. So pflegen Bürgerkriege auch schonungsloser geführt zu werden als Kriege zwischen den Staaten.
Beide Umstände deuten darauf hin: Das Maß und der Spielraum des inneren Interessenkampfes zwischen den Gruppen der jeweils Herrschenden steht in innerer Beziehung zu der Bedrohlichkeit des sozialen Hauptkonflikts.

III. Geschichtliche Ausbildung von Herrschaft

1. Herrschaftsentwicklung aus inneren und äusseren Umständen

Allgemeine Voraussetzung aller historischen Herrschaftsformationen ist, daß über den ‹notwendigen› Bedarf der Arbeitenden (und ihres nicht arbeitsfähigen Anhangs) hinaus ein Überschuß für Nichtarbeitende erbracht werden kann. ‹Mehrproduktion› ist also das materielle Substrat aller Herrschaft, die insofern zunächst ein *sozio-ökonomisches* Verhältnis darstellt. Die geschichtliche *Heraufkunft* eines solchen Herrschaftsverhältnisses kann allerdings auch auf nicht-ökonomische Art vor sich gehen. Zwei Wege der Herrschaftsentstehung, die einander irgendwann treffen, sind historisch zu verfolgen: 1. Innere (endogene) Entwicklung von Herrschaft innerhalb einfacher gesellschaftlicher Einheiten selbst; 2. von außen beeinflußte (exogene) Entwicklung von Herrschaft infolge einer – meist kriegerischen – Begegnung urwüchsiger Sozialgebilde mit Gewalten der Umwelt.

2. Endogene Herrschaftsentwicklung Patriarchaler und patrimonialer Typ

Die innere Differenzierung von ursprünglich verhältnismäßig ungegliederten einfachen Sozialgruppen in einen herrschenden und einen beherrschten Teil läßt sich geschichtlich vor allem über zweierlei Zwischenstufen verfolgen:
1. Die *patriarchalische* Großfamilie mit Anhang (Haussklaven, Klientel, Gefolgschaft).

Man vergleiche das frühe Griechenland, Rom, China, Israel sowie die Entwicklung einer Schicht von ‹Vornehmen› bei den Germanen. Die Ausbildung solcher Herrengewalt, zunächst noch innerhalb des beschränkten Rahmens der Hauswirtschaft (Oikos), kann bis zur Entfaltung einer weitgehenden ‹patria potestas› gehen. (Man vergleiche die Sprachverwandtschaft von dominus und domus.)

2. Aus der Dorfgemeinde – unter Umständen von markgenossenschaftlichem Typ – als selbstgenügsamer Einheit können sich umfassendere Sozialverbände entwickeln, mit zentraler Herrengewalt, welche zunächst die Arbeit der Genossen anleitet, um sie schließlich für eigene Zwecke zu gebrauchen: *Patrimonialer* Typus der Herrschaft. Er kann bis zum *Despotismus* gehen.

Man vergleiche die frühen Flußkulturen Ägyptens, Mesopotamiens, Chinas, des Industals – als Grundlage mehr oder minder kraftvoller Entfaltung des orientalischen Großreich-Despotismus.

3. Exogene Herrschaftsentwicklung. Der Krieg

Die innergesellschaftliche Entwicklung von Herrschaft wird befördert durch den feindseligen Zusammenprall von einfachen Sozialeinheiten mit der Umwelt. Der *Krieg*, vollends der Eroberungskrieg, führt regelmäßig zu einer straffen militärischen Befehlsgewalt – also zur Ausbildung eines Kriegsadels, u. U. einer starken Heerführerschaft. Im Ergebnis des Krieges pflegen sich ökonomische und politische Verhältnisse von Herrschaft der Sieger über die Unterworfenen auszubilden; gleichzeitig vollzieht sich – infolge ungleicher Verteilung der Kriegsbeute, des eroberten Landes etc. – i. d. R. eine fortschreitende Differenzierung innerhalb des siegreichen Volkes selbst, in deren Verlauf die sozial schwächeren Glieder des Erobervolkes mehr oder weniger auf die Ebene der Unterworfenen absinken.

So bedeutungsvoll Kriege für die historische Ausbildung gesellschaftlicher Herrschaftsverhältnisse sind, so wäre es doch einseitig, das Herrschaftsphänomen ausschließlich auf Vorgänge äußerer Überwältigung zurückzuführen. Bei den uns geschichtlich erreichbaren Völkern geht ihrem Aufbruch – oder ihrer Unterwerfung – regelmäßig eine gewisse innergesellschaftliche Differenzierung schon voraus. (Man vergleiche die uns bekannten Germanenstämme vor der Völkerwanderungszeit.) In allen ackerbautreibenden Völkern mit Sondernutzung am Boden vollzieht sich regelmäßig auch eine rein wirtschaftliche Differenzierung der Bauernschaft als Folge ungleicher Bodenerträge und entsprechender *Differentialrenten*. (Zum Begriff der Differentialrente in der Wirtschaft unserer Epoche vgl. unten, S. 69 f.)

IV. Typen der Herrschaft

Entsprechend dem hauptsächlichen Wirtschaftsmittel, das die Inanspruchnahme fremder Arbeitsleistung sichert, lassen sich folgende geschichtliche Hauptarten sozio-ökonomischer Herrschaft unterscheiden:

I. *Herrschaft kraft Verfügung über die Person des Arbeitenden selbst:*
1) vollständige Verfügung: Sklaverei
2) unvollständige Verfügung: Leibeigenschaft

II. *Herrschaft kraft Verfügung über den Boden: Feudalismus*

1) Direkte Aneignung durch den Herrn: Patriarchalische Oikoswirtschaft; Eigenwirtschaft der Tempel, der weltlichen Grundherren, auch der Krone	Aneignung fremder Arbeit unmittelbar: Fronarbeit
2) Vermittelte und gestufte Aneignung: a) Feudalistische Statthalter- und Beauftragtenordnung b) Lehensordnung	Aneignung fremden Arbeitsprodukts: direkt: Naturalabgaben indirekt: Geldabgaben

III. *Herrschaft kraft Verfügung über Geld: Wucher, Schuldknechtschaft*

IV. *Herrschaft kraft Verfügung über Kapital: moderner Kapitalismus*
(Verfügung über Boden + Produktionsinstrumente + Geld)

Bemerkungen:
1. Die vorgeführten Herrschaftstypen bezeichnen keine historische Reihenfolge.
2. In der geschichtlichen Wirklichkeit treten die verschiedenen Typen von Herrschaft meist nicht streng voneinander geschieden auf. Es bestehen Übergänge und Verbindungen; im vorliegenden Schema etwa zwischen den Erscheinungen I/2 – II; II – III; II/1 – II/2 (a–b).
3. Vor allem in vorkapitalistischen Epochen erscheinen in aller Regel mehrere Formen der Aneignung von Produzentenleistungen nebeneinander. Daher kann auch ein und die gleiche Person oder Personengruppe mehrere Aneignungsverhältnisse nebeneinander für sich nutzbar machen oder umgekehrt mehreren Aneignungsverhältnissen nebeneinander unterliegen. So mischen sich auch in den kommerziell verhältnismäßig entwickelten antiken Ordnungen des Mittelmeerraums (besonders in Griechenland und Rom) merkantile Formen der Bereicherung mit verbleibenden älteren feudalen, bodengebundenen Formen der Aneignung.

C. GESELLSCHAFTSORDNUNG UND GESELLSCHAFTSLEHRE

1. Dialektik von Inhalt und Erscheinung der Gesellschaft, von theoretischer und empirischer Betrachtung

Eine Gesellschaftsordnung (Gesellschaftsformation) stellt das Ensemble der *Grundverhältnisse* und ihrer Äußerung in den *Beziehungen* einer geschichtlich gegebenen Gesellschaft dar.

Die gesellschaftliche Wirklichkeit ist von doppelter Natur: sie umfaßt *Inhalt* und *Erscheinungsbild* des sozialen Lebens. Dem entspricht die Doppelaufgabe der Gesellschaftslehre selbst: Als *empirische* Wissenschaft untersucht sie die beobachtbaren Formen des gesellschaftlichen Verkehrs; als *theoretische* Wissenschaft dringt sie von den Verkehrsformen zu den elementaren Grundsachverhalten und Wirkkräften vor, die für den Aufbau und die geschichtliche Entwicklung einer Gesellschaft bestimmend sind. Beide Seiten der Gesellschaftslehre ergänzen einander; sie treffen sich in einer *empirischen Theorie.* (Vgl. oben, S. 16.)
Der Zusammenhang der beiden Sichtweisen ist da zerstört, wo ein bloß sammelnder Faktenpositivismus auf deutende Verarbeitung des Materials verzichtet oder in vermeintlich allgemeinen ‹Modellen› sein Genüge findet (formale Soziologie) – oder wo umgekehrt eine spekulative ‹Wesensschau› von der Bedingtheit und geschichtlichen Besonderheit der sozialen Sachverhalte absieht. Beide Male wird die ‹konkrete Allgemeinheit› der Gesellschaft (*Hegel*), der innere, durch *Analyse* zu erschließende Zusammenhang ihrer Einzelseiten verkannt.
Soziologie ist die Lehre von den gesellschaftlichen Verhältnissen und Beziehungen. Das bedeutet nicht, daß sie nur menschliche Kollektiva betrachtet. Auch das Individuelle, auch der Einzelmensch und seine relevanten Lebensäußerungen können Gegenstand soziologischer Deutung sein; diese geht dem gesellschaftlich ‹Beziehbaren› auch im Dasein des Einzelmenschen nach.

2. Gesellschaftsverfassung und Gesellschaftspolitik

Der *bewußt geordnete Teil* der sozialen *Beziehungen* soll als *Gesellschaftsverfassung* bezeichnet werden.
Die einzelnen Seiten einer jeweiligen Gesellschaftsverfassung können zu den elementaren Grundbedingungen einer Gesellschaft nicht auf die Dauer in Widerspruch stehen.
Die Gesellschaftsverfassung stellt sich nach den verschiedenen Seiten dar als Staatsverfassung, Rechtsverfassung, Arbeitsverfassung, Wirtschaftsverfassung (und diese wieder als Marktverfassung, Betriebsverfassung usw.).
Die bewußte Einwirkung auf das soziale Leben ist der Inhalt von *Gesellschaftspolitik.* Sie ist wiederum nach sehr verschiedenen Richtungen hin zu verfolgen: als Wirtschaftspolitik, Sozialpolitik (im engeren Sinn), Kulturpolitik. Solche Gesellschaftspolitik kann hoheitlich, durch Staatsorgane, oder auch durch gesellschaftliche Teilkräfte (heute: Parteien, Interessenverbände, Selbstverwaltungskörperschaften) betrieben werden. (Vgl. unten, Dritter Teil, C, S. 100 ff.)

Indem die Gesellschaftslehre nach allen Seiten hin auf den inneren *Zusammenhang* der gesellschaftlichen Erscheinungen gerichtet ist, kommt ihr in einer Zeit der zunehmenden fachlichen Zersplitterung unserer Denkwelt eine besondere Rolle zu: Sie ist das, was in der Aufklärungsepoche die Philosophie war; sie ist die eigentlich *zusammenfassende* Wissenschaft vom menschlichen Leben in der Zeit seiner totalen Vergesellschaftung.

Die Wissenschaft aber vollendet und erfüllt sich erst in der *Praxis* – so wie sie selbst ihre Gegenstände aus der Erfahrung tätiger Menschen gewinnt. Alle Theorie ist letztlich *vermittelte Praxis*. Nur *als Wissenschaft* aber, kraft eigener Einsicht, nicht nach fremdem Gebot, darf auch die Gesellschaftslehre ‹dem Leben dienen›. Sie erforscht in dem Beobachtbaren die treibenden Wirkkräfte der Gesellschaft; sie sucht im Bestehenden die Möglichkeiten des Neuen, des Besseren. Sie betrachtet also die Gesellschaft als veränderbar und weist die Möglichkeiten eines Eingreifens auf.

Literatur: Max *Weber*: Wirtschaft und Gesellschaft. Studienausgabe, hg. v. Johannes Winckelmann, Köln–Berlin 1964 (2 Bde.) – Karl *Marx*: Das Kapital, Bd. 1, Bd. IV der Karl-Marx-Ausgabe, hg. v. Hans-Joachim Lieber u. Benedikt Kautsky, Darmstadt 1962 – Karl *Dunkmann*: Soziologie der Arbeit, Halle 1933 – Emile *Durkheim*: De la division du travail social, Paris 1893[1] (1926[2]) – Thomas Burton *Bottomore*: Elite und Gesellschaft, a. d. Engl., München 1966. Ders.: Die sozialen Klassen in der modernen Gesellschaft, a. d. Engl., München 1967 – Lewis A. *Coser*: Theorie sozialer Konflikte, a. d. Am. (Soziolog. Texte Bd. 30), Neuwied–Berlin 1965 – Stanislaw *Ossowski*: Die Klassenstruktur im sozialen Bewußtsein, a. d. Polnischen (Soziolog. Texte Bd. 11), Neuwied–Berlin 1962 – Reinhard *Bendix* and Seymour Martin *Lipset* (Hg.): Class, Status, Power. A Reader in Social Stratification, Glencoe 1957.

Zweiter Teil
Vorkapitalistische Gesellschaftsformationen

Vorbemerkung: Eine wirtschafts- und sozialgeschichtliche Darstellung liegt außerhalb der Absichten dieser Einführung. Vorkapitalistische Sozialordnungen sollen hier nur darauf untersucht werden, worin sie sich von unserem erwerbswirtschaftlichen System ihrem Wesen nach unterscheiden.

1. Urtümliche Gemeinschaften

Die Befunde der zeitgenössischen Völkerkunde wie die Rückschlüsse, die uns die materiellen Faustpfänder der Archäologie auf einfache Stufen der Menschheitsentwicklung erlauben, lassen erkennen, daß urtümlichen Sozialgebilden, die auf der Stufe der Wildbeuter (Sammler, Jäger, Fischer) stehen, über die Verschiedenartigkeit der örtlichen Sonderverhältnisse hinweg einige Grundzüge gemeinsam sind:

1. Die Wirtschafts- und Lebensgemeinschaften sind äußerst klein; sie gehen nicht über eine Sippe oder einen Sippenverband hinaus.
2. Das gewohnheitsmäßig durch die Kleingruppen beanspruchte Nahrungsgebiet ist von großer Ausdehnung; dies entspricht dem Fehlen einer planmäßigen Nutzung der Bodenkräfte.
3. Daher ist auch die Lebensweise der Wildbeuter eine mehr oder minder schweifende, und entsprechend geringfügig ist ihre bewegliche Habe.
4. Es fehlt ein Sondereigentum an der entscheidenden Grundlage der Nahrungsfürsorge: am Grund und Boden.
5. Es fehlen soziale Herrschaftsverhältnisse.

Bemerkungen: Zu 4. Am meisten Mißverständnissen ist die Abwesenheit von Eigentum am Boden ausgesetzt gewesen: Auch wenn die wandernde Sippe (in bereits höher organisierten Ordnungen: der Stamm) ein mehr oder minder festumrissenes Nahrungsgebiet besetzt hält und dieses notfalls gegen Eindringlinge schützt, so ist doch hier nur von tatsächlicher Inhaberschaft, nicht von Eigentum – und sei es selbst von ‹Gemeineigentum› – zu sprechen. Der Boden erscheint (ebenso wie die Gewässer) als bloße Naturgrundlage für das Gedeihen jener eßbaren Pflanzen und Tiere, auf die allein es die Wildbeuter abgesehen haben. Der Boden selbst ist noch nicht nutzbares, geschweige denn tausch- oder erwerbswirtschaftlich *verwertbares* Gut.

Eine feste persönliche Inhaberschaft (keineswegs ‹Eigentum›, das gerade die freie *Begebbarkeit* des Gegenstandes durch seinen Eigner einschließt) entwickelt sich zunächst an Erzeugnissen individueller Arbeit und an Gegenständen des persönlichen Gebrauchs (Waffen, Arbeitsgerät, Kleidung, Schmuck; vgl. die Grabbeigaben).

Das in zurückliegender Zeit vielberufene und vielumstrittene Gemeinschaftseigentum einer frühen Dorfgemeinde oder einer Markgenossenschaft gehört, wie heute zweifelsfrei ist, keineswegs ursprünglichen Zuständen an.

Zu 5. Das Fehlen von Herrschaftsverhältnissen in einfachsten Sozialgebilden wird durch die Völkerkunde wieder und wieder bestätigt:

«Grundsätzlich herrscht in den kleinen Lokalverbänden ... das *Prinzip der Gleichberechtigung aller erwachsenen Mitglieder*, einschließlich der eingeheirateten Frauen. Abgesehen von gewissen natürlichen Ungleichheiten der persönlichen Begabung und des Alters gibt es *keinerlei Status- oder Vermögensunterschiede oder irgendwelche Vorrechte* ... Selbst wenn gelegentlich einer der Männer eine Führerrolle bei der Wahl eines neuen Lagers, auf den täglichen Jagdzügen und bei der Verteilung der gemeinschaftlich erlegten Jagdbeute übernimmt, kann er sich dabei auf *keine institutionell verankerte Autoritätsstellung*, sondern allein auf die Achtung der anderen vor seinem Alter und seiner größeren Erfahrung stützen. Der Älteste ist ‹primus inter pares› (P. *Schebesta*).» (R. *Schott*, *‹Lebensweise, Wirtschaft und Gesellschaft einfacher Wildbeuter›*, in: *Handbuch der Urgeschichte*, Bd. 1, Bern–München 1966, S. 178; Hervorhebungen im Text.)

2. Feudalität

Eine *herrschaftlich* bestimmte Sozialordnung ist vom Typus der *Feudalität*, soweit gesellschaftliche Mehrarbeit kraft Herrengewalt am *Boden* angeeignet wird. Das Aufkommen aus solcher Mehrarbeit trägt den Charakter der *Rente*. Feudalismus ist ein *bodenvermitteltes Herrschaftsverhältnis*. Auf feudalistische Weise wird, geschichtlich wiederkehrend, die Arbeitskraft der produzierenden (hauptsächlich bäuerlichen) Bevölkerung unter Verhältnissen überwiegender Naturalwirtschaft und überwiegender örtlicher Eigenbedarfsdeckung nutzbar gemacht. Dies entspricht der mangelhaften Verkehrserschließung und der zumeist sehr beschränkten Möglichkeit, größere Räume zentral zu verwalten.

Bemerkungen:

Es zeigt sich hier, daß es von prinzipieller Bedeutung ist, bei der Bestimmung einer Sozialordnung von dem Grundverhältnis der Gesellschaft, nicht von sekundären Momenten auszugehen, die das äußere Bild der zwischenmenschlichen Beziehungen bezeichnen. Wenn Feudalismus immer wieder mit dem *Lehenssystem* des mittelalterlichen Europa (und allenfalls noch des ähnlich organisierten feudalen Japan) gleichgesetzt wird, so unterläuft der Irrtum, daß die *Innenbeziehungen* zwischen den Herrschenden selbst, das gestufte Verhältnis zwischen Krone, höheren und schließlich niederen Vasallen, das Verhältnis von Beneficium und Gefolgschaftspflicht, als eigentlicher Inhalt der Sozialordnung angesehen werden. Das Herrschaftsverhältnis erscheint veräußerlicht zu einem System politischer Abgrenzung und Abstufung allein der Herrenmacht selbst. Die gemeinsame *Grundlage* hingegen, auf welcher alle

Herrengewalt, aller materielle Vorzug des herrschenden Teils der Feudalgesellschaft, der Krone wie des gehobenen und des niederen (weltlichen wie geistlichen) Adels, der Glanz der Paläste wie die Pracht der Tempel ruht, sowie der letztliche Gegenstand des andauernden Feudalstreits: der Grund und Boden, als Unterpfand der Herrschaft über seine Bebauer und damit der ganzen materiellen Existenz der Feudalgewalten, wird hierbei vernachlässigt.

2. Aus der Bestimmung dessen, was dem Feudalismus als Herrschaftsordnung wesentlich ist, folgt, daß es neben dem Lehensfeudalismus weitere geschichtliche Varianten einer Herrschaft kraft Herrengewalt am Boden gibt. Die griechischen Kleinkönige der homerischen Zeit waren ebenso Feudalherren wie die Pharaonen, Gaufürsten und Tempelherren des Niltals, die Großkönige und Satrapen Mesopotamiens, die chinesischen Kaiser und ihre Großen seit der Chou-Dynastie, die Inka-Herrscher im alten Peru, die arabischen, seldschukischen, türkischen und mongolischen Großen. Der orientalische *Despotismus* (u. U. gesteigert bis zum ‹Sultanismus›) hat hier seinen Ort; er bezeichnet einen Haupttypus von Feudalität: den der *patrimonialen* Herrschaft. (Vgl. oben, S. 38.) Neben ihm – und oft in vielfältigster Form geschichtlich mit ihm verbunden – steht der Typus *patriarchalischer* Herrschaft einer grundherrlichen *Aristokratie* (von Häuptlingen, grundbesitzendem Land- und Stadtadel: von Rittern, Grafen, Baronen, weltlichen und geistlichen Fürsten, städtischen Patriziern etc.), bei gleichzeitigem Fehlen oder allgemeiner Ohnmacht einer wirkungsvollen gesellschaftlichen Obergewalt. Die Aristokratie besitzt ihr Land nicht notwendigerweise als Lehen, sondern vielmehr häufiger noch kraft (angestammten oder gewaltsam hergestellten) Eigenrechts. – Will man also die Grundnatur des Feudalismus bestimmen, so ist es von zweitrangiger Bedeutung, ob die Herrengewalt zentralisiert ist oder ob sie dezentral, durch viele mehr oder weniger unabhängige Einzelne, ausgeübt wird. Ebenso ist es für die Bestimmung des *Wesens* der Feudalität unerheblich, ob etwa von seiten der Beherrschten das Mehrprodukt, das ihre Herren an sich ziehen, individuell aufgebracht werden muß oder ob etwa eine ganze Dorfgemeinde kollektiv für das Aufkommen verantwortlich ist (wie lange Zeit im alten Indien oder beim russischen Mir). So ist das dauerhaftere Grundverhältnis einer bestimmten Gesellschaftsformation von deren mannigfaltigen und wechselnden Erscheinungstypen durchaus zu unterscheiden.

3. ‹Herrengewalt› am Boden, durch welche ein Mehraufkommen der Bodenbebauer für den Herrn gesichert wird, bedeutet unter Bedingungen der Feudalität in aller Regel nicht ‹Eigentum› im modernen Sinn. Vielmehr sind damit alle Handhaben bezeichnet, welche die letztliche Obergewalt auch über den – vielfach sogar erblich – in der Hand der Produ-

zenten selbst befindlichen Boden bietet, um Leistungen für den Herrn sicherzustellen. Da die Produzenten selbst hier das entscheidende Produktionsmittel, den Boden, zumeist in fester Nutzung haben, so bleibt notfalls der Rückgriff auf Waffengewalt das letzte Auskunftsmittel des Herrn. Auch Waffen erscheinen soweit als produzierte gesellschaftliche *Aneignungsmittel.* (Vgl. oben, S. 33.)

4. Das Ergebnis von Mehrarbeit der Produzenten nimmt unter Bedingungen der Feudalität die Form der *Rente* an. Unter Rente soll hierbei jede einseitige ökonomische Leistung an einen Herrn verstanden werden. Im Anschluß an *Marx* können drei Formen von (vorkapitalistischer) Grundrente unterschieden werden:
a) *Arbeitsrente:* Mehrarbeit wird unmittelbar durch den Herrn kraft seiner Obergewalt über das entscheidende Wirtschaftsmittel der Produzenten, den Grund und Boden, in Anspruch genommen (etwa in der Form von Frondiensten);
b) *Produktenrente:* Der *Ertrag* von Mehrarbeit über den Eigenbedarf der Produzenten hinaus muß abgeführt werden;
c) *Geldrente:* In höher entwickelten, schon kommerziell durchsetzten Formen des Feudalismus treten an die Stelle von Naturalabgaben und persönlichen Diensten Geldleistungen, etwa in Gestalt eines Pachtzinses auf den Boden. (Diese Form findet sich besonders häufig noch heute in vielen ‹halbfeudalen› Ländern Süd- und Südostasiens sowie Lateinamerikas.) Geldrente kann aber auch in Form von Tribut sowie von Steuer (allerdings: an einen Feudalherren, noch nicht an einen staatlichen ‹Hoheitsträger›) erhoben und entrichtet werden.
Der agrarischen Grundrente können *handwerkliche* Formen von Rentenleistung zur Seite treten. (Man vgl. das Fronhofshandwerk des Mittelalters.)
Die Form der Geldrente weist weiter zu jenem Inhaltswandel, den die Grundrente in erwerbswirtschaftlichen Verhältnissen erfährt: Hier verwandelt sich der Boden selbst aus einem Rentengut in ein *Kapitalobjekt.* (Vgl. unten, S. 69 f.)

3. Einfache ‹Marktwirtschaft› in der Geschichte

Eine *kommerzielle Ordnung* – worunter alle geschichtlich vorkapitalistischen Formen von einfacher ‹Marktwirtschaft› zu verstehen sind – bietet erweiterte Möglichkeiten, Mehrarbeit von Produzenten nutzbar zu machen.

1. Hauptkennzeichen einfacher vorkapitalistischer ‹Marktwirtschaft› sind:
a) Produktion von Gütern von vornherein für den Verkauf auf Märkten, das heißt als Waren;

b) regelmäßiger Gebrauch von Geld als einer ‹Generalware›;
c) Entwicklung von Reichtum in aufgeschatzter Form:
Als unverderbliches Mittel der Hortbildung erlaubt das Geld eine Anhäufung von Reichtum, die nun keine Schranken mehr im augenblicklichen Verzehrsbedürfnis der Einzelnen findet. – Die leichte Übertragbarkeit des Geldreichtums begünstigt auch die Entfaltung des *Erbrechts*, womit der Bereicherungssucht ein weiteres Motiv (Sorge für die Nachkommen) geboten wird.

2. Der kommerzielle Verkehr eröffnet dem Verlangen nach Reichtum zugleich neue Gelegenheiten. Formen der Bereicherung sind:
a) Handelsgewinn;
b) Darlehnsgeschäft und Leihzins;
c) großbetriebliche Nutzung von Sklaven;
d) Erhebung von Geldtributen aller Art bei unterworfenen Völkern.

Bei alledem können sich Formen kommerziellen Verkehrs mit solchen traditionaler feudaler Ordnung mehr oder minder verbinden. – Vorindustrielle und vorkapitalistische einfache Marktwirtschaft von solcher Art findet sich schon in den Handelsstädten der Mittelmeer-Antike (Athen, Korinth, Phönikien, Karthago, Rom), in gewissem Umfang aber auch im Ägypten des Neuen Reiches, in Mesopotamien, im Industal, im alten Israel etc., und heute wiederum in den meisten vorindustriellen Ländern der Erde.

4. Unterschied von einfacher Marktwirtschaft und Kapitalismus

Bei aller äußeren Verwandtschaft einer Gesellschaft des entwickelteren Markt- und Geldverkehrs zur Ordnung des modernen Kapitalismus unterscheidet sie doch von dieser Wesentliches. Was fehlt, ist keineswegs die Gelegenheit und der Trieb zur Bereicherung und zum Gewinnmachen, wohl aber die charakteristische Art kapitalistischer Gewinn*verwendung*. Was vorbürgerlichen Gesellschaften durchaus fremd bleibt, ist die *Kapitalakkumulation*, der *Nichtverzehr* des Gewonnenen und sein systematischer Wiedereinsatz für Zwecke der *erweiterten Produktion*. Selbst hochentwickelte vorkapitalistische Gesellschaften (wie etwa die des alten Athen und Rom seit dem 7. bzw. 3. Jh. v. u. Z.) kennen nur zwei Arten, von erworbenem Geldreichtum Gebrauch zu machen: Verbrauch oder Schatzbildung – nicht aber: regelmäßige, systematische Rückverwandlung von Gewinn in *Produktivvermögen*.
Es fehlt infolgedessen, wie eine ständig erneuerte Investitionstätigkeit, so auch jene rastlose Fortentwicklung und immer neue Umwälzung der *Produktionstechnik*, welche die jüngsten zwei Jahrhunderte unserer Geschichte

auszeichnet. Die Produktivkräfte schreiten nur langsam fort – und sie bilden sich gegen Ausgang der Antike sogar zurück –, weil das Gewinnmachen noch nicht die Sphäre der Produktion selbst ergriffen und seinen Bedürfnissen einverleibt hat. Keine noch so entwickelte Gesellschaft früherer Zeit ist bis zur *Industrie* gelangt. Das Äußerste, wozu vorkapitalistische Formationen es bringen, ist die Ausbildung und Vermehrung von *Handels-* und *Wucherkapital.* Aber diese *zehren* von der produktiven Leistung Dritter, die sie selbst durchwegs unberührt lassen. Demgegenüber hat die moderne Wirtschaft einer unaufhörlichen, als Selbstzweck betriebenen Kapitalvermehrung (Akkumulation) die *Produktion* selbst zur eigentlichen Grundlage; sie erst hat das *Industriesystem* mit sich heraufgeführt.
In allen vorkapitalistischen Gesellschaften fehlen infolgedessen auch die beiden typischen *Klassen* des erwerbswirtschaftlichen Systems: das moderne Unternehmertum wie das industrielle Proletariat.

Bemerkungen:
1. Zwar trachten auch in früheren Zeiten die Oberschichten nach Vermögensvergrößerung (in Symbolen : $V + v$). Aber dieser (naturale oder geldliche) Vermögenszuwachs fällt immer wieder dem sofortigen oder durch vorübergehende Schatzbildung aufgeschobenen Verbrauch anheim; das Ausgangsvermögen jeder ‹Wirtschaftsperiode› kann daher als mehr oder minder gleichbleibend betrachtet werden:

$$\underbrace{V \rightarrow V + v}_{\text{Konsumtion}} ; \quad \underbrace{V \rightarrow V + v}_{\text{Kons.}} ; \quad \underbrace{V \rightarrow V + v}_{\text{Kons.}} \ldots$$

Demgegenüber beruht die systematische *Akkumulation von Erwerbsvermögen* in kapitalistischer Zeit auf dem ständigen *Wiedereinsatz* des Vermögensbestandes, *vermehrt* um die Hauptmasse des Gewinns, als vergrößertes Ausgangskapital einer folgenden Verwertungsperiode:

$$V \rightarrow V + v = Vv \rightarrow Vv + v' = Vvv' \rightarrow Vvv' + v'' \ldots$$

Ein ständiger Nichtverzehr von erworbenem Reichtum wäre allen früheren Epochen unbegreiflich gewesen. Der Durchbruch einer spezifisch kapitalistischen ‹Wirtschaftsgesinnung›, einer unternehmerischen Haltung der ‹innerweltlichen Askese› (M. *Weber*) bedurfte denn auch für eine gewisse Zeit einer außerökonomischen, einer nach der Bewußtseinslage der Menschen religiösen Rechtfertigung, wie sie die Reformation – und hier vor allem der Calvinismus – bot.
2. Der konsumtive Gebrauch von Reichtum in vorkapitalistischen Ordnungen ist im weitesten Sinn zu verstehen: er schließt ein den *Luxus*, die Unterhaltung beträchtlicher *Gefolgschaften*, einer mehr oder minder parasitären Klientel, die Verwendung von Reichtum zur Sammlung von politischer *Macht* (man vergleiche die gewaltigen persönlichen Spenden ehrgeiziger Reicher für das Volk im Rom der alten Republik, die Unterhaltung von persönlichen Armeen durch Angehörige der großen Familien, etc.).

3. Das Ausbleiben einer planvollen Umgestaltung der Produktion und einer entsprechenden Fortbildung der Produktivkräfte in allen vorkapitalistischen Gesellschaften erklärt die allgemeine Langsamkeit der ökonomischen Entwicklung, die relative Stagnation der materiellen Kräfte sowie den schließlichen Rückfall einer hochentwickelten Merkantilgesellschaft wie derjenigen Italiens gegen Ausgang der Antike in Verhältnisse der Naturalwirtschaft, das Schrumpfen des Handels, der Städte, das schließliche Auseinanderfallen eines ökonomisch nur lose zusammengehaltenen Weltreiches.

4. Bei allgemeinem Fehlen einer eigentlichen Kapitalverwertung – wozu am wenigsten Verhältnisse der Sklaverei eine günstige Grundlage boten – sowie der modernen Klassen des erwerbswirtschaftlichen Systems ist es grundfalsch, etwa auf die antike kommerzielle Welt des Mittelmeerraumes Vorstellungen von ‹Bürgertum›, ‹Kapital› und ‹Kapitalismus›, ‹Imperialismus› oder auch von einer ‹sozialistischen› Bewegung übertragen zu wollen.

LITERATUR: Max *Weber*: Wirtschaftsgeschichte. Abriß der universalen Sozial- und Wirtschaftsgeschichte. Hg. v. S. Hellmann und M. Palyi. 3. Aufl. hg. v. J. Winckelmann, Berlin 1958 – Richard Christian *Thurnwald*: Die menschliche Gesellschaft in ihren ethno-sozialen Grundlagen, Berlin–Leipzig 1931–1935 (5 Bde.) – Heinrich *Cunow*: Allgemeine Wirtschaftsgeschichte. Eine Übersicht über die Wirtschaftsentwicklung von der primitiven Sammelwirtschaft bis zum Hochkapitalismus, 4 Bde. 1926 ff. – Fritz Moritz *Heichelheim*: Wirtschaftsgeschichte des Altertums vom Paläolithikum bis zur Völkerwanderung der Germanen, Slaven und Araber, 2 Bde., Leiden 1939 – Josef *Kulischer*: Allgemeine Wirtschaftsgeschichte des Mittelalters und der Neuzeit, 2 Bde., 2 Aufl. München 1958.

Dritter Teil
Die Erwerbsgesellschaft (Kapitalismus)

A. INHALT DER ERWERBSWIRTSCHAFTLICHEN ORDNUNG: DAS GESELLSCHAFTLICHE GRUNDVERHÄLTNIS

1. KAPITAL

Die sozio-ökonomische Grundtatsache unserer Ordnung ist die Verwertung von Kapital. Alle Einzelseiten unserer Wirtschaftsgesellschaft werden hierauf in letzter Linie zurückzubeziehen sein.
Kapital ist ein zum Zweck ständiger Vermehrung eingesetzter Vermögensbestand, also: *Erwerbsvermögen*. (Vgl. Leseanhang: O. v. *Zwiedineck-Südenhorst*, S. 136.)
Dies besagt: 1. Kapital ist nicht durch seine wechselnden *Formen* (Geld, Hilfsmittel der Produktion, verkaufbare Waren etc.) dinglich zu bestimmen, sondern vielmehr durch die *Funktion*, welche Wirtschaftsobjekten von sehr verschiedener Art jeweils zukommt. Geld oder Konsumgüter in Händen von Verbrauchern, das persönlich genutzte Eigenheim etc. sind nicht Kapital, wohl aber Geld, Konsumwarenvorräte, Mietwohnungen, die zu Erwerbszwecken, in Gewinnabsicht verwertet werden sollen. Gleichgültig ist hierbei, ob von Fall zu Fall dieser Zweck erreicht, das heißt Gewinn tatsächlich erzielt wird, oder nicht.
2. Es ist daher unzulässig, als Kapital etwa den Grabstock des Primitiven, die Waschmaschine im Haushalt oder das Arbeitstalent eines Unselbständigen anzusehen. (Man vergleiche zum letzteren die im Schwange befindlichen Überlegungen zur ‹Rentabilität› von ‹Bildungsinvestitionen›.) Wohl aber stellt die menschliche Arbeitskraft für ihren *Anwender*, ‹den› Unternehmer – ebenso wie die verfügbare Lohnsumme, mit der sie entgolten werden muß – ein Element seines Kapitals dar.
3. Gewinnzwecken können nur *private Interessenten* (Einzelunternehmer oder ‹anonyme› Kapitalgesellschaften) nachgehen. Kapital ist daher notwendigerweise *privates* Erwerbsvermögen (und daher ‹Kapitalismus› notwendigerweise *privater* Kapitalismus). So wenig wie es für eine Volkswirtschaft als ganze ‹Gewinn› oder ‹Verlust› geben kann – und daher die Wirtschaftsgesellschaft als ganze etwa in ‹Konkurs› gehen könnte – so wenig arbeitet vollends eine *Gemeinwirtschaft* mit Kapital: Ihr Ziel ist nicht Maximierung der Rendite, sondern vielmehr Entwicklung der produktiven Potenzen einer Wirtschaftsgesellschaft und verbesserte Versorgung ihrer Mitglieder; ihr ökonomisches Ziel ist also von *güter*wirtschaftlicher, nicht von geld- und erwerbswirtschaftlicher Art.
Das gilt weithin auch für öffentliche Einrichtungen innerhalb unseres Erwerbssystems: So werden etwa die Gebühren, Eintrittsgelder, Tarife usw. bei öffentlichen Schulen, Theatern, Museen, aber auch im Betrieb der Post, der Bahn, der Verkehrs- und Versorgungseinrichtungen nicht nach

Gewinnüberlegungen, sondern vielmehr nach übergeordneten Gesichtspunkten des Gemeinbedürfnisses bestimmt und wird selbst auf Kostendeckung unter Umständen verzichtet. Vollends gehen übergeordnete, weithin auch außerökonomische Überlegungen in eine sozialistische Wirtschaftsführung ein; auch der rechnerische betriebliche ‹Gewinn› dient hier als bloße Richtgröße, die Auskunft gibt über einen güterwirtschaftlichen Erfolg. (Vgl. unten, Vierter Teil, S. 117 ff.)

2. Kapitalumschlag

Kapital muß, um seinen Zweck zu erfüllen, umschlagen, die Form wechseln.

Eben deshalb darf der Kapitalbegriff nicht dinglich gefaßt, nicht einer einzelnen Durchgangsform des Kapitalumschlags zugewiesen werden. Auch hier gilt es zwischen der Erscheinungsform und dem Inhaltlichen der Sache zu unterscheiden.

Der Umschlagsprozeß des Kapitals wird sinnfällig im Einzelunternehmen: Bei dessen Gründung liegt Kapital in Geldform vor. Für Zwecke der Produktion muß sich dieses *Geldkapital* in die verschiedenen Elemente des wirkenden *Produktivkapitals* umsetzen. Das Ergebnis des Produktionsvorgangs sind Bestände an Kapital in Gestalt von *Waren*. Deren Verkauf erbringt dem Unternehmen ein – in aller Regel – um den Gewinn vermehrtes, zu neuerlichem Einsatz bereites *Geldkapital*. Damit ist der Kreis des Kapitalumschlags geschlossen. (Vgl. Schaubild.)

Geschichtliche Voraussetzung des entwickelten Kapitalumschlags ist die Entfaltung des Marktverkehrs, der immer engere Zusammenhang der Wirtschaftsteilnehmer. So tritt mit der kapitalistischen Erwerbswirtschaft historisch zugleich die moderne Volks- und schließlich Weltwirtschaft auf den Plan.

Die *Märkte* müssen das Ineinandergreifen der individuellen Kapitalumschläge sachlich und größenmäßig *koordinieren* und zeitlich *synchronisieren*. Der vielfältige Verflechtungszusammenhang, in den hierbei jeder Einzelwirtschafter (auf der Bezugs- wie auf der Absatzseite) mit anderen Kapitalverwertern tritt, macht die Einzelunternehmungen empfindlich gegenüber der Entwicklung in anderen Wirtschaftsbereichen. Dieser wechselseitige Verflechtungszusammenhang bildet die *allgemeine* Grundlage der *Konjunkturbewegungen*. (Vgl. unten, B/VI, S. 84 ff.)

3. Kapitalakkumulation

Kapital muß sich vergrößern, es muß *akkumuliert* werden. Hierzu nötigt das Verhältnis der *Konkurrenz*, in dem die Unternehmungen zueinander

Arten des Kapitals (‹Erwerbsvermögens›)

(zugleich: der Wertedurchfluß im Unternehmen, der Kapitalumschlag)

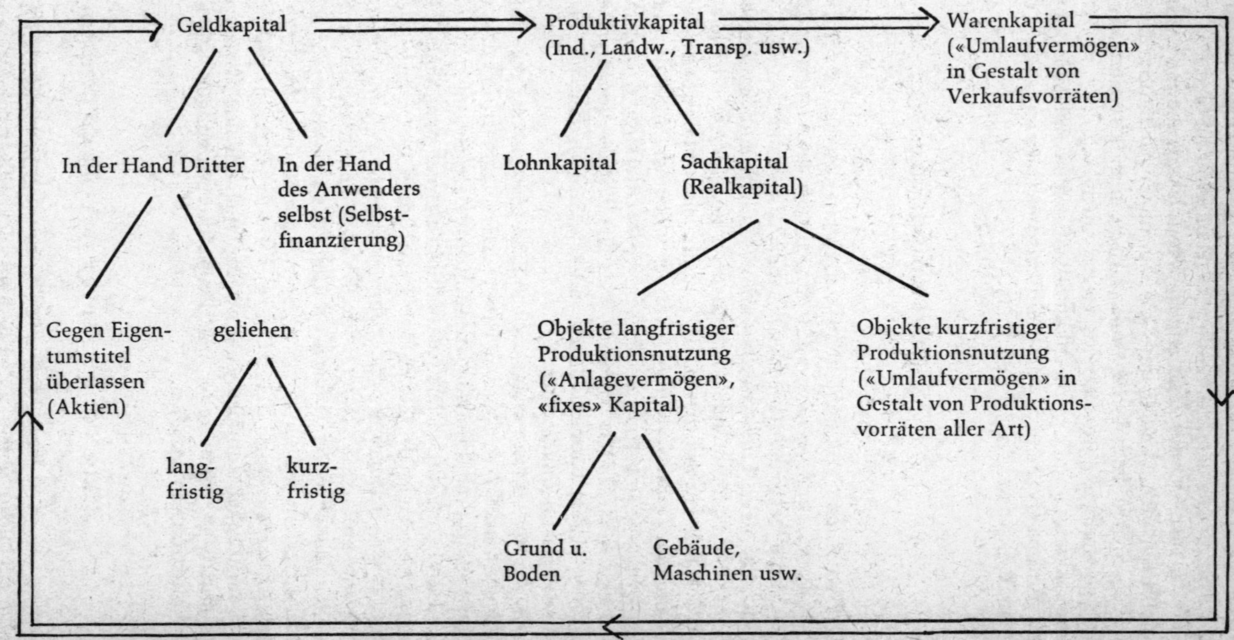

stehen – wobei auch unter Bedingungen einer monopolistisch beschränkten Konkurrenz das Akkumulationsgebot wirksam bleibt.
Der konkurrenzbedingte Zwang zur Kapitalakkumulation beschränkt von vornherein den Verzehr des Gewinns durch persönliche Unternehmer. Er begrenzt zugleich die Gewinnansprüche von Aktionären wie auch etwa von gewinnbeteiligten Betriebsbelegschaften.
Die Akkumulation der Einzelkapitalien ist die Grundlage des volkswirtschaftlichen ‹Wachstums›, des ökonomischen Gesamtprozesses der modernen Gesellschaft. (Vgl. unten, S. 83.)

4. Neubildung von Produktivkapital und ‹Investieren›

Die Neubildung (Akkumulation) von Kapital, zu der die Vermehrung des Produktivkapitals gehört, ist mehr, als gemeinhin unter ‹Investition› (= Vermehrung des *stehenden Sachkapitals*) verstanden wird: Es werden nicht nur neue Produktionsanlagen, sondern auch entsprechend mehr Rohstoffe, Halbfabrikate sowie (in aller Regel) mehr oder leistungsfähigere Arbeitskräfte benötigt. *Alle* Kapitalelemente müssen also – in bestimmtem Größenverhältnis – vermehrt werden. Unter dem im üblichen Wortgebrauch oft irreleitenden Begriff der ‹Investition› ist daher zumeist der viel umfassendere Vorgang einer *Neubildung von Produktivkapital*, in allen seinen Formen – fixes Sachkapital, zirkulierendes Sachkapital, Lohnkapital – zu verstehen.
Was die Investition im eigentlichen Sinn (Beschaffung von Produktionsanlagen) angeht, so stellt sie entweder *Ersatzinvestition* dar, welche die vorhandene Produktionskapazität unverändert läßt, oder *Neuinvestition*, welche die Produktionskapazität (eines Unternehmens, eines Wirtschaftszweiges oder auch der Gesamtwirtschaft) vergrößert. Eine solche Neuinvestition kann wiederum vom Typus der *Erweiterungsinvestition* sein (*zusätzliche* Produktionsinstrumente der *gleichen* Art werden in Dienst gestellt), oder aber vom Typus der *Rationalisierungsinvestition* (*verbesserte* Maschinerie wird eingesetzt; Bsp.: Automation). Im letzteren Falle werden Arbeitskräfte freigesetzt; es kann zu (‹technologisch› bedingter) Arbeitslosigkeit kommen, sofern nicht entsprechende Erweiterungsinvestitionen – in gleichen oder in anderen Unternehmungen – die Freigesetzten aufzufangen erlauben.

5. Bildung von Geldkapital und ‹Sparen›

Der Bildung von Produktivkapital steht eine entsprechende Bildung von *Geldkapital* zur Seite. – So mißleitend wie der Begriff der ‹Investition› für die Bezeichnung des Vorgangs der Produktivkapitalbildung als ganzer, so irreführend wird gewöhnlich der Begriff des *‹Sparens›* zur Bezeichnung des eigentlich gemeinten Prozesses der Geldkapitalbildung gebraucht.

‹Sparen› wird hierbei regelmäßig als Nichtkonsum oder als rühmlicher *‹Konsumverzicht›* angesehen. – Für die Volkswirtschaft als ganze gilt allerdings, daß ein Teil des Sozialprodukts wie des Volkseinkommens stets der Zukunftsvorsorge vorbehalten sein muß, das heißt der Ausdehnung – oder mindestens der Erhaltung – des Sachmittelbestandes der Produktion. Ohne solche Zukunftsvorsorge würde die Konsumtion selbst schließlich schrumpfen. In der Tat liegt ein Teil des Sozialprodukts immer schon in Gestalt von neuen Maschinen, Rohstoffen etc. vor, und ihm tritt auf den Märkten eine entsprechende Nachfrage der Unternehmungen kaufend gegenüber. Auch arbeitet der größere Teil der Produktionsstätten nicht für den unmittelbaren Endverbrauch. Die gegebene Struktur der Produktion und der Einkommensverteilung gewährleistet also von vornherein, daß nebeneinander für den Augenblick wie für die Zukunft produziert wird; und einzig spürbar sind Wechsel in der Proportion beider Größen. Ein individueller ‹Konsumverzicht› liegt hier überhaupt nicht vor.
Soweit daher die Vorstellung, daß Kapitalbildung sich auf Nichtkonsum gründe, etwa die Verbraucherschaft meint, ist auf den einfachen Sachverhalt hinzuweisen, daß die Geldkapitalbildung sich überwiegend aus den Preisen und Erlösen der verkaufenden Unternehmungen, also aus den *erzielten Marktgewinnen* speist (*‹Selbstfinanzierung›*). Solche Marktgewinne ergeben sich selbstverständlich auch aus dem Warenverkauf an Konsumenten. Gerade die *Kaufbereitschaft* und der Kaufakt der Verbraucher, nicht etwa ein ‹Konsumverzicht›, wird hier zur Vorbedingung der Geldkapitalbildung von Unternehmungen, und *fehlende* Endnachfrage nach bereits vorliegenden Waren *gefährdet* die Neubildung von Kapital überhaupt.
Soll aber mit ‹Konsumverzicht› eine verdienstvolle Verhaltensweise von kapitalbildenden persönlichen Unternehmern gemeint sein, die sich hierdurch gewissermaßen das moralische Anrecht auf den Gewinn erwerben, so ist zu sagen: Der gesamte Inhalt der kapitalistischen Erwerbsweise, das Verhältnis wechselseitiger Konkurrenz zwischen den Unternehmungen, ebenso die gegebene Struktur von Produktion und Einkommensverteilung schließen einen vollständigen Gewinnverzehr durch persönliche Unternehmer von vornherein aus. Ein Kapitalverwerter, der seinen Gewinn konsumieren wollte, würde sehr schnell aufhören, Unternehmer zu sein. Im übrigen stellt das ‹Entgelt› für die spezifisch unternehmerische Wirksamkeit – Beaufsichtigung und Leitung des Kapitalverwertungsprozesses – den *‹Unternehmerlohn›* dar, und dieser fällt – wenngleich er auf Selbstzumessung beruht – unter die allgemeinen Unkosten des Unternehmens, ebenso wie die Löhne der Beschäftigten, so daß der eigentliche Gewinn frei verfügbar bleibt. – Schließlich aber: Was ist in unserem Zeitalter der unternehmerischen Riesengebilde und ‹anonymen› Gesellschaften der Konsumbedarf – und daher der ‹Konsumverzicht› – einer *juristischen Person*: einer Aktiengesellschaft, eines Konzerns, eines Trusts? Hat etwa das Volkswagenwerk als solches – nicht etwa: seine Vorstandsmitglieder – Hunger, läuft es seine Schuhe ab wie ein lebender Mensch?

In Wahrheit stellt der Begriff des ‹Sparens› nichts als eine *ideologische*

Formel dar zur Rechtfertigung des Unternehmensgewinns: Er suggeriert eine Sichtweise, in der die Verhältnisse einer längst *institutionalisierten* Geldkapitalbildung sich immer noch aus der Froschperspektive des kleinen Handwerksmeisters oder eines Bauchladenbesitzers abmalen: Sie erscheinen als eine höchst persönliche Leistung und werden damit *voluntarisiert*. Die Verlegenheitskategorie des ‹*Zwangssparens*› über die Preise – wobei solches Zwangssparen sich offensichtlich nicht mehr *durch*, sondern vielmehr *an* den Verbrauchern, oder auch an anderen Unternehmern selbst, vollzieht – zeigt den Mißbrauch des Sparbegriffes durch die gängige Ökonomie an.

6. Kapitalismus – gesellschaftlicher Grundinhalt

Unter Kapitalismus ist eine Wirtschaftsweise zu verstehen, in welcher die Verwertung von Kapital vorherrschend geworden ist.
Die systematische Kapitalverwertung beruht auf einer fundamentalen sozio-ökonomischen Funktionsteilung zwischen Kapitalverwertern und Unselbständigen.

Man vergleiche Max *Weber*: Voraussetzung des Kapitalismus ist «Appropriation aller sachlichen Beschaffungsmittel (Grund und Boden, Apparate, Maschinen, Werkzeuge etc.) als freies Eigentum an autonome private Erwerbsunternehmungen. Dies ist eine Erscheinung, die nur unsere Zeit kennt»; ferner «freie Arbeit, d. h. daß Personen vorhanden sind, die nicht nur rechtlich in der Lage, sondern auch wirtschaftlich genötigt sind, ihre Arbeitskraft frei auf dem Markt zu verkaufen. Im Widerspruch zum Wesen des Kapitalismus steht es, und seine Entfaltung ist unmöglich, wenn eine solche besitzlose und daher zum Verkauf ihrer Arbeitsleistung genötigte Schicht fehlt, ebenso, wenn nur unfreie Arbeit besteht.» (‹*Wirtschaftsgeschichte*›, München–Leipzig 1924, S. 239, 240.)
Vermieden werden sollen hier die mißleitenden Begriffe von ‹Arbeitgeber› und ‹Arbeitnehmer›; denn wer gibt im Arbeitsprozeß seine Arbeit, und wer nimmt sie entgegen?

7. Die Kapitalverwerter – Hauptfunktionen

Die Stellung des *kapitalverwertenden Teils* der Gesellschaft kann in dreifacher Weise gekennzeichnet werden:
a) Eigentum am Kapital;
b) Disposition über den Kapitaleinsatz;
c) Nutznießung aus dem Kapital (Gewinnerzielung).
Die drei Merkmale können sich auf verschiedene Personenkreise verteilen, wie die Scheidung von Management und Aktionären in den großen Aktiengesellschaften und Konzernen sowie die Bildung von neuem Produktivkapital aus nicht ausgeschütteten Gewinnen zeigt. Der persönliche

Eigentümer-Unternehmer, der alle drei Merkmale in sich vereint, ist nicht mehr typisch für die fortgeschrittene Erwerbswirtschaft unserer Zeit.
Die Meinung wird hartnäckig verbreitet, in der Wirtschaftswelt unserer Tage mit ihren Großunternehmungen, ihren Aktiengesellschaften und Riesenkonzernen sei im Zeichen einer ‹*Herrschaft der Manager*› – also einer Verfügungs- und Anweisungsgewalt, die nicht mehr auf entsprechendem persönlichen Eigentum, sondern vielmehr auf der Verwertung *fremden* Kapitals beruht – das ‹Eigentum an den Produktionsmitteln› unerheblich geworden.
Diese Auffassung geht auf eine Verwechslung von *persönlichem* und *privatem* Eigentum an Kapital zurück. Sie verkennt, daß auch das bekannte Hauptwerk von K. *Marx* nicht den Titel trägt ‹Der Unternehmer›, sondern vielmehr ‹Das Kapital›. Das seinem *Wesen* nach seit je *überpersönliche* Kapitalverhältnis tritt in der Scheidung von Eigentum und Verwertung heute selbst unmittelbar sinnfällig hervor. Auch sichert der im Verhältnis der Konkurrenz begründete Zwang zur Kapitalverwertung und Kapitalakkumulation ein wirtschaftliches Verhalten der Manager, das von dem der persönlichen Eigentümer-Unternehmer in seinen Zielen nicht verschieden ist. Selbstverständlich können auch Manager nicht gegen die Interessen der Eigentümer – besser: der Großaktionäre – handeln. Sie sind vielmehr durchweg selbst Exponenten des eigentlich ausschlaggebenden hochkonzentrierten Teils des Kapitals – wie auch die persönliche Häufung sowie die mannigfache Verflechtung von Aufsichtsrats- und Vorstandsposten zwischen den Unternehmenskomplexen zeigt. Der zur wirklichen Beherrschung eines Unternehmens oder eines Konzerns erforderliche Kapitalanteil aber ist um so geringer, je mehr das Restkapital sich streut.
Im übrigen zeugt der Eifer einer öffentlichen Gesellschaftspolitik, die darauf abzielt, durch breitere Verteilung von Kapital- und anderem Eigentum, durch Stärkung des Sinns für das *Haben* dem anderenfalls durch soziale Isolierung gefährdeten Großkapital ‹Bundesgenossen› zuzuführen (‹Volkskapitalismus›) von der unveränderten Bedeutung, die dem Kapitaleigentum für die Grundordnung unserer Gesellschaft beigemessen wird.
So ist alles in allem schwerlich zu verkennen, daß die Behauptung, das Managertum habe das System des kapitalistischen Eigentums verdrängt, von *ideologischer* Natur ist.

8. Die Unselbständigen

Das Grundverhältnis der *Unselbständigen* ist – unabhängig von deren sehr unterschiedlicher individueller Position – gekennzeichnet durch *persönliche Kontraktfähigkeit* einerseits, durch *wirtschaftlichen Kontrakt-*

zwang (auf einem ‹Arbeitsmarkt›) infolge von Nichtverfügung über Produktions- und Erwerbsmittel andererseits. (Verhältnis der *‹freien Lohnarbeit›*.) – Aus diesem Grundverhältnis entspringen weitere Umstände, welche die äußere ‹Lage› der Arbeitenden kennzeichnen:

1. ‹Gleichheit› besteht formal nur auf dem Arbeitsmarkt. Der Eintritt in ein Arbeitsverhältnis hingegen begründet Unterordnung unter die Anweisungsgewalt der kapitalverwertenden Seite, ihre Eingliederung in die betriebliche Herrschaftsordnung. Dem Verwertungszwang des Kapitals sind die Beschäftigten selbst von vornherein ‹integriert›; und je mehr sich mit der Fortbildung der Technik die Ansprüche an den arbeitenden Menschen von den rein physischen auf die mentalen Kräfte verschieben (Konzentration auf Überwachung von Maschinen oder Automaten), desto mehr werden Bewußtseins- und Willensmomente des Arbeitenden für die Zwecke der Kapitalverwertung bedeutungsvoll.

2. Auch auf dem Arbeitsmarkt pflegen, unorganisiert, viele Beschäftigungsuchende einer – auch örtlich – begrenzten Zahl von Unternehmungen gegenüberzustehen. Gewerkschaftlicher Zusammenschluß kann das natürliche Übergewicht der Unternehmensseite ausgleichen; aber auch dann ist die Übung von Interessensolidarität für die Unselbständigen häufig schwieriger als für ihre Gegenpartei. Und verbandlicher Zusammenschluß sowie wirtschaftliche Kooperation und Konzentration der Unternehmungen pflegen die ‹Kampfparität› abermals zu verschieben.

Wie sich unter solchen Umständen die Arbeitslöhne und die übrigen Arbeitsbedingungen gestalten, bleibt auch abhängig von den Schwankungen der Konjunktur und des Arbeitsmarktes.

9. Gegensatz von Lohn- und Gewinneinkommen

Dem fundamentalen Unterschied der ökonomischen Stellung und Rolle von Kapitalverwertern und Unselbständigen entspricht der Unterschied der Einkommen:

1. Nach der Entstehungsseite: Gewinn-(Preis-, Besitz-)Einkommen – Arbeitseinkommen.

2. Nach der Verwendungsseite: zur Kapitalbildung bestimmtes Einkommen – verbrauchsbestimmtes Einkommen.

Der Arbeitslohn bedeutet unter diesen Umständen beiden Seiten des Arbeitsmarktes ganz Verschiedenes: für die Lohnzahler ist er Kostengröße, für die Lohnempfänger Quelle der persönlichen Subsistenz. Der Kontrast der hierdurch bezeichneten Interessen wird sichtbar im Lohnkonflikt. (Siehe im übrigen unten, S. 71 ff.)

10. Kapitalismus, Klassen und Schichten

Ihrem *Wesen* nach sind die beiden großen gesellschaftlichen Gruppen der erwerbswirtschaftlichen Ordnung, Kapitalverwerter und Unselbständige, vom Typus sozialer *Klassen* (im oben, S. 34 f., bezeichneten Sinn). Die eine Klasse arbeitet für die Zwecke der anderen; sie kann unter den Bedingungen unserer Ordnung sich selbst nur erhalten, indem sie die Verwertung und Vergrößerung des Kapitalbestandes der anderen sozialen Gruppe besorgt.

Das nur durch deutende Vertiefung zu erschließende elementare Grundverhältnis zweier gesellschaftlicher Klassen wird überdeckt durch das bunte Erscheinungsbild zahlreicher sozialer *Schichten*. So zerfallen beide Klassen in mannigfache Sondergruppen mit ihren eigenen Interessen und Interessenspannungen: die kapitalverwertende Seite etwa läßt sich einteilen in industrielle, Transport-, Bank- und Handelsinteressenten und deren zahlreiche Untergruppierungen, oder auch in Klein- und Großunternehmungen, mit ihren keineswegs sich deckenden Partikularwünschen u. a. m. Die Beschäftigten unterscheiden sich in Arbeiter, Angestellte und Beamte, und auch hier sind bedeutende Unterteilungen sowie gelegentliche Interessenkollisionen im einzelnen möglich. – Zu einer solchen Feingliederung der Grundklassen treten die *Zwischenschichten*, die Einkommen aus eigener Arbeit mit Gewinneinkommen in gewissem Maße verbinden: Handwerker, Kleinhändler, Bauern, Freischaffende. – Eine wichtige und wachsende Gruppe in unserer Zeit stellen schließlich jene dar, die aus umverteilten Gewinneinkommen leben, ohne selbst einen produktiven – das heißt die gesellschaftlichen Produktivkräfte erhaltenden oder mehrenden – Beitrag zu leisten: eine Gruppe, die von den Kapitalrentnern bis zu den Angehörigen zahlreicher Dienstleistungsberufe reicht.

11. Irrtümer über das Kapitalverhältnis

Am Wesen des Kapitalverhältnisses geht vorbei: 1. die populäre Nebeneinanderstellung von ‹Kapital› und ‹Arbeit›; die ‹Arbeit› ist in Wahrheit dem ‹Kapital› und seinen Zwecken integriert, die Arbeitskraft ist ein Element des Produktivkapitals, so wie das Lohnkapital des Unternehmens, aus dem sie entgolten wird, ein Teil des Geldkapitals dieses Unternehmens darstellt; 2. die Lehre von den (drei) ‹Produktionsfaktoren›, wonach das ‹Produkt› als gemeinsames Ergebnis des Zusammenwirkens von Naturkraft (Boden), Kapital (im Sinne von ‹Produktionsmitteln›) und Arbeit erscheint. Die Auffassung beruht auf einer Verwechslung von *Güter*produktivität und *Wert*produktivität. Wertschöpfung vollzieht sich nur durch menschliche Arbeit. (Siehe auch Leseanhang: Conrad, S. 133 ff.)

LITERATUR: Karl *Marx*: Das Kapital, Bd. 1, in: Karl Marx, Ökonomische Schriften, Bd. 1, hg. v. Hans-Joachim Lieber u. Benedikt Kautsky, Darmstadt 1962 (Bd. IV der Karl-Marx-Ausgabe) – Werner *Sombart*: Der moderne Kapitalismus, 3 Bde., 6. Aufl. Leipzig–München 1924–1927 – Karl *Diehl* u. Paul *Mombert*: Ausgewählte Lesestücke zum Studium der Politischen Ökonomie, XV. Bd., Kapital und Kapitalismus, Karlsruhe 1923 – Leo *Kofler*: Zur Geschichte der bürgerlichen Gesellschaft (Soziolog. Texte Bd. 38), Neuwied–Berlin 1966 – Friedrich *Fürstenberg* (Hg.): Industriesoziologie I (Soziolog. Texte Bd. 1), Neuwied–Berlin 1959 – Ders.: Wirtschaftssoziologie (Sammlung Göschen), Berlin 1961 – Ralf *Dahrendorf*: Industrie- und Betriebssoziologie (Sammlung Göschen), Berlin 1967[4] – Charles Wright *Mills*: Die amerikanische Elite, a. d. Am., Hamburg 1962 – Erich *Preiser*: Nationalökonomie heute, München 1967[2] – Kompendium der Volkswirtschaftslehre, hg. v. Ehrlicher, Esenwein-Rothe, Jürgensen, Rose, Göttingen Bd. I. 1967, Bd. II 1968 – Carl *Zimmerer*: Kompendium der Volkswirtschaftslehre, 3 Bände, Düsseldorf 1968.

B. DAS WIRTSCHAFTSGESCHEHEN

I. Wertschöpfung und Einkommensbildung allgemein

1. Produktive Arbeit

Produktiv ist alle Arbeit, deren Ergebnis der materiellen Erhaltung oder Mehrung der *persönlichen* und *sachlichen* Produktivkräfte einer Wirtschaftsgesellschaft dient, das heißt die *regenerativ* auf das menschliche Arbeitsvermögen oder *reproduktiv* auf den Bestand der sachlichen Produktivkräfte wirkt.

Produktiv ist natürlich nicht nur die unmittelbare Arbeit in der materiellen Erzeugung (und diese nicht immer), sondern auch die Tätigkeit innerhalb der betrieblichen Arbeitsvorbereitung, im Transportwesen etc.

Nichtproduktiv – wenngleich vom allgemeinen zivilisatorischen und kulturellen Stand der Gesellschaft, teilweise auch von Herrschaftsverhältnissen aus betrachtet *notwendig* – ist die rein distributive Tätigkeit im Handel, die Tätigkeit in der öffentlichen Verwaltung, in künstlerischen, ärztlichen, wissenschaftlichen Berufen etc. Nichtproduktiv ist auch die materielle Produktion selbst, wenn sie der Erzeugung von Produkten dient, die nicht die persönlichen oder sachlichen Produktivkräfte erhalten oder vermehren (Luxusgüter; Rüstungsgüter).

Der Übergang zwischen produktiver und nichtproduktiver, aber auf andere Weise etwa ‹nützlicher› oder ‹notwendiger› menschlicher Tätigkeit ist vielfach ein fließender. *Mittelbar* dienen z. B. *Lehrer* der Entwicklung des menschlichen Arbeitstalents, ebenso wie etwa die naturwissenschaftliche *Grundlagenforschung* einer Fortbildung der sachlichen Bedingungen menschlicher Wirksamkeit zunutze kommt.

Volkswirtschaftliche Produktivität und *privatwirtschaftliche Rentabilität* sind etwas ganz Verschiedenes. Hieraus entspringt die Schwierigkeit einer ‹produktivitätsorientierten Lohnpolitik›. (Vgl. unten, S. 73 f.)

2. Volkswirtschaftliche Wertschöpfung

Alle volkswirtschaftliche Wertschöpfung beruht auf menschlicher Arbeit, aller materieller Fortschritt auf Mehrarbeit (über die Subsistenz der Arbeitenden hinaus).

Daß nur die menschliche Arbeit wertschöpfend ist, erfahren heute nachdrücklich die Entwicklungsländer; so wie dies auch in einem fortgeschrittenen Land etwa nach einem zerstörerischen Krieg zur selbstverständlichen Einsicht wird.

Auch unbearbeitete Naturstoffe können nützliche Güter darstellen, doch werden sie verwendbar nur durch menschliche Tätigkeit – und sei dies auch nur das bloße Pflücken von Früchten. Die Bereitstellung von Gütern für menschliche Zwecke verwandelt solche Güter aus Gaben der Natur in Produkte der Arbeit, und unter Bedingungen einer Tauschgesellschaft in Träger von ‹Werten›. Menschliche Arbeit, das heißt die Betätigung von Körperkraft, Wille und Intelligenz, verleiht also den Naturelementen einen neuen, einen ökonomischen Inhalt – selbst dann, wenn sich an der ursprünglichen Gestalt von Naturgütern hierbei nichts ändert, wenn sie keiner äußeren Umformung unterliegen.

Dem Umstand, daß die volkswirtschaftliche Wertschöpfung auf menschlicher Arbeit beruht, widerspricht nicht die Tatsache zunehmender ‹Vorverlegung› wertbildender Tätigkeiten in die Arbeitsvorbereitung oder auch in die Herstellung von Maschinen, an welche menschliche Verrichtungen übergehen. Auch die vollautomatisierte ‹menschenleere› Fabrik würde der Aussage nicht widersprechen, denn die Automaten selbst, und die Anlagen, in denen sie hergestellt werden, bleiben Menschenwerk. Allerdings wächst gegenüber der ‹unmittelbaren› der Anteil der ‹vorgetanen› menschlichen Arbeit. Es ist dies nichts anderes als ein Ausdruck des Umstandes, daß immer mehr die *verbundene*, die *kooperierende* Arbeit – auch: die im vertikalen Stufenaufbau der Produktion verbundene Arbeit – eine produktive und wertbildende Kraft von selbständiger und eigener Art bildet.

3. Verhältnis von produktiver und wertschöpfender Arbeit

Produktive und wertschöpfende Arbeit decken sich nicht vollständig: Einerseits kann auch unproduktive Arbeit wertbildend sein und ihr Ergebnis in die volkswirtschaftliche Rechnung über Sozialprodukt und Volkseinkommen eingehen. Das auffälligste Beispiel hierfür zeigte die Zeit des Zweiten Weltkrieges, als in allen kriegführenden Nationen das ausgewiesene Sozialprodukt – auch wenn man Preissteigerungen beiseite läßt – gewaltig anwuchs; gleichzeitig aber wurden Produktivkräfte im größten Stil vernichtet und wurde in riesigem Ausmaß an der Herstellung von Erzeugnissen gearbeitet, die nicht der Mehrung der persönlichen und sachlichen Produktivkräfte dienten. Wertschöpfung besagt nur, daß menschliche Arbeitskraft für Zwecke der Produktion in Tätigkeit gesetzt worden ist; aber damit ist noch keine nähere Bestimmung über den Charakter des Produkts und seine Rolle im Prozeß der materiellen Daseinserhaltung der Gesellschaft getroffen.

Andererseits geht in die Wertschöpfung nur diejenige produktive Arbeit ein, die *rechenbar* gemacht werden kann, die also über Märkte ‹bezahlt› zu werden pflegt; also nicht etwa die zweifellos produktive Arbeit des Kleingärtners, der seinen eigenen Kohl zieht. (Wohl aber etwa die Eigenleistung eines Unternehmens, z. B. die Erweiterung einer Ziegelei unter Verwendung selbsterzeugter Ziegel, die andernfalls verkauft worden wären.)

Produktiv ist die Arbeit aller Epochen und Gesellschaftsordnungen, soweit sie unmittelbar der Erhaltung und Vermehrung der Produktivkräfte dient; Wertschöpfung hingegen liegt nur da vor, wo die Erzeugnisse menschlicher Arbeit regelmäßig über *Märkte* gehen.

Dies stellt eine Schwierigkeit auch des rechnerischen Vergleichs des Sozialprodukts von Ländern mit unterschiedlicher kommerzieller Entwicklung dar; ganz abgesehen davon, daß, wie gezeigt, die Höhe und Zuwachsrate des Sozialprodukts keine sichere Auskunft über die wirkliche Mehrung der *Produktivkräfte* einer Nationalwirtschaft gibt.

4. Wertschöpfung und Einkommensumverteilung

Das Ergebnis der wertbildenden Arbeit unterliegt der gesellschaftlichen *Umverteilung*.

Organe solcher Umverteilung im großen sind etwa der Staatshaushalt, die Sozialversicherung. Es vollzieht sich aber auch stets private Umverteilung, vor allem bei den Gewinneinkommen. (Siehe unten, S. 68.)

Ihrer *Quelle* nach würden sich bei Fehlen von Umverteilung privater oder öffentlicher Art alle Einkommen auflösen in Arbeitslöhne und Gewinne der wertbildenden Wirtschaftszweige. Tatsächlich schiebt sich von allem Anfang an die gesellschaftliche Einkommensumverteilung ein: Sie vollzieht sich innerhalb der beiden gesellschaftlichen Haupteinkommensgruppen sowie zwischen diesen, ferner zwischen den sozialen Klassen und den Mittelschichten, schließlich geschieht sie zwischen den Nationen auf der Ebene der Weltwirtschaft.

5. Berechnung der Wertschöpfung: Sozialprodukt und Volkseinkommen

Die volkswirtschaftliche Wertschöpfung findet einen rechnerischen Ausdruck in doppelter Gestalt: einerseits in der Größe des *Sozialprodukts* (genauer: des Nettosozialprodukts zu ‹Faktorkosten›, s. unten, S. 85), andererseits in der Größe des *Volkseinkommens*. Das ermittelte (Netto-) Sozialprodukt weist auf die Neuwertschöpfung einer Volkswirtschaft in einer bestimmten Periode – etwa aufgegliedert nach Wirtschaftszweigen – hin; das Volkseinkommen stellt die im Prozeß der Wertschöpfung gebildeten und realisierten Einkommen verschiedener Art dar.

Die volkswirtschaftliche Gesamtrechnung behandelt das Nettosozialprodukt zu Faktorkosten als deckungsgleich mit dem Volkseinkommen einer Periode. Dies darf nicht darüber hinwegsehen lassen, daß im wirklichen Prozeß für die Unternehmungen Wertschöpfung und Wertrealisierung zeitlich auseinanderfallen: Die Unternehmenstätigkeit bringt Gewinn erst, wenn die vorher schon erzeugten Waren *verkauft* werden. Und die Größenschwankungen der Verkaufsvorräte zeigen an, daß zwischen Wertschöpfung und Wertrealisierung Verschiebungen, auch Störungen eintreten können.
Die statistische Ermittlung der volkswirtschaftlichen Wertschöpfung bleibt unvollkommen. Sie zeigt die Summe der Einkommen *nach* deren Umverteilung und gibt daher nicht die eigentlichen Quellen der volkswirtschaftlichen Wertschöpfung zu erkennen.

6. Einkommensverteilung – funktionaler und personaler Aspekt

Die Einkommensverteilung kann vom funktionalen oder vom personalen Gesichtspunkt betrachtet werden. Funktional gesehen zerfallen die Einkommen, entsprechend den beiden sozialen Hauptgruppen unserer Gesellschaft, in Gewinn- und Lohneinkommen, personal betrachtet in zahllose Einzeleinkommen. Ein und die gleiche Person kann hierbei über funktional verschiedenartige Einkommen verfügen. (Dies kann auch bewußt herbeigeführt werden: etwa durch ‹Gewinnbeteiligung› von Unselbständigen.)

Die funktionale Einkommensverteilung ist Gegenstand der sozial-ökonomischen Theorie, die Einkommensverteilung nach Personen und ökonomischen Einzelgruppen beschäftigt die praktische Wirtschafts- und Sozialpolitik.

II. Der Kapitalgewinn

1. Gemeinsame Grundlage der Gewinneinkommen

Alle Gewinneinkommen sind zunächst in ihrer wesentlichen Einheit zu betrachten, bevor ihre Einzelformen untersucht werden. Grundlage aller Gewinneinkommen ist ein doppelter sozio-ökonomischer Sachverhalt: 1. Ein Produktivitätsgrad der menschlichen Arbeit, der ein Überschußprodukt über den reinen Unterhalt der Arbeitenden hinaus ermöglicht. Unter unseren Bedingungen der allgemeinen Kapitalverwertung und Kapitalrechnung stellt sich ein solcher Überschuß als rechenbarer *Wertzuwachs* dar. 2. Die Aneignung dieses Wertzuwachses durch Private kraft ihres Eigentums an den entscheidenden Wirtschaftsmitteln; hier: am Kapital, in allen seinen Formen.

Die Einzelunternehmungen berechnen als ihren Gewinn freilich nicht den durch die Arbeit hervorgebrachten Wertzuwachs, sondern nur den Teil desselben, der dem Unternehmen verbleibt, d. h. die Differenz ihrer Erlöse und ihrer Kosten. Dabei gehen in die Kosten des Unternehmens auch jene Elemente des im Unternehmen erzeugten Wertzuwachses ein, die in Form von Leihzins, Pachtzins, Lizenzgebühren, Steuern etc. an partizipierende Dritte weitergegeben werden. Ferner treten etwa fingierte Kostengrößen hinzu wie Eigenkapitalzins, Risikoprämie. Vollends unterliegen die ausgewiesenen Gewinne der Kunst der ‹Bilanzfrisur›. Die Weise der Gewinnberechnung erschwert es, die eigentliche Grundlage jenes Wertzuwachses, auf den alle individuellen Gewinne letztlich zurückgehen, seinen Ort in der *Produktion* zu erkennen.

2. Gewinnarten: Normalgewinn und Renten

Die ökonomische Theorie unterscheidet folgende Arten von Gewinnen:

A) Konkurrenznotwendiger Normalgewinn

Er entspricht einer gleichen Rendite (= Gewinnrate auf das eingesetzte Kapital) zwischen allen Unternehmungen und Wirtschaftszweigen und hat zur Voraussetzung vollkommene Konkurrenz auf den Märkten und volle Beweglichkeit des anlagebereiten Kapitals zwischen den Bereichen der Kapitalverwertung. Unter dieser Voraussetzung müßten größere Unterschiede in den Renditen sich wie in einem System kommunizierender

Röhren durch Zu- und Abfluß von Kapitalien immer wieder ausgleichen. Eine dauernde Unterschreitung des konkurrenzgebotenen Gewinns würde die resp. Unternehmungen aus dem Rennen werfen. In der Wirklichkeit ist ein Normalgewinn der bezeichneten Art nur sehr annähernd zu bestimmen. Dies gilt vollends unter den Bedingungen höchst ungleicher Stellung der Unternehmungen und Wirtschaftszweige auf den Märkten und in der Produktion, wie sie unsere Epoche der *vermachteten Wirtschaft* allenthalben zeigt.

B) Renten (= Vorzugsgewinne)

Hierunter sind alle Arten von Gewinnen zu verstehen, die über den (zu mutmaßenden) Normalgewinn hinausgehen.

I) *Differentialrenten*
Sie entspringen dem Umstand, daß bei gleichen Marktpreisen auf die gleiche Ware die verschiedenen Anbieter durchwegs unterschiedliche Kosten aufweisen. Die kostengünstiger anbietenden Unternehmungen gelangen in den Genuß eines ‹Vorsprungsgewinns› im allgemeinen Konkurrenzkampf. Folgende Arten von Differentialrenten lassen sich unterscheiden:

1. *Differentialrenten beim Grund und Boden*
Sie entstehen auf Grund ungleicher Ausstattung des Kapitalelements Boden bei gleichem Preis dessen, was dem Grund und Boden abgewonnen werden kann. (Die Grundrente wirkt hierbei ihrerseits auf die Art des Bodengebrauchs ein.)

a) *Differentialrenten in der Landwirtschaft*
   aa) *Qualitätsrente*: Ergebnis ungleicher Ertragsfähigkeit der Böden;
   bb) *Transportlagerente*: Ergebnis unterschiedlicher Entfernung der Erzeugungsstätte vom Marktort und daher ungleicher Transportkosten;
   cc) *Bonifikationsrente* (Intensitätsrente): Ergebnis einer Steigerung der Ertragsfähigkeit von Böden (am wirkungsvollsten da, wo Rente aa) oder bb) schon wirksam sind).

b) *Bodenrente im Bergbau*
Wie in der Landwirtschaft, so sind auch in der Montanwirtschaft nach den örtlichen und betrieblichen Verhältnissen Qualitäts-, Transportlage- und Rationalisierungsrente zu unterscheiden.

c) *Städtische Baubodenrente*
Beim Bauboden zählt nur die Güte der Lage. Dabei hat wegen der Unvergleichbarkeit der Verhältnisse jedes Grundstück eigentlich seinen eigenen Markt und seinen eigenen Preis, bei mehr oder minder gleichen Kosten der Bodenerschließung und Grundstücksbebauung. Die Baubodenrente weist also Besonderheiten auf. Auch geht, vor allem in unseren Großstädten, die Differentialrente unmerklich in absolute Rente (Monopolrente) über.

2. *Differentialrenten in der gewerblichen Wirtschaft*
Hier kommen nur Transportlage- und Rationalisierungsrenten in Betracht, als Folge von Unterschieden in Standort und technisch-ökonomischer Organisation der Kapitalverwertung bei gleichartigem Angebot.

II) *Monopolrenten*
Sie stellen Zusatzgewinne aus überlegener Marktstellung (auf der Absatz- oder auf der Bezugsseite) dar.
1. *Monopolrenten auf Grund des Bodeneigentums*
a) *Landwirtschaft*
Zeitweilige Erscheinungen von Monopolrenten in der Landwirtschaft – die von klassischen englischen Ökonomen wie *Ricardo* auf die begrenzte Vermehrbarkeit des agrarischen Areals bei wachsender Bevölkerung zurückgeführt wurden und die beizeiten zum Angriffsziel von Sozialreformern wurden – sind mittlerweile in den entwickeltsten Ländern unseres Erwerbssystems Verhältnissen anhaltender ‹Preisschere› (und daher auch: Einkommensschere) zwischen Stadt und Land gewichen.
b) *Montanwirtschaft*
Denkbare Monopolverhältnisse werden auch hier durch die Entwicklung von Konkurrenz- und Substitutprodukten überspielt. (Vgl. Kohlenbergbau.)
c) *Bauboden*
Hier haben sich infolge chronischer Unausgeglichenheit der Märkte vielfach Monopolrenten ins Ungemessene gesteigert. Sie sind zum sozialen Ärgernis und zum Haupthemmnis unserer Stadtplanung geworden.
2. *Monopolrenten in der gewerblichen Wirtschaft*
Sie sind ein allgemeines Kennzeichen der vermachteten Wirtschaft unserer Epoche, der Marktabsprachen, der Marktführerschaft, der oft übernationalen Zusammenarbeit und Marktbeherrschung. Vielfach aus der Befestigung von Differentialrenten entstanden, können sie ihrerseits neue Differentialrenten hervorbringen.

C) Leihzins

Der Zins stellt die Beteiligung des Darlehensgebers an dem mit Hilfe seines Darlehens erwirtschafteten Gewinn dar. Die Höhe der Zinssätze bestimmt sich auf den Märkten für Kredite verschiedener Fristigkeit und Deckung nach Maßgabe des Verhältnisses von Angebot und Nachfrage.

Unzutreffend ist es erstens, den ‹Zins› für den Gewinn als solchen zu setzen, einen Teil der Erscheinung zum Ganzen zu erklären; zweitens die Bodenrente als Einkommen eines selbständigen ‹dritten Produktionsfaktors› dem Gewinn gegenüberzustellen: Unter unseren Bedingungen muß auch in der Landwirtschaft unternehmerisch, also nach dem Gewinnprinzip, gewirtschaftet werden; nicht anders steht es im Bergbau und in der Bauwirtschaft.

3. Weitere Aspekte

Die Gewinneinkommen können nach folgenden Richtungen weiter untersucht werden:

1. Das *Größenverhältnis* der Gewinneinkommen zueinander; etwa: zwischen ‹Groß› und ‹Klein› in der Wirtschaft, zwischen Leihzins und Gewinn auf wirkendes Kapital, zwischen ausgeschütteten und nicht ausgeschütteten Gewinnen der Kapitalgesellschaften.
2. Die *Verwendung* der Gewinneinkommen, insbesondere: a) die Bedeutung ungleicher Renditen (Gewinnsätze) für das *‹Gleichgewicht›* – besser: die richtige Proportionierung – in der Entwicklung der Gesamtwirtschaft; b) die *Kapitalbildung im Konjunkturverlauf* (auch etwa in Abhängigkeit von der Höhe des Kreditzinses); c) die *räumliche Verteilung* des neu gebildeten Kapitals innerhalb der Nationalwirtschaft (Raumordnung!) sowie zwischen den Nationen. (Kapitalbewegungen über die Grenzen hinweg; Problem der Industrialisierung von Entwicklungsländern.)
3. Die Möglichkeiten *staatlicher Einwirkung* auf die Gewinnverteilung und Gewinnverwendung und damit auf die Neubildung von Kapital.

III. Der Arbeitslohn

1. Arbeitslohn und Lohnarbeit

Die Lohneinkommen sind – gleichgültig ob als Arbeiterlohn, als Gehalt, Gage oder wie immer bezeichnet – ihrem Wesen nach Entgelt für unselbständig verrichtete Arbeit. Ihre Voraussetzung ist das Grundverhältnis der *Lohnarbeit*. (Vgl. oben, S. 61 f.)

2. Der Gegensatz der Lohninteressen

Lohnzahlern und Lohnempfängern bedeutet der Arbeitslohn ganz verschiedenes. Dem lohnzahlenden Unternehmen ist er eine Aufwandsgröße innerhalb der Kapitalverwertung; er soll sich möglichst eng an die (zurechenbare) Leistung der Beschäftigten anschließen. Den Lohnempfängern ist der Lohn das Mittel der persönlichen Daseinssicherung; er soll den Bedarf decken; es zählt hier die *Kaufkraft* des Lohnes.

Das elementare Spannungsverhältnis zwischen dem Lohn als Aufwandsgröße einerseits, als Subsistenzgröße andererseits, der Gegensatz zwischen *Leistungsprinzip und Bedarfsprinzip* zeigt sich im *Lohnstreit*: Eine Bindung der Löhne an die Entwicklung der (gesamtwirtschaftlichen) ‹Produktivität› verlangt die Unternehmensseite, eine Erhöhung der Löhne nach Maßgabe gestiegener Lebenshaltungskosten entspricht dem Bedürfnis der Beschäftigten.

Leistungs- und Bedarfsprinzip mischen sich in den verschiedenen Elementen, aus denen sich der Effektivlohn aufbaut. (Vgl. Schaubild.)

3. Der Lohn als Kampfgrösse. Das ‹Recht auf den vollen Arbeitsertrag›

Der Arbeitslohn bildet sich marktmäßig, nach Angebot und Nachfrage auf den Arbeitsmärkten. Über seine Höhe läßt sich so wenig moralisieren wie über die Bildung anderer Marktpreise; es gibt keinen ‹gerechten Lohn›. Die Höhe der Löhne – und daher auch deren Proportionen innerhalb der Lohnstruktur eines Unternehmens, eines Wirtschaftszweiges oder eines Wirtschaftsgebietes – entscheidet sich im *Kampf*, nach Maßgabe der unterschiedlichen und wechselnden Stärke der Parteien. Ökonomisch unhaltbar ist infolgedessen die Auffassung vom *‹Recht›* der Beschäftigten auf den *‹vollen Arbeitsertrag›*: In keiner Gesellschaft, die auf Fortentwicklung ihrer Produktivkräfte bedacht ist, kann das ganze Resultat der Wertschöpfung einer Periode in die Hand der Arbeitenden übergehen und somit konsumiert werden. Die Vorstellung aber, die Arbeitenden würden ihrerseits die Rolle der Kapitalbildung übernehmen, ist unrealistisch. Auch in einer Gemeinwirtschaft muß die Vorsorge für die künftige Ausdehnung der Produktionsgrundlagen institutionell gesichert werden; sie kann nicht dem Belieben sparender Konsumenten überlassen sein. Offen würde ferner bleiben, nach welchen Maßstäben der ‹Gerechtigkeit› und in welcher Form der ‹volle Arbeitsertrag› zwischen den verschiedenen Wirtschaftszweigen und zwischen den Unternehmungen zu verteilen und schließlich den Einzelbeschäftigten zuzurechnen ist. – Im übrigen geht die auf bloße Verteilungsgerechtigkeit abzielende Vorstellung vom ‹Recht auf den vollen Arbeitsertrag› an dem sozio-ökonomischen Grundverhältnis unserer Gesellschaft vorbei, das nicht in der Sphäre der Verteilung, sondern vielmehr in der *Produktion*, in der Grundtatsache der Lohnarbeit und der Kapitalverwertung angelegt ist.

4. Der ‹richtige› Lohn: die Lohnstufung

Ebensowenig wie über den ‹gerechten› kann über den ‹richtigen› Lohn etwas ausgemacht werden. Der Lohnstreit entzieht sich einer ‹Versachlichung›; und noch die Versicherung, man habe objektive Kriterien bereit (‹konzertierte Aktion›, ‹Lohnleitlinien›), ist als unzutreffend erweisbar. Der Objektivierungsversuch mißlingt schon bei der Bestimmung ‹richtiger› Spannen zwischen den Einzellöhnen, er scheitert vollends bei der Ermittlung ‹tragbarer› oder ‹erwünschter› Raten einer durchschnittlichen Erhöhung der Lohnsätze in der Gesamtwirtschaft.

Bedarfs- und Leistungsgesichtspunkt in der Lohngestaltung der Gegenwart

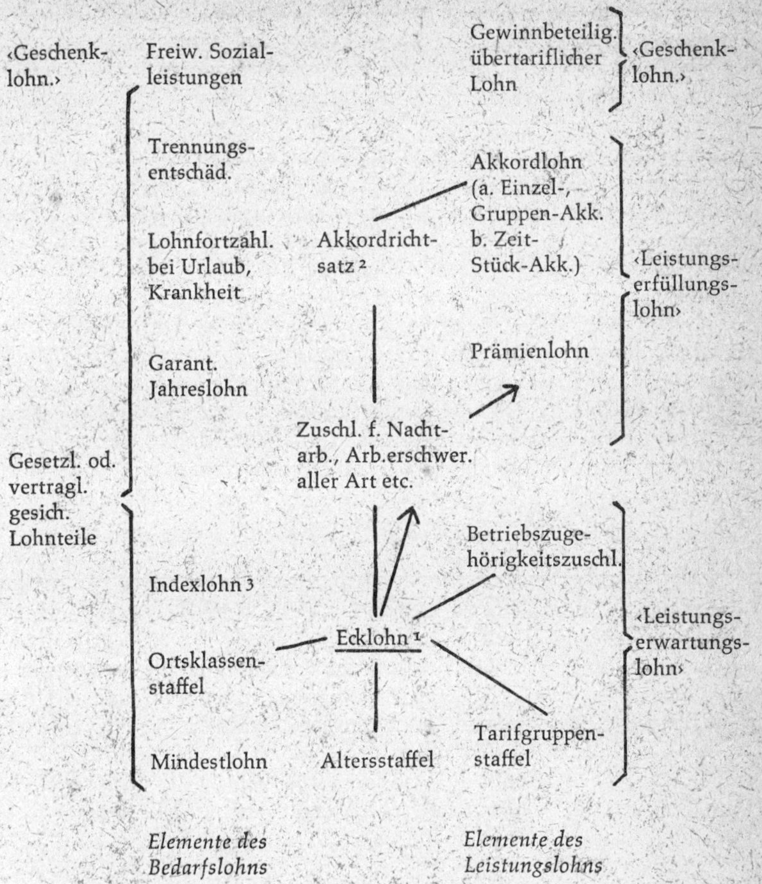

1 Ecklohn ist der tariflich festgesetzte Stundenlohn für einen Facharbeiter über 21 Jahre. Vom Ecklohn aus werden durch entsprechende prozentuale Zu- und Abschläge die Stundenlohnsätze der übrigen Tarifgruppen bestimmt.

2 Akkordrichtsatz ist der Geldbetrag, der im Falle von Akkordarbeit bei normaler Leistung in der Zeiteinheit verdient werden soll. Der Akkordrichtsatz liegt i. d. R. 15–25 % über dem vergleichbaren Zeitlohnsatz.

3 Indexlohn ist ein an die Entwicklung des Index der Lebenshaltungskosten gebundener Lohn. Steigt dieser in einem bestimmten Umfang, so müssen die Löhne entsprechend erhöht werden.

Was etwa die Proportionierung der Einzellöhne, und zwar zunächst im Einzelunternehmen, angeht, so bedient man sich häufig der sogenannten *analytischen Arbeitsplatzbewertung*, um durch nähere Bestimmung der Anforderungen, die mit einer Tätigkeit verbunden sind, zu glaubhaften Lohnstufungen zu gelangen. Selbstverständlich bleibt die Gewichtung der Einzelfaktoren, die in das Arbeitsbild eingehen, in gewissem Umfang offen. Auch werden die Ergebnisse der analytischen Arbeitsplatzbewertung immer wieder durch die Verhältnisse der Arbeitsmärkte überspielt; wobei in die innerbetriebliche Lohnfindung auch die Lohngebote anderer Unternehmungen eingehen. So pflegen vor allem bei starker Nachfrage nach bestimmten Kategorien von Arbeitskräften groteske Verzerrungen der Lohnstruktur einzutreten.

Auch eine richtige Entgeltung der individuellen Leistung, gemessen am zurechenbaren Arbeitsergebnis, wird mit wachsendem Übergang der Erzeugung auf Maschinen und Automaten immer schwieriger. (Daher heute die ‹Krise des Akkordsystems›.)

Vollends unterliegt das Lohngefüge einer ganzen Wirtschaftsgesellschaft, die Proportionierung der Löhne zwischen den Wirtschaftsbereichen den Bedingungen vielfältiger Arbeitsmärkte, unterschiedlicher Ertragskraft und konjunktureller oder struktureller Sonderbedingungen der Wirtschaftszweige.

5. Die ‹richtige› Lohnsteigerungsrate: der ‹Produktivitätslohn›

Auch die Bindung einer durchschnittlichen Lohnerhöhung in der Gesamtwirtschaft an die Enwicklung der Arbeitsproduktivität (‹Produktivitätslohn›) bedeutet keine Versachlichung der Lohnpolitik:

1. ‹Der› Lohn, der in den Schranken ‹des› Produktivitätszuwachses erhöht werden soll, ist keine eindeutig faßbare Größe. Soll die volkswirtschaftliche Lohnsumme (= Summe aller Einkommen aus unselbständiger Arbeit unter Einschluß der Angestellten- und Beamtengehälter) oder sollen etwa nur die Einkommen der in der unmittelbaren Produktion Beschäftigten verändert werden? Sollen die Tariflöhne oder die (höheren) Effektivverdienste entsprechend der Produktivitätszunahme wachsen?
2. Ebensowenig eindeutig ist die Größe ‹der› Arbeitsproduktivität. Betrachtet man als Produktionsergebnis das Brutto- oder das Nettosozialprodukt? Wie wertet man die ‹Produktivität› der öffentlichen Verwaltung, der Rüstungswirtschaft?[1] In welchem Verhältnis steht die Steige-

[1] Nach Angaben des Statistischen Bundesamts stieg im Jahre 1967 die ‹gesamtwirtschaftliche Produktivität› (jährliche Veränderung des Bruttoinlandsprodukts in Preisen von 1954 je Erwerbstätigen) um 3,0 %, die ‹industrielle Pro-

rung der Arbeitsproduktivität zur gleichzeitigen Entwicklung der Rentabilität der Unternehmungen und daher ihrer Lohnzahlungskraft? Bekanntlich zeitigt jede wirtschaftliche Krise, durch Ausscheidung weniger ergiebiger Arbeitskräfte und weniger lohnender Maschinerie, eine kräftige Steigerung der Arbeitsproduktivität, während die Unternehmungen gleichzeitig weithin Verluste machen.

3. Nach welchen objektiven Kriterien soll schließlich die für möglich gehaltene durchschnittliche Steigerung der Lohnsätze auf die verschiedenen Wirtschaftszweige und Beschäftigtenkategorien verteilt werden?

Der ganze Reißbrett-Schematismus der Konstruktion geht in Wahrheit an den Verhältnissen des Arbeitsmarktes vorbei. Er liefert nicht gesicherte Rechengrundlagen, sondern will die Entscheidung in statistische Büros verlegen.

Im übrigen bedeutet die Wahl der Arbeitsproduktivität als Kriterium für die Lohnentwicklung bereits Parteinahme im Lohnstreit. Sie betrachtet den Lohn ausschließlich als *Kostenfaktor* der Unternehmungen und geht von der selbstverständlichen Voraussetzung aus, daß die *Lohnquote am Volkseinkommen konstant* zu bleiben habe. Die Wahl der Arbeitsproduktivität als Bemessungsgrundlage geht auch an der ständigen Steigerung der Preise vorbei; sie vernachlässigt gänzlich das Interesse der Lohnempfänger an Wahrung und Vergrößerung ihrer *Real*einkommen. (Und niemand würde sich wohl dafür verbürgen, daß mit fehlerfreier Durchführung einer ‹produktivitätsorientierten Lohnpolitik› die keineswegs durch die Lohnbewegung verursachte ‹säkulare› Inflation der Preise ein Ende nehmen würde.)

Vernachlässigt wird schließlich über der rein privatwirtschaftlichen Interessenten-Sichtweise die eigentlich volkswirtschaftliche Überlegung zur Lohnsumme als einer *Kaufkraftgröße*. Gesamtwirtschaftlich ist zu fragen: Wie groß muß das Einkommen der Unselbständigen sein, um das gleichzeitige Angebot von Verbrauchsgütern und Dienstleistungen auf den Inlandsmärkten zu bestimmten Preisen abzudecken?

6. Die ‹Lohn-Preis-Spirale›

Die schleichende Inflation unserer Epoche kann durch das Theorem der ‹Lohn-Preis-Spirale› nicht erklärt werden, das dem Gewerkschafts-‹Katell› der Beschäftigten die Verantwortung für ein mechanisches, zwangshaftes Reagieren der Preissetzer auf jede Lohnerhöhung zuschieben will. Auf die Einseitigkeit einer solchen Sichtweise deutet schon der Umstand hin, daß der Inflationstrend geschichtlich bereits zu einer Zeit eingesetzt

duktivität› (jährliche Veränderung des industriellen Produktionsvolumens) je Beschäftigten um 4,4 %, je Arbeiterstunde um 8,1 %!

hat (nämlich um die Wende zum 20. Jahrhundert), als von einer wirklichen Lohnmacht der Gewerkschaften nicht die Rede sein konnte.
Es wäre eilfertig, die Erhöhung der Preise auf eine Erhöhung der *Einzellöhne* zurückzuführen, wie dies immer wieder geschieht. Welche Bedeutung eine Steigerung der Individuallöhne für die Unternehmungen wirklich hat, ergibt sich erst, wenn die Lohnsumme und deren Anteil an den Gesamtkosten betrachtet wird. Es können die Individuallöhne steigen, während gleichzeitig, etwa infolge arbeitssparender Rationalisierung, der Anteil der Löhne an den Gesamtkosten der Unternehmungen *sinkt*. Eine Lohnerhöhung dürfte im übrigen, selbst wenn sie nicht von einer Steigerung der Arbeitsproduktivität begleitet wäre, nur eine *unter*proportionale Erhöhung der Preise hervorrufen, sofern es bei unveränderten Gewinnsätzen bleiben soll. Die Löhne machen ja immer nur einen Teil der Gesamtkosten aus.
Tatsächlich werden aber die Preise stärker erhöht, als die bloße Absicht, echte Mehrkosten abzuwälzen und die bisherigen Gewinnsätze zu halten, erfordern würde. Eine Erhöhung der Löhne ist also in Wahrheit der *Anlaß* und Vorwand für die kapitalverwertende Seite, sich *höhere* Gewinne zu verschaffen. Daß aber die Unternehmungen ihre Preise über die Kostenerhöhungen hinaus anheben *können*, ist eine Folge der mit der Konzentration in der Wirtschaft einhergehenden Ausschaltung der Preiskonkurrenz, also Ergebnis von *Marktmacht*. Eine solche Situation drängt die Beschäftigtenseite in die Defensive: Bei einer fortgesetzten Steigerung der Lebenshaltungskosten, bei einer in Wahrheit schon *gewohnheitsmäßigen* periodischen Erhöhung der Preise *müssen* die Nominallöhne erhöht werden, wenn nicht der Reallohn sinken soll.

7. Weitere Überlegungen zum Arbeitslohn

Die Lohneinkommen können nach folgenden Richtungen weiter untersucht werden:
1. Lohnhöhe und *Beschäftigung* (Freisetzung, ‹technologisch› bedingte Arbeitslosigkeit).
2. Der Lohn als *Kaufkraftgröße*: die volkswirtschaftliche Lohnsumme im Verhältnis zum Angebot an Konsumwaren; die volkswirtschaftliche Lohnquote und ihre Schwankungen im Konjunkturverlauf.
3. Die Wirkungen der technischen Entwicklung (Automation!) auf die Lohnformen und auf die betriebliche Lohnpolitik.
4. Die öffentliche Lohnpolitik und die Stellung der Gewerkschaften. (Etwa: ‹Lohnleitlinien› und Tarifautonomie; das Streikrecht heute und sein Gebrauch.)

8. ‹Partnerschafts›-Strategie

Das Bemühen, das Lohninteresse der Unselbständigen an das Gewinninteresse der kapitalverwertenden Schichten heranzuführen (Gewinnbeteiligung, Investivlohn, Vermögensbildung bei Unselbständigen) bedeutet letztlich *Interesseüberfremdung* der unselbständigen Schichten. Zwar ändert eine solche planvolle gesellschaftliche ‹Partnerschafts›-Strategie nichts an der Grundtatsache des Arbeitsverhältnisses und an der Angewiesenheit der Beschäftigtenseite auf Lohneinkommen. Wohl aber soll die soziale Selbstzurechnung, das *Lagebewußtsein* der Unselbständigen hierdurch ihrer objektiven gesellschaftlichen Stellung entfremdet werden.

IV. Preisbildung

1. Die Stellung der Märkte im Prozess des Kapitalumschlags

Die Preisbildung nimmt in der üblichen ökonomischen Betrachtung einen ihr nicht zukommenden beherrschenden Platz ein. Nicht die Vorgänge auf den Märkten, nicht die *Verkehrsformen* des Erwerbssystems kennzeichen unsere Wirtschaftsordnung – die daher sehr unzutreffend als bloße ‹Marktwirtschaft› bezeichnet wird –, sondern vielmehr die elementaren Vorgänge in der *Produktion*, in der *Wertschöpfung*, ohne welche weder Waren noch nachfragende Einkommen auf die Märkte treten könnten.

Die Lehre von der Preisbildung findet ihren angemessenen Ort innerhalb der allgemeinen Theorie des Kapitalumschlags und der Akkumulation: Der Markt bedeutet hier für die Verkäufer Realisierung der in der Produktion erfolgten Wertschöpfung, Rückverwandlung des in Warenform gebundenen Kapitals in Geld unter Einschluß eines Gewinns, so daß der Kapitalprozeß im erweiterten Maßstab fortgesetzt werden kann. Für die kaufenden Unternehmungen hingegen ist der Markt eine notwendige Bedingung für Verwandlung von Geldkapital in die verschiedenen Elemente ihres Produktivkapitals. Die Märkte stellen also innerhalb des volkswirtschaftlichen Gesamtprozesses die Verklammerung der individuellen Kapitalumschläge dar; hier muß sich deren Koordinierung und zeitliche Synchronisierung vollziehen.

Nur eine solche Sichtweise läßt die bloße Betrachtung einzelner Preisbildungsakte vermeiden, womit die Preislehre sich nicht über den Gesichtskreis des Einzelwirtschafters erhebt. Erst die Einsicht in die Zusammenhänge der einzelnen Kapitalprozesse, welche durch die Märkte vermittelt werden, rückt auch die Einzelpreisbildung an ihren Ort.

2. Einzelpreisbildung und Marktmacht

Die Preise bilden sich ‹irgendwie› durch das Wechselspiel von Angebot und Nachfrage auf den Märkten. Diese bekannte Lehrbuchformel bedarf einer näheren Bestimmung.
Je nach der verhältnismäßigen Stärke der beiden Marktseiten ist zu unterscheiden zwischen Preisbildung bei (relativ) freier und Preisbildung bei mehr oder minder beschränkter (monopolistischer, oligopolistischer) Konkurrenz.
Heute überwiegen in allen Ländern die durch private Macht oder staatliche (bzw. überstaatliche) Politik einseitig gesetzten Preise. (Beispiel: Preis-‹Bildung› auf den Agrarmärkten, Energiemärkten, Verkehrsmärkten, Eisen- und Stahlmärkten, Bau- und Wohnungsmärkten usw. usf.)
Die Leerformel von der Preisbildung durch Angebot und Nachfrage verleitet zu der Vorstellung, daß beide Seiten des Marktverkehrs etwa gleich wirksam sind. Die wirkliche Marktverfassung zeigt hingegen, daß heute die Preismacht durchwegs höchst ungleich verteilt ist.

3. Preiselastizität der Nachfrage

Für die Einzelpreisbildung (besonders für die Preispolitik starker Anbieter) ist die Preiselastizität der Nachfrage von Bedeutung. (Siehe hierzu die gängigen Lehrbücher.)
Die Preiselastizität der Nachfrage hängt hierbei nicht nur ab von der Natur des Produkts und von der Dringlichkeit des Bedarfs (die wiederum eine Funktion unter anderem der Einkommenshöhe ist), sondern auch von der Möglichkeit eines Ausweichens der Nachfrage auf verwandte (substitutive) Produkte. Reklame, Mode etc. suchen die subjektive Dringlichkeit des Begehrs zu steigern, die Elastizität der Nachfrage also starrer zu machen, als sie unter anderen Umständen wäre. Dasselbe bezweckt ein Ausgreifen von marktstarken Anbietern auf Ausweichprodukte. Andererseits wird bei wachsender Anlageintensität der Produktion und zunehmendem Gewicht der fixen Kosten auch die Preiselastizität der Markt*anbieter* geringer.

4. Preisbildung und Wirtschaftsprozess

Die Fragen der Einzelpreisbildung gewinnen ihre Bedeutung erst innerhalb eines allgemeineren Beziehungsgefüges. Hierzu gehören:
1. Der sachliche und zwischenzeitliche *Zusammenhang* der Preisbildungsvorgänge:
a) *in der Horizontalen*: Zusammenhang zwischen angebots- oder nach-

frageverbundenen (komplementären) Waren sowie zwischen einander vertretenden (substitutiven) Waren;
b) *in der Vertikalen*: Zusammenhang von Angebot und Nachfrage zwischen den Stufen der Vorprodukte, der Zwischenprodukte, der Endprodukte.
Beide Umstände weisen auf eine letztlich *allgemeine ‹Interdependenz›* der Märkte und Preise hin. (Dies ist bedeutungsvoll für die Erklärung von Konjunkturprozessen, für die Fortpflanzung von Marktbeben durch die Tektonik des Wirtschaftsgefüges hindurch.)
2. Einen zweiten Aspekt von gesamtwirtschaftlicher Bedeutung bietet (im Zusammenhang mit dem ersten) die raschere oder langsamere, im übrigen stets ungleichmäßige und ungleichzeitige *Änderung der Preise* im Zeitverlauf und ihre Bedeutung für die Wirtschaftsschwankungen.
3. Die Preisbildungsvorgänge sind ferner wichtig für die Gewinnrelationen zwischen den Unternehmungen und Wirtschaftsbereichen sowie für die Entwicklung der Reallöhne – mit allen Konsequenzen, die auch hieraus für das Konjunkturgeschehen entspringen.

5. Machtpreisbildung und ‹schleichende Inflation›

Die *‹schleichende Inflation›* unserer Epoche ist als das Ergebnis *gehäufter Machtpreisbildung* zu begreifen.
Diese schleichende Inflation ist (mit Unterbrechungen) seit dem Ausgang des 19. Jahrhunderts in allen führenden Industrieländern unseres Typs – trotz gleichzeitiger beträchtlicher Steigerung der Arbeitsproduktivität: Rationalisierung, Automation! – nachzuweisen. Von der wirklichen letzten Ursache der schleichenden Inflation lenkt ab die gängige Erklärung der Teuerung 1) aus steigenden Löhnen (‹Lohn-Preis-Spirale›, siehe oben, S. 75 f), 2) aus übermäßigen Regierungsausgaben. (Vgl. hierzu auch unten, S. 92.)

V. Geld und Kredit

1. Geld: Funktionen

Eine Begriffsbestimmung des Geldes kann nicht von dessen geschichtlich wechselnden Formen, sie muß von der *Funktion* ausgehen, die dem Gelde zugewiesen wird: Geld dient im Wirtschaftsverkehr allem voran als ein *allgemeines Tauschmittel.*
Hiervon abgeleitet sind drei weitere Funktionen: Das Geld kann auch dienen als

1. Mittel *einseitiger* Hingabe eines ‹Wertanspruchs› (Schenkung, Kredit);
2. *Wertaufbewahrungsmittel*: das Geld kann gehortet werden;
3. *Rechenmittel*: auch wenn Geld nicht in Bewegung gesetzt wird, erfolgt die Wertrechnung in Geldeinheiten.

Geld ist alles, was solche Funktionen erfüllt, unabhängig von seiner Gestalt.

Gegenstände des Wirtschaftsverkehrs, welche die Hauptfunktion des Geldes erfüllen sollen, nämlich allgemeines Tauschmittel zu sein, müssen bestimmten Anforderungen genügen:
1. *freie Übertragbarkeit*: a) physisch: sofortige Greifbarkeit und Beweglichkeit (bei entwickeltem Verkehr: zweckmäßige Stückelung); b) gesellschaftlich: gesetzlicher Annahmezwang;
2. *Wertbeständigkeit*: a) physisch: Unverderblichkeit (sie ist in hervorragender Weise beim Gold gegeben); b) ökonomisch: Erhaltung der Kaufkraft der Geldeinheit (man vergleiche wiederum das Gold).

2. Geschichtliche Entwicklung der Geldformen

Das Geld als verselbständigter Wertträger – besser: Wertvermittler – hat sich geschichtlich aus der Masse der nutzbaren Güter herausgehoben. Man kann folgende historische Formen und zugleich Entwicklungsstufen des Geldes unterscheiden:

1. Stoffwertiges Geld
   a) Produktengeld (Beispiel: Vieh, Muscheln, Kakaobohnen, Salz)
   b) Metallgeld (Gold, Silber, Platin, Kupfer, Eisen)
2. Stoffwertloses Geld
   a) Zeichengeld (Papiergeld und Scheidemünzen)
      aa) stoffwertgedeckt (etwa: Goldumlaufswährung, Goldkernwährung, Golddevisenwährung)
      bb) nicht stoffwertgedeckt (frei manipulierte Papierwährung)
   b) Rechengeld (Giral- oder Buchgeld).

Bemerkungen:
1. Heute herrschen allenthalben Formen des stoffwertlosen Geldes vor; und auch bei formellem Anschluß ans Gold überwiegt das nicht stoffwertgedeckte Bargeld, zu welchem noch das nur durch Zu- oder Abschreibung von Bankkonto zu Bankkonto ‹bewegte› Buchgeld tritt.
2. Bar- und Buchgeld (Giralgeld) erfüllen unterschiedliche Kreislauffunktionen: Das Bargeld dient vorwiegend zur Entgeltung von Lohnempfängern und zur Bezahlung von Konsumentenkäufen, das Giralgeld, das sich als ‹Überbau› über die Bareinlagen der Bankkunden erhebt, dient dem Geschäftskreislauf zwischen den Unternehmungen. Die Verklammerung zwischen Bar- und Buchgeldsphäre, zwischen Lohnempfänger- und Kon-

sumentenkreislauf einerseits und Geschäftskreislauf andererseits stellen die Unternehmungen dar.

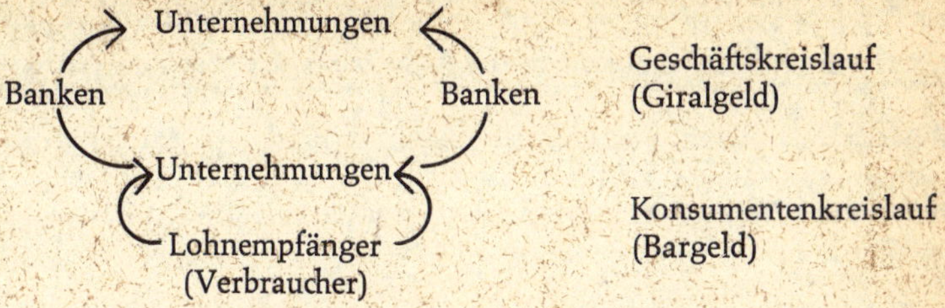

3. Das Größenverhältnis von Bar- und Giralgeldumlauf ist abhängig von den Zahlungssitten. Grundlage auch des Buchgeldes bleibt der Bargeldumlauf, wenngleich der Umfang der bargeldlosen Zahlungen konjunkturelastischer ist als der Umfang des Bargeldverkehrs. – Auf dem Geschäftsgeld der Unternehmungen beruht die Fähigkeit des Bankensystems, je nach den wachsenden Anforderungen seiner Kunden Kreditgeld zu schöpfen. (Siehe unten.)

3. Begriff und Arten des Kredits

Kredit bezeichnet die leihweise Zurverfügungstellung und Inanspruchnahme von Kaufmitteln.

Bemerkungen:
1. Kaufmittel können ausnahmsweise auch in natura zur Verfügung gestellt werden. Es kommt dabei einer solchen Bereitstellung gleich, wenn eine Bezahlung gestundet wird.
2. Je nach der Fristigkeit und nach der Art der Gewährleistung des Schuldners sind zu unterscheiden: kurzfristige Kredite (Kontokorrent-, Wechsel-, Lombard- oder Faustpfandkredit), langfristige Darlehen (Hypothekarkredit, in Form von langfristigen Schuldverschreibungen [Obligationen] aufgenommener Kredit) und mittelfristiger Kredit. Die Fristigkeit des benötigten Kredits hängt bei Unternehmungen von der Umschlagsdauer des Kapitalteils ab, dem die Finanzierung dient.
3. ‹Zurverfügungstellung› kann bedeuten bloße *Übertragung* von Mitteln aus einer Hand in die andere oder aber *Neuschaffung* von Kredit vermöge des Mechanismus der Giralgeldschöpfung durch die Banken.

4. Geldverkehr und Warenzirkulation

Durch seine Tauschmittlerfunktion bleibt das Geld dem Prozeß der Wertschöpfung und Wertzirkulation, also der Produktion und der Warenbewegung, eng verhaftet. Vorgänge der Geld- und Kreditsphäre dürfen daher nicht unabhängig von den zugrunde liegenden Verläufen und Wandlungen im Bereiche der Warenproduktion und der Warenmärkte betrachtet werden, deren Widerschein sie durchwegs sind. Dies gilt insbesondere für die Fragen der Geldversorgung und der öffentlichen Geldpolitik.

5. Die Geldversorgung der Volkswirtschaft

Die Versorgung des Wirtschaftsverkehrs mit Zirkulationsmitteln geschieht durch zwei Pump- und Speicherwerke in der Volkswirtschaft:
1. durch die Bargeldbereitstellung der Notenbank;
2. durch die Giralgeldschöpfung der Geschäftsbanken.

Bemerkungen:
1. Die Bereitstellung von Bargeld durch die Notenbank ist ein Hoheitsrecht des Staates und unterliegt der gesetzlichen Regelung und Begrenzung.
2. Die Giralgeldschöpfung der Banken beruht auf folgenden Bedingungen: Die Einlagen (Depositen) der Bankkunden können mit täglichem Widerruf (Sichtdepositen) oder mit Kündigungsfristen (Termindepositen, Spareinlagen) bereitstehen. Die Banken dürfen jedoch damit rechnen, daß auch die täglich fälligen Sichteinlagen nicht sämtlich gleichzeitig abgerufen werden; sie leihen daher ein Mehr (unter Umständen ein Mehrfaches) an Mitteln wieder aus, als sie hereingenommen haben, und zwar durch Gewährung von Ziehungsrechten. Giralgeldschöpfung entsteht hierbei spontan durch das Zusammenwirken mehrerer Banken und durch entsprechende Transaktionen der Bankkunden: Durch Überschreibung von Buchgeld von a bei der Bank A auf b bei der Bank B entsteht dort ein neues Guthaben (ohne zugrunde liegende Bareinlage), das nun seinerseits zur Grundlage neuer Geldüberschreibung an c bei der Bank C werden kann, und so fort. Grundlage bleibt allerdings *letztlich* der Bestand an Barmitteln. Die Banken müssen zahlungsfähig bleiben. Doch sind die Anforderungen, die sie selbst an ihre Solvenz stellen müssen, je nach Konjunkturlage verschieden. Giralgeldschöpfung ist das eigentlich elastische Mittel, um im Konjunkturaufschwung einen zusätzlichen Bedarf an Zirkulationsmitteln zu befriedigen. Entsprechend schrumpft bei Konjunkturrückgang der Bedarf an Zirkulationsmitteln und damit das Giralgeldvolumen.

6. Die Quantitätsformel

Die ‹notwendige› Geldmenge ist abhängig von den Anforderungen des Warenverkehrs (HV = Handelsvolumen), das heißt von der Masse der in einem Zeitraum umgesetzten Waren (M) und von den Preisen der Einzelwaren (P). Das zur Bedienung des Warenverkehrs erforderliche Geldvolumen (GV) bestimmt sich durch die Zahl der Geldeinheiten – unter Einschluß des Giralgeldes – (G) multipliziert mit der Zahl ihrer Umschläge innerhalb der Wirtschaftsperiode (U). Diesen Sachverhalt bezeichnet die Quantitätsformel (‹Verkehrsgleichung›):

$$P \times M = G \times U \text{ oder } HV = GV$$

Mehr als eine illustrative Bedeutung kommt der Quantitätsformel nicht zu. Sie kann nicht Richtschnur öffentlicher Geldversorgungspolitik sein. Insbesondere bietet sie keinerlei Kausalerklärung etwa für Inflations- und Deflationsprozesse oder für Konjunkturbewegungen. Die Quantitätsformel sagt nichts darüber aus, ob eine Veränderung der Geldmenge auf die Preise einwirkt, oder ob umgekehrt eine Veränderung in den Umsätzen entsprechende Konsequenzen auf der Seite der Geldversorgung nach sich zieht.

7. Öffentliche Einwirkung auf die Geldversorgung

Wenn auch – wie dies namentlich für die Zeit des Frühkapitalismus nachzuweisen ist – von der Geldversorgung einer Wirtschaftsgesellschaft Störungen auf den ökonomischen Gesamtprozeß ausgehen können, so gilt doch allgemein, daß sich der Wirtschaftsverkehr (innerhalb gewisser Grenzen) je nach den Konjunkturverhältnissen die Geldmenge selbst schafft, die er braucht. Nur sehr bedingt und nur wenn die Anwendung weiterer Instrumente der Wirtschaftspolitik hinzutritt, kann daher die öffentliche Hand vermittels der Geld- und Kreditpolitik auf den Verlauf des Konjunkturgeschehens begünstigend oder dämpfend einwirken.
Hebel der öffentlichen Geldversorgungspolitik sind hierbei:

1. Einwirkung auf die kurzfristige Kreditgewährung:
   a) direkte Einwirkung auf das Kreditvolumen: Kontingentierung;
   b) indirekte Einwirkung auf das Kreditvolumen: Verteuerung und Verbilligung des Kredits (Diskontpolitik).
2. Beeinflussung der Bargeldmenge: Offen-Markt-Politik.
3. Einwirkung auf das Buchgeldvolumen: Mindestreservepolitik.

Anerkanntermaßen haben die Mittel der staatlichen Währungspolitik heute an Wirkung sehr eingebüßt. Eine Erhöhung des Diskontsatzes etwa – genauer: des Rediskonts der Notenbank –, welche zur Verteuerung mindestens des kurzfristigen Kredits führt, also die heimische Nachfrage nach Kredit mäßigt und damit einer ‹Überhitzung› der Konjunktur entgegenwirken soll, kann unter den Bedingungen freien Geldkapitalverkehrs von Land zu Land durch entsprechenden verstärkten Zustrom von Auslandsgeldern neutralisiert werden. – Die Entwertung der üblichen Mittel der Währungspolitik ist um so ernster zu nehmen, als etwa im Verkehr zwischen Ländern einer Wirtschaftsgemeinschaft auch die Möglichkeiten der Einwirkung auf Einfuhr und Ausfuhr – und damit auf die Zahlungsbilanz und auf die Währungsreserven eines Landes – eng begrenzt sind.

8. Geldversorgungspolitik als Konjunkturpolitik

Sind in den Jahrzehnten vor dem Ersten Weltkrieg gewisse Hoffnungen darauf gesetzt worden, Konjunkturausschläge durch ‹antizyklischen› Einsatz von Mitteln der Geld- und Kreditpolitik mildern zu können, so hat sich unter dem Eindruck der Weltwirtschaftskrise die Geldversorgungspolitik des Staates mit einer Fiskalpolitik verbunden, die der privaten Wirtschaftstätigkeit durch kreditfinanzierte (daher auch Kreditgeldschöpfung auslösende) öffentliche Aufträge mehr oder minder ständig nachhelfen will. (Siehe unten, S. 92, 113.)

VI. Der volkswirtschaftliche Gesamtprozeß

1. Kapitalakkumulation und volkswirtschaftlicher Gesamtprozess

Der volkswirtschaftliche Gesamtprozeß – als Einheit von ‹Kreislauf› und ‹Wachstum› der gesamtwirtschaftlichen Größen verstanden – ist das Resultat der Kapitalumschläge und der Kapitalakkumulation der Einzelunternehmungen. (Vgl. oben, S. 58.)

2. Grundbegriffe der volkswirtschaftlichen Gesamtrechnung

Zu unterscheiden ist zwischen güterwirtschaftlicher Versorgung einer Volkswirtschaft und Wertschöpfung, zwischen *‹Realprodukt›* und *‹Sozialprodukt›*. (Schaubild.) Das Sozialprodukt ist das in Preisen bewertete Realprodukt eines größeren Wirtschaftsgebildes in einer Periode. Zu unterscheiden ist ferner zwischen dem *Handelsvolumen* (Mengen aller

Übersicht über die Formen des Realprodukts

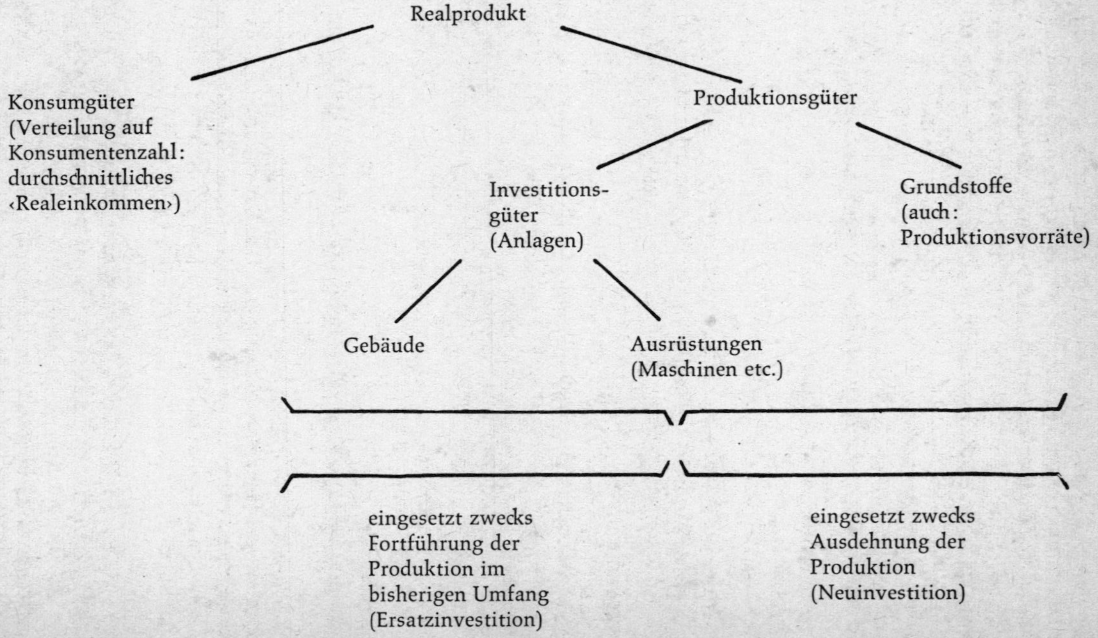

über Märkte geleiteten Waren multipliziert mit den Einzelpreisen; wobei ein und das gleiche Produkt [beziehungsweise sein Wert] so oft gezählt wird, wie es in der Marktkette erscheint), der *Rohwertschöpfung* (Bruttosozialprodukt, unter Einschluß der Ersatzinvestitionen) und *Neuwertschöpfung* (Nettosozialprodukt, unter Einschluß nur der Neuinvestitionen, also ohne Ersatzinvestitionen). Setzt man von der inländischen Neuwertschöpfung die Exporte ab und rechnet man die Importe hinzu, so gelangt man schließlich zu dem im Inland verfügbaren Nettosozialprodukt.

Die Berechnung des Sozialprodukts kann folgendermaßen geschehen:

Bruttoproduktionswert
·/. Vorleistungen

Bruttosozialprodukt zu Marktpreisen
·/. Wertverzehr der Anlagen (Gebäude, Maschinen)

Nettosozialprodukt zu Marktpreisen
\+ öffentliche Subventionen
·/. Steuern, die bei Gewinnermittlung absetzbar («indirekte» Steuern)

Nettosozialprodukt zu Faktorkosten
= Neuwertschöpfung
= Volkseinkommen
\+ ·/. Ausgleich mit dem Ausland

Im Inland verfügbares Nettosozialprodukt zu Faktorkosten

Die Neuwertschöpfung ist dabei einerseits kleiner als das – hier nicht aufgenommene – Handelsvolumen (in dessen Berechnung Mehrfachzählung der gleichen Ware eingeht), andererseits schließt sie Eigenverbrauch (Landwirtschaft!) und Eigeninvestitionen der produzierenden Unternehmungen ein.

3. Gesamtzusammenhang einer fortschreitenden Wirtschaft

Das komplexe Nebeneinander der Einzelprozesse, die Verflechtung von Entstehung, Verteilung und Verwendung des Sozialprodukts sowie des Volkseinkommens läßt sich in zwei gedanklichen Schritten begreifen, zu denen die beiden Schaubilder (S. 85 u. 87) Hilfe bieten. Das Verständnis des hier in einfachste Form gebrachten Gesamtzusammenhangs der Wirt-

Schema des Zusammenhangs von Entstehung, Verteilung und Verwendung des Sozialprodukts

1. Gedankenschritt

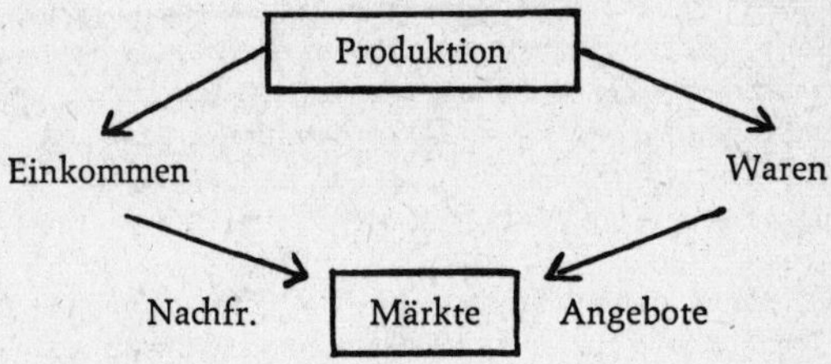

2. Gedankenschritt

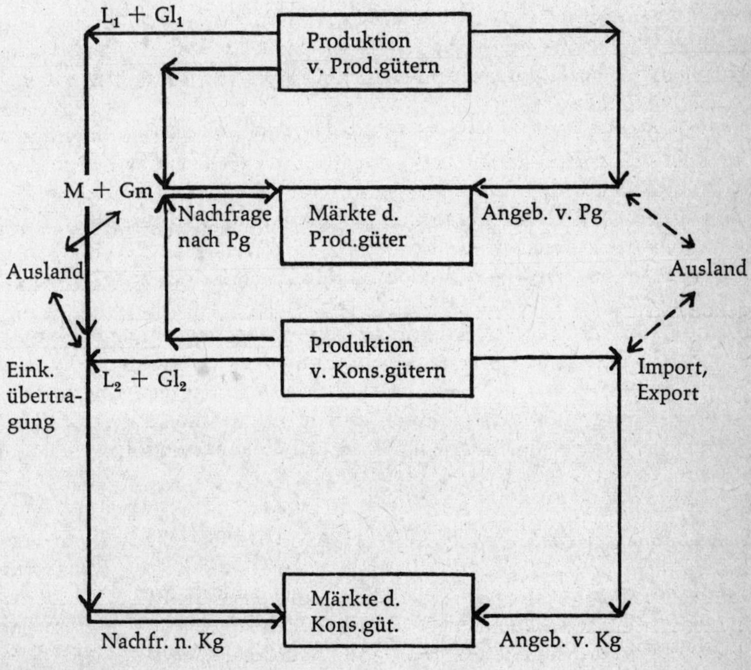

schaftsbereiche ist von elementarer Bedeutung für die Einsicht in die Bedingungen einer fortschreitenden Wirtschaft, in das Proportionen- und Konjunkturproblem einer durch nichts als durch die Märkte ökonomisch zusammengehaltenen kapitalistischen Wirtschaftsgesellschaft.

Erläuterungen zu den Schaubildern: Der Produktwert läßt sich auflösen in Sachaufwand aller Art (‹Material›, M), Lohnaufwand (L) und Gewinn (G). Es wird unterstellt, daß der Gewinn vollständig der weiteren Kapitalbildung zugeführt wird, also seinerseits zerfällt in vermehrten Sachaufwand (G_m) und vermehrten Lohnaufwand (G_l) für Zwecke der erweiterten Produktion. Nachfrage nach Produktionsgütern aller Art üben die Unternehmungen (sowohl die ihrerseits Produktionsgüter erzeugenden als auch die Konsumgüter erzeugenden) aus, Nachfrage nach Konsumgütern die Lohneinkommensempfänger. (Das Verbrauchseinkommen der Kapitalverwerter wird als ‹Unternehmerlohn› den Arbeitseinkommen zugerechnet.)
Vernachlässigt sind bei diesem Schema: die Vorgänge der Umverteilung zwischen den beiden Hauptgruppen der Wirtschaftsgesellschaft sowie innerhalb derselben, die Rolle des Staates (Fiskus), die Stellung der Geldkapitalmärkte sowie des Kreditsystems.

4. Die Einzelseiten des Wirtschaftsprozesses im Zeitablauf

Im Bilde vom Wirtschaftsprozeß ist nicht bloß das *Nebeneinander* der Einzelvorgänge, sondern auch ihr zeitliches *Hintereinander* zu betrachten. (Schaubild S. 89.)
1. Damit Fertigprodukte hergestellt werden können, müssen die vorgeordneten Produktionsstufen bereits gearbeitet haben. Ein ‹Warten› der nachgeordneten Stufen auf Vorleistungen anderer Stufen tritt dennoch bei kontinuierlicher Erzeugung nicht ein, da die Einzelprozesse hier synchronisiert erscheinen. Wohl aber wirken *Änderungen* im Produktionsvolumen als (positive oder negative) Konjunkturstöße auf andere Sektoren weiter.
2. Alle Einkommen entstehen zwar im *Zusammenhang* mit der Produktion, doch fallen sie ihren Trägern nicht streng *gleichzeitig* mit der Erzeugung von Produkten zu: Löhne sowie Zinsen, Pachten, etc. sind in der Regel *vor* Fertigstellung der Produkte zu zahlen. Gewinne fallen erst nach *Verkauf* der Waren an. (‹Gesetz der zeitlichen Einkommensfolge›.)

5. Korrektur von Disproportionen

Das sachliche, größenmäßige und zeitliche Ineinandergreifen der Einzelvorgänge von Warenproduktion und Warenzirkulation, von Einkommensentstehung und Einkommensverausgabung, und mit alledem die

Das zeitliche Hintereinander der Produktionsvorgänge
und das «Warten» der Lohnempfänger
der vorgeordneten Produktionsstufen
auf die Endreife des Produkts

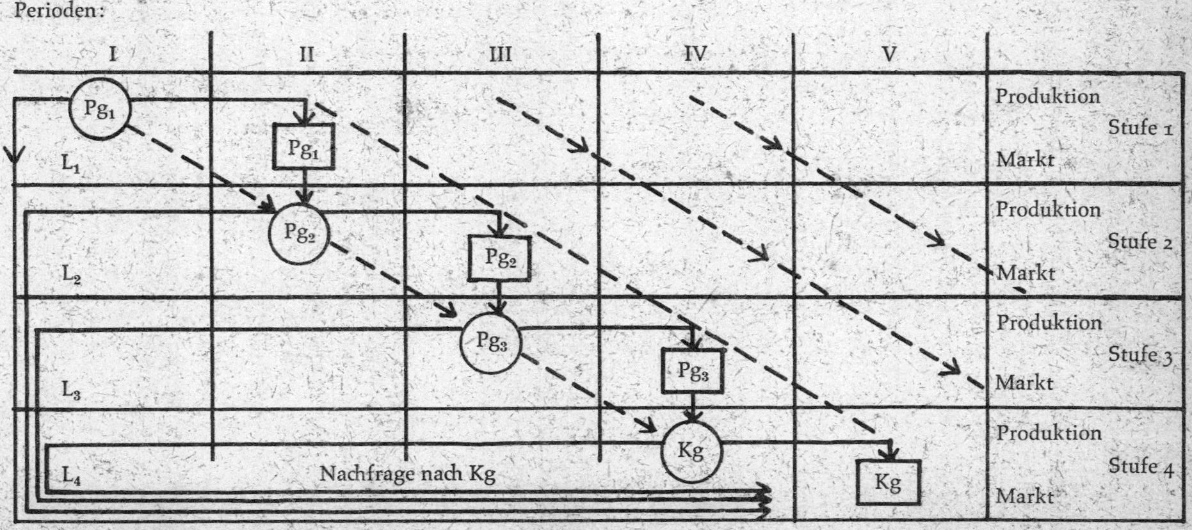

Pg = Produktionsgüter Kg = Konsumgüter L = Löhne

Fortsetzung des vielgliedrigen Prozesses der Kapitalverwertung aller Beteiligten ist nur möglich auf dem Wege unaufhörlicher und mehr oder minder gewaltsamer Korrekturen gegebener oder erwarteter Verhältnisse. Die wichtigsten Formen der – spontanen oder durch die Umstände erzwungenen – Anpassung an nicht vorausgesehene Verhältnisse sind die folgenden:

1. Änderung der *Preise;*
2. Vergrößerung oder Verringerung der *Lagervorräte;*
3. *Umgruppierung* von *Kapital:* Umstellung der Produktion, Verlegung von Kapital (u. U. ins Ausland);
4. Wechsel in der *Größenordnung* der *Neuanlage* von Kapital. (Es bleibt in diesem Zusammenhang zu beachten, daß jede Wirtschaftskrise in gewissem Umfang Kapital vernichtet, während in der Hochkonjunktur Kapitalbildung im Vorgriff geschieht: durch Aufnahme von Krediten, im Verein mit Vorgängen spontaner Kreditgeldschöpfung.)

6. Wirtschaftsschwankungen und Gleichgewicht

Fehlentwicklungen pflegen sich einige Zeit zu kumulieren, um dann von mehr oder minder heftigen Ausschlägen nach der entgegengesetzten Seite abgelöst zu werden. Das ‹Gleichgewicht› der Entwicklung ist eine Hilfskonstruktion der Theorie. In der Wirklichkeit korrigieren sich eingetretene Disproportionen regelmäßig durch Disproportionen in der entgegengesetzten Richtung. Hierauf beruhen die Schwankungen der Konjunktur.

7. Inhalt der Konjunkturbewegungen

Mehr oder weniger regelmäßige Konjunkturschwankungen, gekennzeichnet vor allem durch wiederkehrende Verhältnisse einer weitverbreiteten *Überproduktion* – genauer: der Überakkumulation von Kapital – kennt unter allen uns geschichtlich vertrauten Wirtschaftsformationen nur die moderne Erwerbsgesellschaft. Die Konjunkturvorgänge müssen daher aus der besonderen Natur unseres Wirtschaftssystems erklärt werden. Keine Konjunkturdeutung kann befriedigen, die von der Triebkraft und eigentlichen Motivation der kapitalistischen Wirtschaftstätigkeit absieht: vom *Gewinn.*

Der Inhalt der Konjunkturbewegungen ist der periodische (u. U. heftige) Verfall der *Rendite* (Krise) und deren erneutes Steigen (Wiederaufschwung).

In Zeiten steigender Gewinne beschleunigt sich die Kapitalbildung, unterstützt durch Ausdehnung des Kreditvolumens. Besonders nachhaltig pflegt hierbei die Zunahme der Produktion von *Investitionsgütern* zu sein. Der Aufschwung ist ferner gekennzeichnet durch einen allgemeinen Anstieg des Preisniveaus. Aber nicht alle Preise werden gleichmäßig erhöht. Steigen in wichtigen Wirtschaftsbereichen die Preise der über Märkte bezogenen Waren stärker als die Preise auf der Seite des eigenen Absatzes dieser Wirtschaftsbereiche und werden hierdurch die Kosten mehr erhöht als die Erlöse, so wird die Rendite in den betreffenden Wirtschaftszweigen zusammengedrückt. Die Kauf- und Akkumulationskraft dieser Sektoren sinkt; was sich auf die Vorlieferanten auswirkt und schließlich Kettenreaktionen auslösen kann. Die vorausgegangene *Überakkumulation* hat die Gewinnrate (bezogen auf das Einsatzkapital) gesenkt. (Krise.)

Dauert der Konjunkturverfall an, so sinken (*unter der Voraussetzung elastischer Preise*) die Kosten entsprechend tief, es verringert sich der Wert des eingesetzten Produktivkapitals aller Art. Die Kapitalentwertung bedeutet Wiederaufwertung der Rendite für alle die Wirtschaftsbereiche, deren Verkaufserlöse relativ stabil bleiben. (Dies pflegt vor allem bei den konsumnahen Wirtschaftszweigen der Fall zu sein.)

Die Wiederaufwertung der Rendite, die eine entsprechende Nachfrage der konjunkturstabileren Wirtschaftszweige nach Vorprodukten bedeutet, kann vermöge eines positiven rückwirkenden Impulses zum Wiederaufschwung auch in anderen Wirtschaftssektoren führen. (Vgl. hierzu Leseanhang: *Lederer*, S. 137 f.)

8. Marktmacht und Konjunktur

Das Bild der Konjunkturen hat sich im Laufe der Zeit gewandelt. – Der Zug zum Großbetrieb und zum Großunternehmen in der Industrie, in der Bankwelt, in Handel und Verkehr ist seit Ende des 19. Jahrhunderts unverkennbar geworden. Heute beherrschen in den entwickelten Ländern unseres Systems wirtschaftliche Großgebilde – nicht nur Großunternehmungen und Konzerne, sondern auch Kartelle und andere Formen der Zusammenarbeit von oft weltumspannendem Ausmaß – das Feld; sie bestimmen weithin die wirtschaftliche und gesellschaftliche Entwicklung. An die Stelle eines relativ freien, unbeschränkten Wettbewerbs sind Verhältnisse der *machtgeordneten Konkurrenz* getreten. – Großgebilde von solcher Art sind infolge ihrer überlegenen Marktstellung sowohl auf ihren Bezugs- als auch auf ihren Absatzmärkten weitgehend in der Lage, die Preise zu ihren Gunsten zu bestimmen und damit ihre Gewinne zu vergrößern. Dies zwingt die schwächeren Marktpartner, sich ebenfalls zu organisieren (vgl. etwa die Ausbreitung von Filialgeschäften und Ketten im Lebensmitteleinzelhandel); und so geht von den hochkonzentrierten Wirtschaftsgebilden ein ständiger Impuls zur weiteren Konzentration aus. Diese Umstände sind von außerordentlichen Folgen für den Wirtschaftsprozeß im ganzen und für den Konjunkturverlauf geworden: Sind in der Zeit der (relativ) freien Konkurrenz (19. Jahrhundert) das hauptsächlich ‹schwankende› Element die Preise gewesen, so pflegen unter den Bedingungen der vermachteten Wirtschaft unserer Epoche marktstarke Anbieter auf ein Nachlassen der Märkte weniger durch Senkung der Preise als vielmehr durch Kürzung der *Produktion* zu reagieren. Das hat weitreichende Konsequenzen für die Beschäftigung, die volkswirtschaftliche Lohnsumme, die Lage der marktschwachen Wirtschaftszweige. Es hat zur allgemeinen Zerreißung der Proportionen einer fortschreitenden Wirtschaft geführt. Hier liegt der Schlüssel zum Verständnis der *Weltwirtschaftskrise.* (Vgl. Leseanhang: A. *Mahr*, S. 139 f.) Das Bild zyklischer Konjunkturen wird nun überlagert von Problemen *struktureller* Art: Es zeigen sich anhaltende Disproportionen in der Akkumulationskraft und Ausdehnung der verschiedenen Wirtschaftszweige, verbunden mit der Möglichkeit anhaltender Arbeitslosigkeit.

9. Weltwirtschaftskrise und dauernder Staatseintritt in den Wirtschaftsprozess

In dem Maße, wie sich das vom Großkapital bestimmte Markt- und Produktionsverhalten der Wirtschaft gegenüber den Verhältnissen der freien Konkurrenz ändert, büßt das erwerbswirtschaftliche System seine Mechanismen der Selbststeuerung ein; es wird labiler und krisenanfälliger. Seit der Weltwirtschaftskrise ist offenbar geworden, daß die Kapitalakkumulation und die ‹Vollbeschäftigung› – nicht nur der Arbeitskräfte, sondern auch des stehenden Anlagekapitals – nur noch mit Hilfe des *Staates* gesichert werden kann. Der Staatseintritt in den Wirtschaftsprozeß – öffentliche Aufträge, Stützung schwacher Wirtschaftsbereiche, Korrektur von ungleichen Akkumulationschancen, Subventionen – kann nicht mehr als ‹Intervention› betrachtet werden: Der Staat greift nicht mehr gelegentlich als Außenstehender ein, er ist vielmehr ein wesentlicher und unverzichtbarer Mitträger des Wirtschaftsprozesses selbst geworden. Auch die Fiktion der ‹Neutralität› des Staates gegenüber den divergierenden wirtschaftlichen und gesellschaftlichen Interessen ist unter diesen Umständen nicht mehr aufrechtzuerhalten. Noch weniger ist die Mitwirkung des Staates im Prozeß der Kapitalakkumulation als Ausdruck einer unmerklichen ‹Selbstsozialisierung› der Privatwirtschaft zu deuten. In dem Maße vielmehr, in dem der Staat durch Einwirkung auf die Wirtschaftsbedingungen die Chancen der Beteiligten unmittelbar beeinflußt und bestimmt, unterliegt er selbst wiederum der direkten Beeinflussung durch die mächtigen und organisierten wirtschaftlichen Interessen, die ihn in Dienst nehmen. Im Zeichen einer unverkennbaren ‹Herrschaft der Verbände› zeigt sich die durchgehende Tendenz zum *Interessentenstaat.*

VII. Die Weltwirtschaft

1. Grundsachverhalte

Die Einsicht in die Natur des Wirtschaftsverkehrs zwischen den Nationen wird sehr erleichtert, wenn man sich drei allgemeine Sachverhalte vergegenwärtigt:

1. Die binnenwirtschaftlichen Verhältnisse einer Nation prägen auch deren ökonomische Außenbeziehungen.
2. Wie in der Nationalwirtschaft, so bestimmen auch im internationalen Wirtschaftsverkehr die Verhältnisse der Warenproduktion und des Warenaustauschs den geldwirtschaftlichen ‹Überbau› – das heißt hier: die Bedingungen des Zahlungsverkehrs und der Währungsordnung.
3. Im Verkehr zwischen Nationen des erwerbswirtschaftlichen Typs weisen die privaten Interessen auch der Außenwirtschaftspolitik des Staates die Richtung.

Bemerkungen:
Zu 1: Binnenwirtschaft und Außenverkehr

Die ungleiche innere Wirtschaftskraft und *Entwicklungshöhe* der Nationen spiegelt sich in deren Stellung auf den Weltmärkten, im internationalen Kapitalverkehr, in einer ‹liberalen› oder auf Schutz bedachten Außenwirtschaftspolitik (Zollpolitik etc.). – Von der *Wirtschaftsordnung* eines Landes hängen die allgemeinen ökonomischen Zielvorstellungen und die Formen des Außenverhältnisses ab. (Bsp.: staatliches Außenhandelsmonopol im Verein mit zentraler Devisenverwaltung in sozialistischen Ländern.) – Die Bewegungen der heimischen *Preise* im Vergleich zu denen der Handelspartner haben Wirkungen auf den Außenhandel, auf die Handels- und Zahlungsbilanz, auf die Währungsverhältnisse sowie unter Umständen auf die Währungspolitik eines Landes. (Man vergleiche das anhaltende Problem einer Verschlechterung der ‹terms of trade›, das heißt der Realaustauschverhältnisse zwischen hochmonopolistischen Industrieländern und den auf den Weltmärkten durchwegs unterlegenen Entwicklungsländern.) – Die Verhältnisse der heimischen *Nachfrage* im Vergleich zur Größe des heimischen (tatsächlichen oder potentiellen) Angebots bestimmen den Grad von Dringlichkeit der Absatzsuche auf den Weltmärkten. – Die von Land zu Land verschieden hohen *Renditen* wirken (im Verein mit weiteren Faktoren) auf die internationalen Kapitalbewegungen ein. – ‹*Imperialistische*› Außenwirtschaftspolitik (Handelskrieg, Erschließung fremder Bezugs- und Absatzräume sowie neuer Felder der Kapitalanlage, Einwirkung auf die Wirtschaftspolitik anderer Länder) entspricht den Verhältnissen einer hochmonopolisierten, eng mit der Staatsgewalt zusammenarbeitenden heimischen Privatwirtschaft.

Zu 2: Warenverkehr, Zahlungsbilanz, Währungspolitik

Die Entwicklung der Zahlungsbilanzen, die Verteilung der internationalen Zahlungsmittel, schließlich die allgemeine Währungsverfassung bleiben weithin abhängig von den Verhältnissen des zwischenwirtschaftlichen Waren- und Dienstleistungsverkehrs. So folgte in der jüngeren Wirtschaftsgeschichte jener tiefgreifenden Zerrüttung des internationalen Warenaustauschs, die in der Weltwirtschaftskrise kulminierte, die Abkehr aller wichtigen Handelsnationen von der Goldwährung und der Übergang zur Devisenbewirtschaftung. Das Weltwährungssystem, das durch die Konferenz von Bretton Woods (1944) ins Leben gerufen wurde, entsprach vor allem dem Wunsche der durch den Krieg gestärkten Wirtschaft der USA, von der Währungsseite her eine Öffnung der Märkte der Partnerländer sicherzustellen. Die weltweite, aber sehr ungleiche Preisinflation der Zeit nach dem Zweiten Weltkrieg führte zu entsprechendem Ungleichgewicht der nationalen Zahlungsbilanzen; sie hat das Verlangen nach einer internationalen Währungsverfassung hervorgerufen, die dem inflationistisch erweiterten Welthandelsvolumen eine ausreichende Menge an ‹Weltgeld› zur Seite stellt und es den beiden bisherigen Reservewährungsländern (USA, Großbritannien) erlaubt, die Begünstigung der heimischen Kapitalakkumulation (und das heißt der konjunkturellen Prosperität) mit inflationären Mitteln fortzusetzen und gleichzeitig den nachteiligen Folgen einer solchen Binnenwirtschaftspolitik auf der Seite ihrer Zahlungsbilanzen zu entgehen. Der schließliche Durchbruch durch das bisherige System der Golddevisenwährung (Februar 1968) zeigt: Den höheren Interessen einer unbehinderten Fortsetzung der heimischen Kapitalakkumulation (sowie einer aufwendigen Großmachtpolitik) muß notfalls eine entgegenstehende Währungsverfassung weichen.

Zu 3: Privatinteressen und Weltwirtschaft

Die internationalen Waren- und Geldbewegungen stellen überwiegend Verkehr zwischen *Privaten* dar: Die Einfuhr und Ausfuhr von Waren, die kurz- oder langfristige Übertragung von Geldkapital über die Ländergrenzen hinweg, die internationale Spekulation folgen dem privaten Renditenkalkül. Ebenso entspricht die Außenwirtschaftspolitik des Staates – sowie neuerdings auch der übernationalen Einrichtungen – allenthalben nicht so sehr ‹gesamtwirtschaftlichen› Zielvorstellungen als vielmehr den Wünschen der Interessenten: Die Mittel, mit denen der Staat heimischen Wirtschaftszweigen Schutz vor Auslandskonkurrenz oder Vorteile im Kampf um die Weltmärkte seit langem gewährt (Zollpolitik, Einfuhrkontingentierung, Ausfuhrvergünstigungen aller Art, Währungsabwertung etc.) zeugen hiervon ebenso wie etwa neuerdings die Agrarmarktordnungen der EWG, die Vergabe öffentlicher Entwicklungshilfemittel unter Vorbehalt ihrer Verwendung zu Käufen im Geberland. Von ‹gesamtwirtschaftlicher› Natur ist eigentlich nur der Niederschlag, den die privaten Transaktionen in der *Zahlungsbilanz* eines Landes und in den Gold- und Devisenbeständen seiner Notenbank finden, mit allen Konsequenzen für die Währungspolitik. Durch fortgesetzten Kapitalexport in andere Länder, durch Spekulation gegen die eigene Währung (‹Flucht ins Gold›) kann die heimische Geschäftswelt eine kritische Lage ihres Landes im Weltzahlungsverkehr vollends verschärfen und entsprechende währungspolitische Schritte erzwingen. (Man vergleiche die Vorgänge um die Abwertung des britischen Pfund Sterling Ende 1967, um die Aufhebung der Golddeckungspflicht für den amerikanischen Dollar Anfang 1968, die Franc-Krise vom Herbst 1968.)

2. Grosskapital und supranationale Wirtschaftsblöcke

Der anhaltende Prozeß der Kapitalkonzentration, ein Vorgang, der das ganze zwanzigste Jahrhundert durchzieht, hat mittlerweile über die nationalen Grenzen hinausgegriffen: Bildung weltumspannender Konzerne und internationaler Kartelle, Errichtung oder Angliederung von Tochtergesellschaften im Ausland (Kapitalexport an Stelle von Warenexport!), Absprachen über Markt- oder Produktionsteilung, gemeinsame Durchführung von Großprojekten durch Unternehmensgruppen mehrerer Länder, Bildung internationaler Bankenkonsortien stellen Formen einer privaten Kooperation von bisweilen weltwirtschaftlichen Dimensionen dar. Überdies brauchen große heimische Unternehmungen mit spezialisierter Produktion (man vergleiche etwa viele ‹Rationalisierungskartelle›) einen übernationalen Markt. So erklärt sich aus den neuen Formen und Größenordnungen der privaten Kapitalakkumulation das schließliche Zusammenrücken von ganzen Wirtschaftsnationen in einer Zollunion (EFTA) oder Wirtschaftsgemeinschaft (EWG) – eine ökonomische Blockbildung, die von den ausgeschlossenen Dritten, wo immer möglich, durch Bildung von Gegenblöcken beantwortet wird. (Vgl. Lateinamerika, afrikanische Wirtschaftsgemeinschaften, COMECON des europäischen Ostblocks.)

Bemerkungen:

1. Auch innerhalb einer Zollunion oder Wirtschaftsgemeinschaft besteht natürlich, wie innerhalb der Gebilde privater Kooperation, das Konkurrenzverhältnis in anderen Formen fort. Doch bildet die zunehmende Verbindung der privaten Interessen das Unterpfand der Unwiderruflichkeit einer supranationalen Gemeinschaft auf der Grundlage einer gleichartigen Wirtschaftsordnung und einer vergleichbaren Entwicklungshöhe der beteiligten Länder.
2. Wie das Entstehen von grenzübergreifenden politischen Gebilden,

so folgt auch deren weitere Entwicklung den Bedürfnissen des führenden Teils der Privatwirtschaft. Mit einer Zollunion und vollends mit einer Wirtschaftsgemeinschaft streben weitere Länder des Außenraums im Interesse ihrer Privatwirtschaft sich zu arrangieren (etwa durch Assoziation), um Handelsnachteile abzuwenden. Andererseits drängen innerhalb einer Wirtschaftsunion die Großgebilde der Privatwirtschaft selbst nach Erweiterung des einheitlichen Marktraums. Gleichzeitig erwachsen den Organen supranationaler Handels- und Wirtschaftspolitik aus der Natur der Sache neue Aufgaben (Abschluß gemeinsamer Außenhandelsabkommen, währungs- und konjunkturpolitisches Zusammenwirken, Entwicklung einer übernationalen Fiskalität). Eine Handels- oder Wirtschaftsgemeinschaft neigt mit alledem zur *Erweiterung* ihres Wirkungsbereichs und zur *Verfestigung* ihrer Formen – mit allen politischen Folgen, die dies einschließt. (Man vergleiche etwa innerhalb der EWG die Entwertung der nationalen Parlamente gegenüber einem überhaupt keiner wirkungsvollen parlamentarischen Kontrolle unterliegenden überstaatlichen Organ der *Exekutive*: dem Ministerrat!)
3. Hinter der Entwicklung einer immer umfassenderen Allianz der Kapitalinteressen ist die internationale Organisierung der *Arbeitenden*, insbesondere die Kooperation der Gewerkschaften, weit zurückgeblieben. Dies muß Folgen für den Lohnkampf haben: Zum Beispiel können bei Streiks in einem Lande ausländische Zweigwerke eines übernationalen Unternehmensgebildes für Produktionsausgleich sorgen; und allgemein können die Unternehmungen über die Ländergrenzen hinweg, wie bisher innerhalb der Nationalwirtschaft, wirksame Arbeitskampfsolidarität üben.

3. Sozio-ökonomische Hauptprobleme der Entwicklungsländer

Die heute weltweite Aufgabe einer nachholenden Industrialisierung der Entwicklungsländer ist von wahrhaft geschichtlichem Rang. Sie stellt alle Seiten des innergesellschaftlichen wie des Umweltverhältnisses der beteiligten Länder zur Frage. Bei aller Bedeutung, die hierbei einer Mithilfe der industriell überlegenen Umwelt zukommt, fällt doch die Hauptlast der Industrialisierung unvermeidlich auf die Entwicklungsländer selbst. Damit aber stellen sich eine Reihe geschichtlich wiederkehrender ernster sozio-ökonomischer Grundfragen zur Entscheidung:
1. Wie rasch, und daher: mit welchen Prioritäten soll die industrielle Entwicklung erfolgen? (Schwerpunkt bei den Konsumgütern oder bei den Produktionsgütern? Entwicklung über einfachere, etwa manufakturmäßige oder hauswirtschaftliche, den Voraussetzungen der Arbeitenden näherstehende Formen der Produktion oder sofortige Übernahme der höchstentwickelten Technik, etwa der Automation?)

2. In welchen Bereichen der Wirtschaftsgesellschaft soll die Erstaufbringung von Industrialisierungsmitteln (in physischer und in Geldform) geschehen? Von ausschlaggebender Bedeutung ist hier die *Landwirtschaft*: Auf sie fällt die Aufgabe, einen Überschuß an Nahrungsmitteln für eine wachsende nichtagrarische Arbeitsbevölkerung sowie Rohstoffe für die industrielle Verarbeitung bereitzustellen (bzw. über den Export die Beschaffung solcher und anderer Erzeugnisse zu ermöglichen).

3. Welche gesellschaftlichen Kräfte sollen die Industrialisierung tragen? Von welcher Art muß die Staatsgewalt sein, welche die notwendige Mehrarbeit über den unmittelbaren Bedarf hinaus organisiert, das Aufkommen an Industrialisierungsmitteln an die Stellen ihres Einsatzes überleitet und den industriellen Aufbau nach außen hin wirtschaftspolitisch abschirmt?

Bemerkungen:
Zu 1: ‹Längerer› oder ‹kürzerer› Weg zur Industrie?

Die Entscheidung über die Zeitziele und, in Verbindung hiermit, über die alternativen Varianten des industriellen Aufbaus hängt von vielen Umständen ab. Zu ihnen gehören die mannigfachen natürlichen und gesellschaftlichen Vorbedingungen, die politischen und wirtschaftlichen Umweltverhältnisse, die äußere Gefährdung eines Landes, das etwa mit ‹revolutionären› Mitteln seine Aufgaben zu lösen sucht, und daher die Rolle der für notwendig erachteten militärischen Vorsorge. Einen historisch bedeutungsvollen Typus nachholender und extrem beschleunigter Industrialisierung inmitten einer feindlichen Umwelt hat die Sowjetunion der ersten Plan-Perioden mit ihrem außerordentlichen sozio-ökonomischen Umbruch (bis etwa zur Jahrhundertmitte) dargestellt.
Die Entwicklungsländer sind darauf verwiesen, ihre zunächst beschränkten Industrialisierungsmittel so wirkungsvoll wie möglich einzusetzen. Insoweit ist ihnen zu raten, von der höchstentwickelten Technik Gebrauch zu machen. Gleichzeitig aber müssen unvermeidlich die Produktivkräfte des Landes in ihrer vollen Breite, also auch in zunächst minderergiebiger Form, erschlossen werden. Die chinesischen ‹Volkskommunen› haben hierbei ein bemerkenswertes Beispiel dafür geboten, wie in einem dichtbesiedelten Land mit starker geographischer Streuung der Bodenschätze bäuerliche Arbeitskraft unmittelbar für örtliche industrielle Vorhaben nutzbar gemacht werden kann, ohne massenhafte Überführung von Landbevölkerung in die Städte, mit allen sich hieran schließenden gesellschaftlichen und ökonomischen Umstellungsproblemen.

Zu 2: Die Erstaufbringung von Industrialisierungsmitteln. Rolle der Landwirtschaft

Die Erstaufbringung von Industrialisierungsmitteln ist eine wiederkehrende geschichtliche Aufgabe, unabhängig von der Gesellschaftsordnung, innerhalb deren die Industrialisierung sich vollzieht. Solche Erstansammlung von Mitteln kann, wie im frühkapitalistischen Europa, die Form der Bildung *privater Erwerbsvermögen* annehmen. (*Marx*: «Ursprüngliche Akkumulation des Kapitals».) Der Weg privatkapitalistischer Entwicklung verschließt sich allerdings weithin den Industrialisierungsländern von heute: Die heimischen Reichen verlegen, wie die Erfahrung zeigt, ihre Vermögen durchweg ins Ausland, und das bestehende Renditengefälle (im Verein mit der politischen Unrast vieler Entwicklungsländer) hält auch das Auslandskapital von vielen Ländern und von den meisten Zweigen ihrer Produktion fern. Es ist eine Besonderheit der Epoche des hochorganisierten Kapitalismus, daß sie die Entwicklungsländer am Welthandel wie am privaten Kapitalverkehr weithin als Leidende teilhaben läßt, ihnen so den kapitalistischen Weg verschließt und sie mit innerer Notwendigkeit auf den *gemeinwirtschaftlichen* Weg der Entwicklung drängt. – Hierbei kommt dem Umbau der *Landwirtschaft* elementare Bedeutung zu. Wie in der gesamten neueren Wirtschaftsgeschichte der Übergang zur Industrie regelmäßig von einem (in den einzelnen Ländern verschieden verlaufenden) Umbruch der überkommenen Agrarverfassung begleitet worden ist, so erscheint auch in den Entwicklungsländern von heute eine Agrarreform, mit dem Ziel der Aufbringung verfügbarer landwirtschaftlicher Überschüsse, als zwingende ökonomisch-gesellschaftliche Notwendigkeit.

Zu 3: Industrialisierung und Rolle der Gemeinwirtschaft

Ihrer Natur nach weisen die großen Probleme des Übergangs zur Industrie in die Richtung gemeinwirtschaftlicher Lösungen, einer planvollen Zusammenfassung der verfügbaren produktiven Kräfte durch eine starke und gleichzeitig mit den die Industrialisierung tragenden arbeitenden Schichten eng verbundenen Staatsgewalt.

Literatur:

I. *Wertschöpfung und Einkommensbildung allgemein*
Werner *Hofmann* (Hg.): Wert- und Preislehre. Sozialökonomische Studientexte, Bd. 1, Berlin 1964 – Karl *Diehl* u. Paul *Mombert*: Ausgewählte Lesestücke zum Studium der Politischen Ökonomie, Bd. IV u. V: Wert und Preis, 2. Aufl. Karlsruhe 1920 – Walter *Krug*: Allgemeine Volkswirtschaftslehre III: Verteilungstheorie. Schaeffers Grundriß des Rechts und der Wirtschaft. Abt. III: Wirtschaftswissenschaften, Stuttgart–Düsseldorf 1965.

II. *Der Kapitalgewinn*
Werner *Hofmann* (Hg.): Einkommenstheorie. Sozialökonomische Studientexte, Bd. 2, Berlin 1965 – Karl *Diehl* u. Paul *Mombert*: Ausgewählte

Lesestücke zum Studium der Politischen Ökonomie, Bd. VIII: Kapitalzins und Unternehmergewinn, 2. Aufl. Karlsruhe 1920 – Paul A. *Baran* u. Paul M. *Sweezy*: Monopolkapital, a. d. Am., Frankfurt a. M. 1967 – Helmut *Arndt* (Hg.): Die Konzentration in der Wirtschaft, Berlin 1960. – Stefan *Varga*: Der Unternehmungsgewinn, Berlin 1957.

III. *Der Arbeitslohn*

Karl *Diehl* u. Paul *Mombert*: Ausgewählte Lesestücke zum Studium der Politischen Ökonomie, Bd. II: Der Arbeitslohn, 2. Aufl. Karlsruhe 1919 – Karl *Marx*: Lohnarbeit und Kapital, in: Karl Marx, Ökonomische Schriften, Bd. 3, hg. v. Hans-Joachim Lieber u. Benedikt Kautsky, Darmstadt 1964, S. 755–792 (Bd. VI der Karl-Marx-Ausgabe). – Kurt W. *Rothschild*: Lohntheorie, Berlin–Frankfurt a. M. 1963 – Erich *Arndt*: Theoretische Grundlagen der Lohnpolitik, Tübingen 1957 – Automation – Risiko und Chance, 2 Bde., hg. v. Günter Friedrichs, Frankfurt a. M. 1965.

IV. *Preisbildung*

Werner *Hofmann* (Hg.): Wert- und Preislehre. Sozialökonomische Studientexte, Bd. 1, Berlin 1964 – Erich *Schneider*: Einführung in die Wirtschaftstheorie, II. Bd. 11. Aufl. Tübingen 1967.

V. *Geld und Kredit*

Adolf *Weber*: Geld und Kredit, Banken und Börsen, 6. Aufl. (in Verbindung mit Werner Hofmann), Heidelberg 1959 – Walter *Hofmann* (Hg.): Handbuch des gesamten Kreditwesens, 7. Aufl. Frankfurt a. M. 1965 – Georg *Obst* u. Otto *Hintner*: Geld, Bank- und Börsenwesen, 36. Aufl., Stuttgart 1967.

VI. *Der volkswirtschaftliche Gesamtprozeß*

Werner *Hofmann* (Hg.): Theorie der Wirtschaftsentwicklung. Sozialökonomische Studientexte, Bd. 3, Berlin 1966 – Ders.: Die säkulare Inflation, Berlin 1962 – Karl *Diehl* u. Paul *Mombert*: Ausgewählte Lesestücke zum Studium der Politischen Ökonomie, Bd. VII: Wirtschaftskrisen, 3. Aufl. Jena 1923 – Paul M. *Sweezy*: Theorie der kapitalistischen Entwicklung, a. d. Am., Köln 1959 – Gottfried *Haberler*: Prosperität und Depression, Bern 1948 – Gottfried *Bombach* u. a.: Wachstum und Konjunktur, Darmstadt–Opladen 1960.

VII. *Die Weltwirtschaft*

Gunnar *Myrdal*: Internationale Wirtschaft, a. d. Am., Berlin 1958 – Werner *Hofmann*: Europamarkt und Wettbewerb, Berlin 1959 – Andreas *Predöhl*: Weltwirtschaft und europäische Integration, München 1960 – Anton *Zottmann*: Theorie und Politik der Außenwirtschaft. Schaeffers Grundriß, Abteilung III, Band 80, Stuttgart–Düsseldorf 1967 – L. J. *Zim-*

mermann: Arme und reiche Länder, a. d. Niederl., Köln 1963 – Otto *Veit* u. a.: Grundriß der Währungspolitik, 2. Aufl. Frankfurt a. M. 1962 – Ernest *Mandel*: Die EWG und die Konkurrenz Europa–Amerika, Frankfurt a. M. 1968 – Gunnar *Myrdal*: Ökonomische Theorie und unterentwickelte Regionen, Stuttgart 1959 – Peter *Heintz* (Hg.) Soziologie der Entwicklungsländer, Köln–Berlin 1962 – Richard Fritz *Behrendt*: Soziale Strategie für Entwicklungsländer, Frankfurt a. M. 1965 – Klaus *Billerbeck*: Die Konsequenzen der Industrialisierung der Entwicklungsländer für die Industrieländer, Köln–Opladen 1964.

C. DIE ORDNUNG DES WIRTSCHAFTSGESCHEHENS: GRUNDBEDINGUNGEN DER WIRTSCHAFTSPOLITIK

1. Wirtschaftspolitik als Teil der Gesellschaftspolitik

Unter Wirtschaftspolitik – im weitesten Sinn, unter Einschluß der Einkommens- und Sozialpolitik, der Fiskalpolitik etc. – darf die *absichtsvolle Einwirkung* (vor allem der Hoheitsträger, aber auch privater Verbände oder einzelner Unternehmungen) auf die Wirtschaftsbedingungen verstanden werden.

Alle Wirtschaftspolitik steht *in* der Wirtschaftsordnung, von der her sie konzipiert ist und die sie funktionsfähig erhalten will. Wirtschaftspolitik hat insofern einen durchgehend *konservierenden* Grundzug.

Wirtschaftspolitik ist allemal Gesellschaftspolitik, und zwar in doppelter Hinsicht: 1. Die wirtschaftspolitischen Entscheidungen werden von den Bedürfnissen und Interessen des jeweils tragenden Teils der Gesellschaft – und hier wieder: von deren mächtigsten Gruppen – bestimmt. Die Rangfolge der wirtschaftspolitischen Ziele, die hieraus entspringt, gibt daher die reale Machtverteilung in der Gesellschaft wieder.

2. Die Wirtschaftspolitik steht selbst im Dienste übergeordneter gesellschaftspolitischer Zielsetzungen: Indem sie die ökonomischen Positionen der Beteiligten zu stärken sucht, wahrt sie die Interessen der divergierenden Gruppen am Fortbestand des gesellschaftlichen Systems.

Unter den Bedingungen zunehmender Kapitalkonzentration und wachsender Ungleichheit der Kapitalverwertungschancen fällt der Wirtschaftspolitik eine besondere gesellschaftliche Aufgabe zu: die benachteiligten Gruppen des Kleinkapitals, der ökonomischen Zwischenschichten usw. als Interessenverbündete des Großkapitals zu erhalten. Die ganze sogenannte Mittelstandsförderung kann in diesem Sinn als gesellschaftliche ‹Bündnispolitik› verstanden werden. Ein eindrucksvolles Beispiel gesellschaftlich orientierter Wirtschafts- und

Sozialpolitik bietet in der westdeutschen Bundesrepublik der *Lastenausgleich* zugunsten der Ostvertriebenen, der auf möglichste Wiederherstellung des ursprünglichen gesellschaftlichen ‹Status› der betroffenen Schichten abgezielt hat.

2. Ziele und Mittel der Wirtschaftspolitik

Wirtschaftspolitik ist nicht zu beurteilen nach den noch so aufrichtig gemeinten Absichtserklärungen, nach den vielfach illusionären oder auch ideologischen Zielvorstellungen, mit denen sie begründet wird, sondern vielmehr nach den objektiven Bedingungen, Möglichkeiten und Grenzen, welche ihr die Wirtschaftsordnung und die gegebene gesellschaftliche Kräfteverteilung setzen.

Innerhalb unseres Ordnungsgefüges ist die Hauptaufgabe aller Wirtschaftspolitik, die Bedingungen zu sichern, unter denen die private Kapitalverwertung sich vollzieht. Hierauf kann von verschiedenen Seiten hingewirkt werden:

1. Festigung der allgemeinen sozio-ökonomischen Grundlagen des Kapitalprozesses: Eigentumspolitik, Arbeitsverfassungspolitik u. ä.;
2. Gewährleistung der Rahmenbedingungen des Wirtschaftsprozesses: der Rechtsordnung, der Marktverfassung, der Geldversorgung etc.;
3. Koordinierung der Tätigkeit der einzelnen Wirtschaftsbereiche. Hierin ist die immer weiter ausgreifende öffentliche Wirtschaftspolitik zu einem Ersatz für die ungenügend funktionierende spontane Koordination der Wirtschaftsvorgänge über die Märkte geworden.
4. Korrigierende, fördernde, abschirmende Mitwirkung der öffentlichen Hand im Wirtschaftsprozeß, mit Hilfe gezielter oder allgemeiner Maßnahmen der Fiskalpolitik, der Geld- und Kreditpolitik, der Außenwirtschaftspolitik etc.

Endziel der Wirtschaftspolitik ist keineswegs, wie immer wieder versichert wird, die ‹Maximierung der Volkswohlfahrt›, ist überhaupt nicht die bestmögliche *Güter*versorgung eines Landes, sondern vielmehr die Sicherung der *Renditenwirtschaft* – notfalls selbst unter *Verhinderung* ausreichenden Güterangebotes innerhalb eines Landes. (Man vergleiche die westdeutsche Energiepolitik seit 1957: Beschränkung des heimischen Angebots an konkurrierenden Energien zwecks Stützung des Kohlepreises. Weitere Beispiele: Fernhaltung billiger Agrareinfuhren und Herausnahme von landwirtschaftlichen Produkten aus dem Markt zur Sicherung höherer Preise; Verzicht auf Bekämpfung des Bodenwuchers, mit allen seinen Folgen für die Mietpreisbildung; Abbau öffentlicher Sozialleistungen und Verzicht auf ernstliche Bekämpfung der Preisinflation, bei gleichzeitig dämpfender Einwirkung auf die Lohnbewegung, etc.)

Ziel der Wirtschaftspolitik ist auch nicht die Erhaltung der *‹Marktwirtschaft›*. Der Begriff der ‹Marktwirtschaft› ist selbst nur der formalisierte, beschönigende und verschlüsselte Ausdruck für das eigentlich Gemeinte: das bestehende Gewinnsystem. Bei keiner ihrer Maßnahmen hat sich die Wirtschaftspolitik nach aller bisherigen Erfahrung je von Verletzungen der vielberufenen ‹Marktkonformität› abhalten lassen, wenn dies den Beteiligten nützlich war. Ebensowenig zielen die wirtschaftspolitischen Entscheidungen auf Erhaltung der freien Konkurrenz als eines wirtschaftspolitischen Selbstwertes ab, wie das Verhalten gegenüber Kartellen und marktbeherrschenden Unternehmensgebilden heute hinreichend zeigt.

3. Zielkonflikte

Die Wirtschaftspolitik kann sich weder in der Zielsetzung noch in der Wahl der Mittel über die Verhältnisse der gegebenen Wirtschaftsordnung privater Interessenverfolgung hinwegsetzen. Das erklärte ‹Gesamtinteresse›, dem sie dient, bleibt in Wahrheit das Gesamtinteresse ihres herrschenden, nämlich des kapitalverwertenden Teils der Gesellschaft.
Die praktischen Teilinteressen allerdings stehen miteinander weithin in Widerspruch. Die Antinomie der Partikularinteressen setzt sich in der Wirtschaftspolitik in typische *Zielkonflikte* um. Alle Wirtschaftspolitik ist vor die Frage gestellt, welchen Interessen sie Vorrang einräumen, welche sie zurückstellen soll. Und die Entscheidungen, die sie zwischen verschiedenartigen Zielen trifft, die Skala der Interessenprioritäten, die sie schafft oder bestätigt, erlauben einen tiefen Einblick in die Machtschichtung der Gesellschaft, welcher die Wirtschaftspolitik folgt.
So entspringt aus dem allgemeinen Charakter einer Ordnung des privaten Erwerbs das *Grundproblem moderner Volkswirtschaftspolitik*; und dieses Grundproblem ist im Begriff der ‹Volkswirtschaftspolitik› selbst schon enthalten: Es ist die Fiktion einer *Gesamtwirtschaft*, einer letztlichen Übereinstimmung der Interessen. Die Wirtschaftsbeteiligten sind Träger sozialer Teilinteressen (das gilt oft auch für den Staat, als Träger öffentlicher Unternehmungen, als Träger fiskalischer Bedürfnisse etc.). *Volkswirtschaftspolitik aber soll über die Partialinteressen hinausgehen*; und in gewissem Umfang *muß* sie es, weil die Sonderzwecke der einzelnen miteinander nicht verträglich sind und eben diese Nichtübereinstimmung zu ordnendem Eingriff zwingt. Andererseits ist die wirtschaftspolitische *Willensbildung* selbst von den Trägern der Teilinteressen (der ‹Lobby› im weitesten Sinn) nicht unabhängig und stößt die wirtschaftspolitische *Willensdurchsetzung* immer auf die Schranken eben jener Kräfte, die eine wirklich gesamtwirtschaftliche Politik regelmäßig durchkreuzen.

4. Allgemeine Kennzeichen moderner Wirtschaftspolitik

Aus diesem Grunddilemma erklären sich einige allgemeine Züge unserer Wirtschaftspolitik:

1. Die *Teilung der Trägerschaft wirtschaftspolitischer Initiative*: Nicht nur werden Befugnisse innerhalb der Hoheitssphäre zwischen den einzelnen Gebietskörperschaften (bei uns: zwischen Bund, Ländern und Gemeinden) geteilt – eine Reihe von Kompetenzen werden überhaupt an die Interessenten, ihre Verbände und Organe abgegeben. (‹Wirtschaftliche Selbstverwaltung›.)
2. Aus dem Kontrast der Interessen entspringt die *Zersplitterung der Mittel*, die Wirtschaftspolitik der kleinen Schritte, die Schwierigkeit umfassender Reformen, der Aushilfs- und Verlegenheitscharakter der schließlich verwirklichten wirtschaftspolitischen Maßnahmen.
3. Infolge der Unverträglichkeit einander überkreuzender Interessen tragen die wirtschaftspolitischen Entscheidungen allgemein den Stempel des *Kompromisses.*

Ein solcher Kompromiß-Charakter verrät sich zumeist auch in Inhalt und Sprache der Gesetze, in welche sich die wichtigeren wirtschaftspolitischen Entscheidungen kleiden: in der Weitläufigkeit, Unübersichtlichkeit sowie im häufigen Wechsel der Einzelbestimmungen.

Der Kompromiß selbst liegt dabei in aller Regel nicht einfach ‹in der Mitte› zwischen den Wünschen der streitenden Parteien, sondern näher zur stärkeren Seite hin. Er wiederholt damit die ungleiche Machtverteilung, die heute durchwegs auch innerhalb des erwerbswirtschaftlichen Teils unserer Gesellschaft wahrzunehmen ist.

Mit alledem eröffnet das eindringende Studium wirtschaftspolitischer Einzelfragen immer wieder tiefe Einblicke in die Natur des modernen Staates, in das Wechselspiel von öffentlicher Gewalt und privaten Interessen, in die Mechanismen einer Übersetzung sozio-ökonomischer Wünsche in politische Willensbildung. Die Fragen der Wirtschafts- und Sozialpolitik führen damit weiter zu einer empirisch begründeten Staats- (zum Teil auch Rechts-)Soziologie.

(Eine geordnete Übersicht über die Hauptprobleme der Volkswirtschaftspolitik findet sich auf S. 157 ff.; eine Liste der wichtigsten Wirtschaftsgesetze der Bundesrepublik Deutschland auf S. 165 ff.)

Literatur: Adolf *Weber*: Kurzgefaßte Volkswirtschaftspolitik, 7. Aufl. (unter Mitwirkung von Werner Hofmann), Berlin 1957 – Hans *Ohm*: Allgemeine Volkswirtschaftspolitik, Bd. 1, Berlin 1965², Bd. 2 Berlin 1967 (Sammlung Göschen) – Hans-Jürgen *Seraphim*: Theorie der allgemeinen Wirtschaftspolitik, 2. Aufl. Göttingen 1963 – Wandlungen der Wirtschaftsstruktur in der Bundesrepublik Deutschland (Verein f. Sozialpolitik), Berlin 1962 – Dieter *Claessens*, Arno *Klönne* u. Armin *Tschoepe*: Sozialkunde der Bundesrepublik Deutschland, 2. Aufl., Düsseldorf–Köln 1968 – Wilhelm *Wernet*: Handwerkspolitik, Göttingen 1952 – Wilhelm *Abel*: Agrarpolitik, 2. Aufl., Göttingen 1958 – R. *Nieschlag*: Binnenhandel und Binnenhandelspolitik, Berlin 1959 – Andreas *Predöhl*: Verkehrspolitik, 2. Aufl. Göttingen 1964 – F. *Voigt*: Verkehr, 3 Bde., Berlin 1965 ff – G. *Schmölders*: Geldpolitik, Tübingen 1962 – Ders.: Finanzpolitik, 2. Aufl. Berlin–Göttingen–Heidelberg 1965 – Handbuch der öffentlichen Wirtschaft, 1. Bd. 1960 – Handbuch der Finanzwissenschaft, 2. Aufl. Tübingen 1952 ff (bis 1965 4 Bde.) – Wolfram *Fischer*: Deutsche Wirtschaftspolitik 1918–1945, Opladen 1968 – Erich *Preiser*: Wirtschaftspolitik heute. Grundprobleme der Marktwirtschaft, München 1967.

D. DIE WICHTIGSTEN ÖKONOMISCHEN LEHRMEINUNGEN IN DER GESCHICHTE

1. Von der Theorie zur Ideologie

Auch für die Geschichte der Nationalökonomie gilt die allgemeine Einsicht, daß eine Epoche sich nur das zur theoretischen Frage machen kann, was ihr schon zur praktischen Frage geworden ist. Die Beschäftigung auch mit älteren Auffassungen dient daher heute nicht nur der Klärung von Sachproblemen, die sich gegenwärtig vielfach in veränderter Form stellen, sondern auch einer Erhellung der theorienbildenden Macht gesellschaftlicher Bedürfnisse.

Solche Bedürfnisse sind selbstverständlich nicht illegitim. Klärung der eigenen Existenzbedingungen und damit einsichtsvolle Bestimmung des eigenen Handelns ist eine notwendige Aufgabe, vor der jede Gesellschaft steht. Das Verlangen nach solcher Klärung trägt allerdings, wie die Geschichte zeigt, immer nur der jeweils zukunftsvolle Teil der Gesellschaft. Dies war in der Epoche bis zum Hochkapitalismus das Bürgertum. Als mit der Entfaltung der erwerbswirtschaftlichen Ordnung auch deren Probleme und Konflikte vor aller Augen traten, verwandelte sich die Nationalökonomie weithin in Ideologie, in eine Lehre aus dem Interesse des herrschenden Teils der Gesellschaft. (Zum Begriff der Ideologie vgl. oben, S. 16 ff.) Vollends im weltweiten Ringen der Geister und der Gesellschaftskonzeptionen unserer Epoche ist es die besondere ‹Frontnähe› der Nationalökonomie, welche diese in hohem Maße ideologie-empfänglich hat werden lassen.

Nur als Hilfe zum tieferen Verständnis der inneren Folgerichtigkeit, welche die Entwicklung der Nationalökonomie im geschichtlichen Rückblick in ihren allgemeinen Zügen erkennen läßt, nicht als Einführung in die Lehrgehalte selbst sind die folgenden allgemeinen Kennzeichnungen zu verstehen.

2. Merkantilisten und ‹Kameralisten›

Daß gesellschaftliche Theorien auf gesellschaftliche Bedürfnisse antworten, zeigt die Geschichte der ökonomischen Lehrauffassungen seit ihren Anfängen vor rund 300 Jahren. Die Nationalökonomie selbst entwickelt sich mit der modernen Nationalwirtschaft; sie begleitet die Heraufkunft und die Wechselfälle der modernen Erwerbsgesellschaft.
Die Überlegungen der sogenannten *Merkantilisten* des 17. sowie des größeren Teils des 18. Jahrhunderts (in England vor allem William *Petty*, Dudley *North*, Richard *Cantillon*, James *Steuart*, im deutschen Sprachraum als *‹Kameralisten›* bezeichnete Denker wie Johann Joachim *Becher*, Phil. Wilh. v. *Hörnigk*, Joh. Heinr. Gottlob v. *Justi*) kreisen, ebenso wie die wirtschafts- und gesellschaftspolitischen Maßnahmen der meisten europäischen Monarchen und Landesfürsten, um die große Doppelfrage: Wie fördert man die Produktivkräfte eines Landes und damit zugleich die Bildung wirkender, sich mehrender privater Vermögen? Die merkantilistischen Denker begleiten damit den allgemeinen Umbruch der Gesellschaft im Zeichen der «ursprünglichen Akkumulation des Kapitals» (K. *Marx*). Noch haben sich hierbei volks- und privatwirtschaftliche Zielsetzungen nicht geschieden. In der Tat verbindet sich mit der planmäßigen Entwicklung der heimischen Produktivkräfte die Herstellung der allgemeinen Produktions- und Zirkulationsbedingungen des privaten Kapitals. Im Außenverhältnis begegnen die im Werden begriffenen Wirtschaftsnationen hierbei einander gewissermaßen als konkurrierende Gesamtunternehmer. Geleitet von den praktischen Fragen einer Entwicklung der nationalen Wirtschaftskräfte tasten sich die merkantilistischen Denker zu einem ersten allgemeinen Verständnis gesamtwirtschaftlicher Sachverhalte und Zusammenhänge vor; die Quelle allen ‹Volkswohlstandes› entdecken ihre scharfsinnigsten Köpfe (wie etwa W. *Petty*) in der menschlichen Arbeit.

3. Die Physiokraten

Die französischen Physiokraten der zweiten Hälfte des 18. Jahrhunderts (Francois *Quesnay*, *Mirabeau d. Ä.*; ihnen nahestehend: A. R. J. *Turgot*) haben in die ökonomische Lehrgeschichte vor allem die Frage nach dem volkswirtschaftlichen ‹Reinertrag› (produit net) eingebracht, also nach dem, was in späterer Zeit als der ‹Surplus› einer ‹wachsenden›, das heißt akkumulierenden Wirtschaft untersucht werden wird. Mit F. *Quesnays* berühmtem ‹Tableau Economique› (1758) ward erstmals der Versuch unternommen, die ganze zeitgenössische Gesellschaft nach rein ökonomischen Merkmalen, nämlich nach der Stellung ihrer Glieder im Wirtschaftsprozeß zu bestimmen. Der Irrtum der Physiokraten, nur die Tätigkeit in der Urproduktion, allem voran in der Landwirtschaft als ‹produktiv› anzusehen, während die Gewerbe den der Natur durch die Urproduktion einmal entrissenen Rohstoff nur noch umformen, beruht auf einer Verwechslung von Güterproduktivität und Wertproduktivität. Die entsprechende wirtschaftspolitische Konsequenz (Förderung der agrarischen, genauer: der agrarkapitalistischen Entwicklung im Lande) war allerdings insofern gerechtfertigt, als die – in Frankreich schon seit der Zeit Ludwigs XIV. sträflich vernachlässigte und mit Lasten schwer bedrückte – Landwirtschaft in allen historischen Industrialisierungsprozessen einen Überschuß an Nahrungsmitteln für eine wachsende nichtagrarische Bevölkerung und an pflanzlichen Rohstoffen für die industrielle Verarbeitung hervorbringen muß. (Vgl. oben, S. 97 f.)

4. Die klassische politische Ökonomie

Darf man unter ‹Klassik› allgemein das nach den Mitteln der Zeit höchstentwickelte Selbstverständnis einer Gesellschaft – auf ökonomischer, philosophischer, gesamtkultureller Ebene – verstehen, so gilt dies für die (nicht zufälligerweise in England zur Entfaltung gelangte) ‹klassische› politische Ökonomie (vor allem: Adam *Smith*, David *Ricardo*) in einem besonderen Sinne. Der klassische ökonomische Liberalismus entwickelt den allgemeinen Bauplan einer sich selbst überlassenen bürgerlichen Wirtschaftsgesellschaft, die nach jahrhundertelanger monarchischer Hegpolitik des staatlichen Stützwerkes schließlich entraten kann. Die Lehre von der allein wertbildenden Kraft der menschlichen Arbeit wird – bei allen Unvollkommenheiten und Widersprüchen, die ihr noch anhaften – zur Grundlage des Nachweises einer Selbstordnung der Märkte nach immanenten Gesetzen, die ebenso den ‹natürlichen› Preis auf den Produktenmärkten zum Gravitationszentrum der schwankenden Marktpreise machen wie sie das Verhältnis zwischen den drei großen Einkommensklassen – den Beziehern von Arbeitslohn, von Kapitalprofit und von Grundrente – in einer (von den Einzeldenkern im übrigen sehr verschieden aufgefaßten Weise) bestimmen. Die klassische politische Ökonomie, die für nahezu ein Jahrhundert herrschend geblieben ist, hat erstmals das Triebwerk einer vom Gewinnstreben gesteuerten Gesellschaft bloßgelegt und von hier aus ihre wirtschaftspolitischen Auffassungen – zur allgemeinen Staatstätigkeit, zur Geld-, Steuer- und Außenhandelspolitik – formuliert.

5. Sozialkritik und wissenschaftlicher Sozialismus

Je mehr die erwerbswirtschaftliche Ordnung sich entwickelte, desto mehr fand sich, angesichts des Massenelends der Arbeitenden, der Verdrängungs- und Vernichtungskonkurrenz, welcher die vorkapitalistischen Gesellschaftsschichten begegneten, und angesichts der mit rätselvoller Regelmäßigkeit wiederkehrenden Wirtschaftskrisen, der hoffnungsvolle Ausblick der Aufklärungsepoche und des frühen ökonomischen Liberalismus enttäuscht. Heftige *Sozialkritik* brach auf (England: Rob. *Owen*, Will. *Thompson*, John F. *Bray*; Frankreich: *Saint-Simon*, Charles *Fourier*, Etienne *Cabet*, Louis *Blanc*, Jos. *Proudhon*; Deutschland: Wilh. *Weitling*, Ferd. *Lassalle*); sie nahm teilweise die bestehende Wirtschaftsgesellschaft als ganze, teilweise einzelne ihrer Erscheinungen (die Grundrente als Inbegriff arbeitslosen Einkommens, den Zinswucher, die Übervorteilung im Handel) zum Anstoß und entwarf Modelle einer besseren Gesellschaft. Die Sozialkritik gipfelt schließlich in der umfassenden Analyse der bürgerlichen Gesellschaft durch die Begründer des *wissenschaftlichen Sozialismus*, *Marx* und *Engels*, die der ausgebeuteten Klasse des Proletariats die Aufgabe der historischen Selbstbefreiung zuweisen.

Marx: Arbeitswerttheorie

Jeder Versuch, zu einem unbefangenen Urteil über die Auffassungen der klassischen Marxisten zu gelangen, erfordert selbstverständlich gewissenhaftes Studium der Hauptschriften und Verarbeitung der marxistischen dialektischen Denkweise. Zu den ökonomischen Lehren sei in aller gebotenen Kürze das folgende bemerkt: Die Theorie des *Arbeitswerts*, die erst Marx von den Schlacken gereinigt hat, die ihr aus der Zeit der englischen Klassik anhafteten, hat darin recht, daß alle *Wertschöpfung* – und daher auch der ‹Mehrwert›, das heißt der Wert des über den Existenzbedarf der Arbeitenden hinausgehenden ‹Mehrprodukts› der Gesellschaft – auf die Wirksamkeit der menschlichen Arbeitskraft zurückzuführen ist. Soweit die Arbeitswerttheorie gleichzeitig den letzten Erklärungsgrund der *Marktpreisbildung* bieten will – nach dem ‹Wertgesetz› ist innerhalb einer als ‹geschlossen› zu denkenden Volkswirtschaft und innerhalb eines konjunkturellen Gesamtzyklus die ‹Summe der Preise› (richtiger: das Handelsvolumen) gleich der ‹Summe der Werte› (dem Wertvolumen) –, bleibt sie für die Verhältnisse der freien Konkurrenz eine schlüssige, wenn auch nicht zu verifizierende Hypothese. Sie verliert ihre Grundlage hingegen unter unseren Bedingungen allseitiger *Macht*preisbildung und hieraus entspringender ‹schleichender› Inflation der Preise (die sehr im Gegensatz steht zu einem mit steigender Arbeitsproduktivität als sinkend zu betrachtenden Arbeitswert der Einzelwaren). Auch liefert das ‹Wertgesetz› kein brauchbares empirisches Kriterium nachweisbar ‹richtiger› Einzelpreisbildung in einer bewußt geordneten sozialistischen Planwirtschaft.

Lohnarbeit und Mehrwert

Marx ist es gelungen, eine Theorie des *Mehrwerts* zu entwickeln, die mit der allgemeinen Arbeitswertlehre in widerspruchsfreier Übereinstimmung steht. Der Mehrwert entspringt nach Marx als Differenz aus dem höheren ‹Gebrauchswert› der vom Kapitalisten in Dienst genommenen menschlichen Arbeitskraft – das heißt aus deren Fähigkeit, einen Surplus über ihren eigenen notwendigen Unterhalt hinaus hervorzubringen – und dem ‹Tauschwert› der Ware Arbeitskraft, der, wie der Tauschwert jeder anderen Ware, deren notwendigem Produktions- (hier: Reproduktions-) Aufwand entspricht und am Markte voll im Lohn entgolten werden kann. Die Lohnbildung folgt also dem allgemeinen Prinzip der Äquivalenz; der Mehrwert stellt keinen ‹Raub› an einem den Arbeitenden zukommenden ‹unverkürzten Arbeitsertrag› dar. Damit ist allem bloß moralisierenden Räsonieren die Grundlage entzogen; und gerade hierdurch vertieft sich die Kritik: Ihr wirklicher Gegenstand ist nicht die Höhe des *Arbeitslohns*, sondern das Verhältnis der *Lohnarbeit* als solches. – Indem Marx ferner mit der Theorie des Mehrwerts alle Formen von Gewinneinkommen auf einen letzten gemeinsamen Ursprung zurückführt, liefert er die Grundlage einer ökonomisch begründeten Klassensoziologie: Es ist das Kriterium des Mehrwerts, das die Klassen scheidet und das in letzter Konsequenz zu einem reinen Zweiklassenschema führt. Alle Nutznießer des gesellschaftlichen Mehrwerts – aus dem sich auch die Grundrente speist: die absolute wie die differenzielle – sind hierbei durch das Band eines letzten gemeinsamen Interesses vereinigt. In diesem Sinne wirkt auch der (schon von den englischen Klassikern untersuchte) *«Ausgleich der Profitraten»*, der jeden Einzelkapitalisten zum Teilhaber des bestehenden gesamtgesellschaftlichen Ausbeutungsverhältnisses macht, auf eine Vereinheitlichung des Interesses an Erhaltung des ökonomischen Gesamtsystems hin.

‹Einfache› und ‹erweiterte› Reproduktion des Kapitals

Mit seiner Theorie der ‹einfachen› und ‹erweiterten Reproduktion des Kapitals› – die immer wieder auch von marxistischer Seite mißverstanden worden ist – hat Marx das bedeutungsvolle Schema einer denkbaren proportionierten, also ‹gleichgewichtigen› Akkumulation des Kapitals entwickelt und damit eine (von den englischen Klassikern wie von fast allen Ökonomen des 19. Jahrhunderts gänzlich vernachlässigte) Lehre vom wirtschaftlichen Gesamtprozeß geboten. Die Schemata der erweiterten Reproduktion zeigen, daß Marx einen zwangshaften ökonomischen

‹Zusammenbruch› des kapitalistischen Wirtschaftssystems nicht kennt. Die Marx zugeschriebene ‹Zusammenbruchstheorie› ist eine Entdeckung deutscher ‹Revisionisten› gewesen, die hier nicht Marx, sondern ihren eigenen Irrtum widerlegt haben.

Wirtschaftskrisen

Wenn also Marx die Möglichkeit einer stetigen proportionierten Wirtschaftsentwicklung nicht ausschließt, so sieht er doch in der allgemeinen Anarchie einer blind-besessenen Konkurrenz aller Kapitalverwerter um die höchstmögliche Rendite Umstände angelegt, welche das ‹Gleichgewicht› innerhalb des kapitalistischen Systems nur noch als gedachten Durchschnitt der wirklichen einander ablösenden und korrigierenden entgegengesetzten Ungleichgewichte bestehen lassen. Sinnfälligster Ausdruck hierfür sind die Konjunkturschwankungen mit ihren periodisch wiederkehrenden *Wirtschaftskrisen*: Deren allgemeines Kennzeichen sieht Marx zu Recht in einer Überakkumulation von Kapital, die sich in einem mehr oder minder heftigen Zusammenbruch der Profitrate niederschlägt. Die Marxsche Konjunkturtheorie, obwohl nicht geschlossen entwickelt, ragt aus dem ganzen 19. Jahrhundert in einsamer Höhe empor; sie ist bis heute nicht schlüssig widerlegt worden.

Entwicklungstendenzen der kapitalistischen Produktionsweise

Kritik oder Modifizierung hingegen erfordern einige von Marx dem kapitalistischen System zugewiesene Entwicklungstendenzen: Die Lehre vom *«tendenziellen Fall der Profitrate»*, durch Marx von den Klassikern entlehnt und auf eine neue Grundlage gestellt, ist unter den Voraussetzungen von Marx selbst nicht zwingend; eine solche Tendenz ist im übrigen selbst für die Zeit der relativ freien Konkurrenz kaum empirisch nachweisbar. – Während die Voraussicht einer zunehmenden *Konzentration und Zentralisation des Kapitals* sich heutigentags in überwältigender Weise für jedermann sinnfällig bestätigt hat, muß sich die Lehre von der fortgesetzten *Verdrängung der Zwischenschichten* Modifikationen gefallen lassen. – Die viel beredete *«Verelendungstheorie»* ist nicht so eilfertig abzutun, wie dies gemeinhin geschieht: Wächst die Intensität der Arbeit und wachsen darüber hinaus die allgemein-gesellschaftlichen Belastungen des arbeitenden Menschen, so muß auch der Lohn steigen, um den höheren ‹Wert› der Arbeitskraft abzudecken. Die eigentlichen Belastungen unserer Arbeitswelt entspringen allerdings heute dem gesellschaftlichen Grundverhältnis als solchen, sie sind materiell weithin überhaupt nicht auszugleichen und setzen sich in mannigfache *psychische* Nöte um. Was sich einmal als vorwiegend materielles Elend nachweisen ließ, hat sich heute allgemein verinnerlicht. Solche *mentale* Verelendung allerdings, die Selbstentfremdung des Arbeitenden, letztlich: das Schwinden des ‹Klassenbewußtseins›, hat offenbar selbst zur historischen Lebensverlängerung einer Gesellschaftsordnung beigetragen, die ‹aufzuheben› Marx als die große Aufgabe des seiner Lage innewerdenden Proletariats angesehen hat.

6. Grenznutzen- und Grenzproduktivitätstheorie

Die vehemente Sozialkritik, das Auftreten des wissenschaftlichen Sozialismus, die Organisierung der arbeitenden Klassen zum Kampf gegen das Gesellschaftssystem hat die herrschende ökonomische Theorie nicht unberührt gelassen. Mit der *Grenznutzenschule* (Karl *Menger*, Eugen v. *Böhm-Bawerk*, Friedrich v. *Wieser* in Österreich, Will. St. *Jevons* in England, Léon *Walras* im französischen Sprachraum), die mit der so fatal konsequenzenreich gewordenen Arbeitswerttheorie radikal brach und das Marktgeschehen vordergründig aus den Wünschen und Präferenzen der Einzelverbraucher herleitete, ist die Nationalökonomie in die historische Etappe einer immer weitergreifenden *Ideologisierung* eingetreten. Das Bestreben ist nun unverkennbar, nicht nur Einzelergebnisse der bisherigen Lehren, sondern vielmehr den Gegenstand des sozialen Anstoßes selbst der Kritik zu entziehen. Das hat eine tiefgreifende Entstellung der einfachsten Grundsachverhalte – bis in eine irreführende Begriffswahl hinein – zur Folge gehabt und zur schließlichen Auflösung von ökonomischer Theorie überhaupt geführt.

Nach dem Haupttheorem der Grenznutzenlehre sinkt bei steigendem Gutsvorrat der ‹Wert›, den der Einzelverbraucher jeder neu hinzukommenden Gutseinheit für seine Bedürfnisstillung beimißt. Ebenso wie Robinson seine beschränkte Arbeitskraft, so wird auch ein Verbraucher sein jeweils beschränktes Einkommen im Sinne eines allgemeinen ‹Ausgleichs› der subjektiven ‹Grenznutzen› verausgaben, die ihm die verschiedenen ‹Güter› verschaffen. (Erstes und zweites *Gossensches Gesetz.*) – Auf dem Markt bestimmen die Nutzenvorstellungen der ‹letzten› noch zum Zug kommenden Anbieter und Nachfrager den Preis des gesamten Gütervorrats. (*Böhm-Bawerks* «Gesetz der Grenzpaare».) – Die Beweisführung ist offensichtlich eine petitio principii, da sowohl die Grenznutzenvorstellungen der Einzelverbraucher als auch das ‹Grenzpaar› am Markt nur ermittelt werden können, wenn die Preise der respektiven ‹Güter› schon feststehen.

Von den Nutzenerwägungen individueller Verbraucher war offenbar nur auf einem recht weitläufigen Wege (über die ‹Zurechnungstheorie›) auf die Bildung der Löhne, der Gewinneinkommen, der Zinssätze zu kommen. Zur Theorie des wirtschaftlichen Gesamtprozesses, des Konjunktur-

geschehens hat die Grenznutzenschule von ihrem subjektivistischen Ansatz aus so gut wie nichts beisteuern können.
Hier ist die *Grenzproduktivitätstheorie* in die Bresche gesprungen (John B. *Clark* in den USA, Phil. *Wicksteed* in England), wonach kraft der dem freien Markte selbst innewohnenden Gesetzlichkeit ein jeder ‹Faktor› (‹das Kapital›, ‹die Arbeit›, ‹der Boden›) nach Maßgabe seines *Grenzbeitrags* zum gemeinsamen Produkt entgolten wird. (Zur Lehre von den ‹Produktionsfaktoren› vgl. oben, S. 20, sowie S. 133 f.) Eine Auffassung, auf die weithin die gleiche Kritik wie auf die Grenznutzenlehre zutrifft und die im übrigen wie geschaffen war, die ideologische Grundlage der neueren Strategie sozialer *‹Partnerschaft›* abzugeben.

7. Die Weltwirtschaftskrise und Keynes

Daß gesellschaftliche Bedürfnisse die treibende Kraft auch der ökonomischen Lehrentwicklungen sind, hat sich erneut in der *Weltwirtschaftskrise* gezeigt, die in ihrem bis dahin unbekannten Umfang, ihrer Tiefe und Dauer, ihrer vollständigen Erschütterung des gesellschaftlichen Systems alles Vertrauen in eine harmonische Selbststeuerung der Wirtschaftskräfte zunichte machte. – In der Weltwirtschaftskrise brach in Wahrheit die *Strukturkrise* eines Systems auf, in welchem eine gehäufte Zahl von marktbeherrschenden Unternehmungen und Unternehmenszusammenschlüssen ein Konjunkturverhalten an den Tag legte, das von dem der früheren Zeiten relativ ungebundener Konkurrenz sehr abwich: Wenn bei wankender Konjunktur an Stelle einer entsprechenden Preissenkung die Produktion gedrosselt wird, damit die Preise durchgehalten werden können, so entfallen die Kräfte eines spontanen Wiederaufschwungs aus einer Wiederaufwertung der Kaufkraft nachgeordneter Wirtschaftszweige sowie der Endverbraucher; gleichzeitig schrumpft infolge von Beschäftigungs- und Einkommensausfall die Nachfrage, vor allem der Letztkonsumenten, weiter (vgl. oben, S. 91 f.).
Aus dieser verzweifelten Lage gab es nur einen Ausweg, um das Wirtschaftssystem zu retten, ohne gleichzeitig seine Machtstruktur anzutasten: die ständige Schaffung von zusätzlicher Kaufkraft (= Nachfrage) auf dem Wege staatsfinanzierter Investitionen, deren Produkt gleichzeitig nicht das kreislaufwirksame Marktangebot mehrt. Diese Bedingung erfüllt die *Rüstungsproduktion* in exemplarischer Weise. Die ‹eingebaute›, staatsvermittelte, institutionalisierte Inflation ist mittlerweile zur unentbehrlichen Konjunkturstütze unter den Bedingungen der monopolistischen Konkurrenz geworden.
John Maynard *Keynes* ist es zuzuschreiben, ein derartiges wirtschaftspolitisches Konzept entwickelt und es gleichzeitig mit einer theoretischen Deutung der strukturellen Krise seiner Tage abgedeckt zu haben, welche

eine Möglichkeit des Eingreifens erkennen ließ, ohne doch die wirklichen Gründe des großen weltwirtschaftlichen Desasters bloßzulegen.

1. *Sinkender Hang zum Verbrauch*

In der *‹Allgemeinen Theorie der Beschäftigung, des Zinses und des Geldes›* (1936) von Keynes erscheint
1. die tatsächliche massenhafte Unterkonsumtion (richtiger: Unternachfrage nach Konsumgütern) umgedeutet in eine Art von gewollten Verbraucherstreik: Mit wachsendem Einkommen pflegt Keynes zufolge der Einzelhaushalt einen wachsenden Teil seines Einkommens nicht zu verausgaben, sondern zu ‹sparen›. Diese Regel nimmt Keynes ohne weiteres auch für die Wirtschaftsgesellschaft als ganze in Anspruch: Mit steigendem Volkseinkommen nimmt der Verbrauch nicht im gleichen Maße zu, es wächst die Quote der Einkommensersparnis. *(Sinkender Hang zum Verbrauch.)*

2. *Steigende Liquiditätsvorliebe*

Wenn die Endnachfrage ungenügend ist, so muß selbstverständlich schon aus diesem Grunde die Kapitalakkumulation als ganze ins Stocken kommen. Bei Keynes nimmt dieser Vorgang, der auf einem weitläufigen Wege gedeutet wird, wiederum die Form eines freien Entschlusses der Wirtschaftssubjekte an, der sich aus ihrer besonderen Mentalität herleitet: zunächst aus der ‹Vorliebe› der ‹sparenden› Geldbesitzer, einen Großteil der nicht verausgabten Einkommen gleichzeitig auch nicht auf dem Kreditweg den ‹Investoren› zur Verfügung zu stellen, sondern ihre Geldbestände (hauptsächlich aus spekulativen Gründen) in flüssiger, jederzeit greifbarer Form zu horten. *(Steigende ‹Liquiditätsvorliebe›.)* Dem Verbraucherstreik tritt eine Art von ‹Sparer›-Streik zur Seite.

3. *Sinkende Investitionsneigung*

Die so bedingte Verknappung von angebotenen Kreditmitteln hindert den *Leihzins* daran, ausreichend zu sinken. Der Vergleich zwischen dem für die Inanspruchnahme fremder Mittel zu zahlenden Zins und dem mit Hilfe des Kredits mutmaßlich zu erwirtschaftenden Gewinn (‹Grenzleistungsfähigkeit des Kapitals›) entmutigt die Investoren (von denen Keynes sehr entgegen den wirklichen Verhältnissen annimmt, daß sie samt und sonders zur Erweiterung ihrer Geschäftsgrundlagen auf fremde Mittel angewiesen sind). Die Investoren sehen infolgedessen keinen Anlaß, ihre Produktion im wünschenswerten Umfang auszudehnen. (*Sinkende ‹Investitionsneigung›.*) So kommt es, daß zu einer ungenügenden Nachfrage nach Konsumgütern eine unzureichende Nachfrage nach Investitionsgütern tritt und die Gesamtwirtschaft in *Stagnation* überzugehen neigt.

Sinkender ‹Hang zum Verbrauch›, steigende ‹Liquiditätsvorliebe› und nachlassende ‹Investitionsneigung› sind also die drei Grundsachverhalte, auf die Keynes die strukturelle Akkumulationskrise seiner Zeit zurückgeführt hat. Die wirklichen Verhältnisse erfahren hierbei eine Umbiegung ins Voluntaristische: An die Stelle eines *Nichtkönnens* tritt ein *Nichtwollen* der Wirtschaftssubjekte.

Notwendigkeit staatsvermittelter Kapitalbildung

Um diese Lage zu überwinden, muß offenbar der Staat Bedingungen setzen, welche die Verhaltensneigungen der Wirtschaftsbeteiligten ändern: Er selbst muß gewissermaßen als Ersatznachfrager in die Marktlücke treten; wobei er auf dem Wege gewollter Haushaltsüberschreitungen (*«Deficit Spending»*), im Verein mit Bar- und Giralgeldschöpfung durch Notenbank und Geschäftsbanken (vgl. oben, S. 82) zusätzliche Geldkaufkraft in Kreislauf treten läßt. Hierdurch wird das Kreditangebot verflüssigt und ein Druck auf den Zinssatz ausgeübt (*‹Politik des billigen Geldes›*). Auf dem Wege einander steigender Wechselwirkungen von Einkommensvermehrung und Investitionsimpulsen (*‹Multiplikator›* und *‹Akzelerator›*) soll schließlich der Teufelskreis einer strukturellen Unterakkumulation bei gleichzeitiger Unternachfrage durchbrochen werden. So sehr in der Folgezeit die von Keynes empfohlene Politik einer fortgesetzten Konjunkturstimulierung mit inflationären Mitteln zum festen Bestand der öffentlichen Wirtschaftspolitik in allen führenden Ländern unseres Systems geworden ist, so wenig will man sich allerdings zu einer solchen Politik als einer *strukturnotwendigen* bekennen. Und so sehr die Lehre von Keynes (und anderen) praktische Folgen hatte, so sehr ist die einst gefeierte ‹allgemeine› Theorie, die Keynes hierfür bereitgestellt hat, mittlerweile (berechtigtermaßen) angefochten worden.

8. Allgemeine Merkmale der Wirtschaftslehre seit Keynes

Bei alledem sind von der Lehre eines Keynes nachhaltige Wirkungen auf die ökonomische Denkhaltung der Späteren (unter Einschluß selbst seiner Kritiker) ausgegangen. Bei allem beträchtlichen Unterschied in den Einzelaussagen sind der neueren ökonomischen Lehre dennoch einige Grundhaltungen mehr oder minder gemeinsam:

1. Objektive Sachverhalte werden auf gehäufte individuelle *Verhaltensneigungen* zurückgeführt. In Gestalt eines solchen *Voluntarismus* wirkt auch die ‹psychologisierende› Grenznutzenlehre von einst heute nach.

2. Die Entschlüsse der Wirtschaftsbeteiligten erscheinen als determinierbar. Ein berechenbarer Zusammenhang zwischen Änderungen im ‹Daten-

kranz› und der Reaktion einer Mehrzahl der Wirtschaftssubjekte wird angenommen. Der Wirtschaftsprozeß als ganzer erscheint als eine Art von kybernetischem Regelkreis schaltbarer Verhaltensweisen der Wirtschaftstätigen. In dieser Form wiederholt sich die wirkliche Machtordnung des Wirtschaftslebens, die Teilung des ökonomischen Feldes in ‹unabhängig› und ‹abhängig› Handelnde; wobei die einen – unter Einschluß der Staatsgewalt – die Umstände *setzen*, auf welche die anderen *reagieren*.

3. Dem angenommenen mechanischen Wirkungszusammenhang zwischen wirtschaftlichen Faktoren entspricht das Arbeiten mit ‹Modellen›, die, in einer mathematischen Symbolsprache entworfen, nur noch der Umformung im Sinne eines ‹relationistischen Kalküls› unterliegen, dagegen der eigentlichen Kausalerklärung der gemeinten Wirklichkeit ebenso wie einer kritischen Untersuchung der in die starre Formelsprache eingegangenen ökonomischen Grundkategorien sich sperren. Die Neigung zu einem *konstruktivistischen Formalismus* ist unverkennbar. Er hat die mit theoretischem Anspruch auftretende Ökonomie mittlerweile zu einem exklusiven Spiel für Eingeweihte gemacht, während um sie herum eine gänzlich theorielose flach-beschreibende und höchst spezialistische Detailforschung sich eingerichtet hat. Die Ökonomie, längst bis in die elementaren Begriffe hinein ideologisiert, ist offensichtlich in die Verhältnisse der genügsamen ‹einfachen Reproduktion› ihrer selbst eingetreten.

LITERATUR: Gerhard *Stavenhagen*: Geschichte der Wirtschaftstheorie, 3. Aufl., Göttingen 1964 – Edgar *Salin*: Politische Ökonomie. Geschichte der wirtschaftspolitischen Ideen von Platon bis zur Gegenwart, 5. Aufl. Tübingen–Zürich 1967 – Charles *Gide* und Charles *Rist*: Geschichte der volkswirtschaftlichen Lehrmeinungen, a. d. Franz., 3. Aufl. Jena 1923 – Werner *Stark*: Die Geschichte der Volkswirtschaftslehre in ihrer Beziehung zur sozialen Entwicklung, a. d. Am., Dordrecht 1960 – Kurt *Schilling*: Geschichte der sozialen Ideen, 2. Aufl. Stuttgart 1966 – L. J. *Zimmermann*: Geschichte der theoretischen Volkswirtschaftslehre, a. d. Niederl., Köln 1961 – Joan *Robinson*: Doktrinen der Wirtschaftswissenschaft. Eine Auseinandersetzung mit ihren Grundgedanken und Ideologien, a. d. Engl. 2. Aufl. München 1968 – Claudio *Napoleoni*: Grundzüge der modernen ökonomischen Theorien, a. d. It. Ed. Suhrkamp Nr. 244, Frankfurt 1968 – Werner *Hofmann*: Ideengeschichte der sozialen Bewegung des 19. und 20. Jahrhunderts, 2. Aufl. Berlin 1968 (Göschen) – Friedrich *Jonas*: Geschichte der Soziologie, Bd. I–IV (rowohlts deutsche enzyklopädie Nr. 302–309) Reinbek 1968/69.

Der Studierte . . .

Natürlich weiß er über alles, was mit Geld zusammenhängt, genau Bescheid, nicht umsonst war er drei Semester lang stud. rer. pol. Aber so ganz privat als Sparer kommt er sich mitunter vor wie ein Metzger beim Jahresbankett der Vegetarischen Gesellschaft. Er kann sich nicht einfach, wie jeder andere, ein paar Wertpapiere kaufen und sich der Zinsen freuen, nein, er weiß ja mehr! Eigentlich spart er nämlich nicht, er gibt seiner Bank einen Kredit, er verzichtet auf Konsum, nun ja, nicht so direkt, aber eigentlich doch, wenigstens theoretisch. Und indem er spart, also weniger Geld ausgibt, werden weniger Produkte abgesetzt, die Preise fallen, die Gewinne werden kleiner, die Investitionen sinken, die Konjunktur flaut ab, Kurzarbeit, Arbeitslosigkeit, weniger Geld, und dann kann er überhaupt nicht mehr sparen! Kann er es sich unter diesen Umständen eigentlich leisten zu sparen? Darf er, der über die Zusammenhänge Bescheid weiß, so verantwortungslos sein und sein Übriges auf die hohe Kante legen?

Aber andererseits: Wenn er spart, dämpft er die ohnehin genug erhitzte Konjunktur, private Restriktionsmaßnahme sozusagen, und später kann er dann mehr ausgeben, vielleicht gerade dann, wenn unsere Wirtschaft es nötiger hätte als heute. Wer weiß schon, was in zwanzig Jahren sein wird! Wäre es nicht gerade verantwortungslos, nicht zu sparen? O Keynes, steh ihm bei!

Sparen, was ist das überhaupt, theoretisch? Sprach nicht Fritz Voigt von der Variationsbreite des Begriffes Sparen? Und hat nicht schon Sombart erkannt, daß über das Sparen ganze Bibliotheken vollgeschrieben wurden? Eigentlich ist Sparen ja schon recht und gut, aber zuviel sparen ist ebenso schlecht und ungut wie zuwenig sparen. Und so hetzt er heute, nach der Lektüre der Wirtschaftszeitung, zur Bank, um sein Geld abzuheben und der Wirtschaft zu Umsätzen zu verhelfen; und morgen beschränkt er sich wieder aufs äußerste und spart auf Marx komm raus, um der Wirtschaft zu Krediten zu verhelfen. Heute ist er unsicher wie ein Schnapsfabrikant nach dem Besuch einer Trinkerheilanstalt, morgen wieder so eifrig und besessen in seiner Erkenntnis wie ein Straßenverkäufer sektiererischer Schriften ...

Natürlich gibt es auch andere, die sparen und verbrauchen nicht so bewußt, die verhalten sich nicht antizyklisch, die sparen einfach, wenn's geht, und sparen nicht, wenn's nicht geht, ganz unwissenschaftlich, ohne Rücksicht auf die Gesamtwirtschaft. Die schlafen meist auch besser.

Pfandbrief und Kommunalobligation · Wertpapiere mit hohen Zinsen · Für jeden Sparer · Ab 100 DM bei Banken und Sparkassen

Verbriefte Sicherheit

Vierter Teil
Die sozialistische Gesellschaft

A. GRUNDMERKMALE

1. Sozialismus, Kommunismus, ‹Totalitarismus›

Als sozialistisch ist eine ihrem Wesen nach *herrschaftsfreie*, also *klassenlose* Gesellschaft zu verstehen.

Eine solche sozialistische Ordnung, die nach Auffassung der hier maßgeblichen Begründer des ‹wissenschaftlichen Sozialismus› noch mit gewissen ‹Muttermalen› der überwundenen Klassengesellschaft behaftet ist – Fortbestehen von ‹Warenproduktion›, Fortexistenz des Staates –, soll sich zur höheren Ordnung des *Kommunismus* fortentwickeln. Dessen Hauptkennzeichen sind: Aufhebung der Ware-Geld-Beziehungen und freie Bedürfnisbefriedigung, Überwindung der gesellschaftlichen Arbeitsteilung, volle Angleichung zwischen Stadt und Land, Aufgehen des Staates in der sich selbst verwaltenden «Assoziation freier Produzenten» (Marx), Überwindung des Unterschiedes zwischen den klassenlosen Nationen und Völkerschaften.

Bei der Bestimmung des Inhalts einer sozialistischen wie einer kommunistischen Gesellschaft ist natürlich von den sehr bestimmten Zielvorstellungen des wissenschaftlichen Sozialismus selbst auszugehen; der Gebrauch der Begriffe ist nicht ins persönliche Belieben gestellt.

Für die sozialistische Ordnung wird die oben (S. 29 ff.) getroffene strikte Unterscheidung von ‹Herrschaft› und ‹Macht› von Bedeutung. Eine objektiv herrschaftsfreie Gesellschaft, der also das Merkmal der Aneignung fremder Arbeit fehlt, kann gleichzeitig extrem machtgeordnet sein, wie dies die Epoche des Stalinismus in der Sowjetunion und in anderen Ländern bezeugt hat. – Ganz ungeeignet für das Verständnis einer uns fremden Ordnung ist natürlich der Grad von Erfreulichkeit oder Unerfreulichkeit der jeweiligen Lebensbedingungen, die sie bietet. Der wissenschaftlichen Deutung und Beurteilung unterliegt vielmehr der in der objektiven Natur eines Sozialsystems angelegte historische Entwicklungsspielraum und die erkennbare Entwicklungs*tendenz* der Gesellschaft; und nach dem Grad, in dem eine Gesellschaft ihre eigenen Möglichkeiten verwirklicht, ist sie schließlich zu beurteilen.

Es ist daher wissenschaftlich unvertretbar, und es zeugt von gänzlicher Verkennung der inhaltlichen Grundunterschiede von Gesellschaftsordnungen, wenn unter dem Oberbegriff von *‹Totalitarismus›* einander so vollständig entgegengesetzte Systeme wie ‹Kommunismus› (oder auch: Stalinismus) und Nationalsozialismus (oder Faschismus) zusammengefaßt und miteinander vergleichbar gemacht werden. Die Spätform einer bürgerlich-kapitalistischen Ordnung unterscheidet sich von der historisch sehr bestimmten und unwiederholbaren Frühform einer unentwickelten sozialistischen Gesellschaft ihrem Inhalt nach ebenso gründlich wie der

Typus einer gesellschaftlichen *Beharrungsdiktatur* von dem einer historischen *Erziehungsdiktatur.*

2. Unterschied von gemeinwirtschaftlicher und erwerbswirtschaftlicher Ordnung

Alle Deutung verschiedenartiger Gesellschaftsformationen geht in die Irre und muß zu schwerwiegenden Fehleinschätzungen führen, die deren elementaren Unterschied in den äußeren Verkehrsformen oder Machtstrukturen erblickt. Der wirkliche Kontrast der beiden großen rivalisierenden Weltsysteme von heute – die in sich selbstverständlich keine geschlossene Einheit darstellen – kann weder durch Gegenüberstellung von ‹Markt-› oder ‹Verkehrswirtschaft› und ‹Plan-› oder ‹Zentralverwaltungswirtschaft› noch in der von ‹Freiheit› und ‹Zwang›, von ‹Individualismus› und ‹Kollektivismus› angemessen wiedergegeben werden. Die Entwicklung einer Reihe sozialistischer Länder in der Zeit nach Stalin hat deutlich gemacht, daß Umstände, die einmal zum Wesen einer sozialistischen Gesellschaftsordnung zu gehören schienen, zurücktreten, wenn ihre geschichtlichen Bedingungen schwinden. Wenn innerhalb unseres eigenen Ordnungssystems eingestandenermaßen die Neigung zur individuellen Verhaltensangleichung, zum ‹Konformismus› um sich greift, so wird die Gegenüberstellung von ‹Individualismus› und ‹Kollektivismus› offenbar ebenso fragwürdig wie die Unterscheidung der Gesellschaftssysteme nach dem Kriterium von ‹Markt› und ‹Plan› bei wachsendem Planungsbedürfnis auch einer gewinnorientierten Wirtschaft auf der einen Seite und der Lockerung des starr-zentralistischen Planungssystems in verschiedenen sozialistischen Ländern andererseits. Immer bleibt bei der mittlerweile eingetretenen Annäherung der *Formen* einer Steuerung des Wirtschaftsverkehrs entscheidend, für *wen* – auch: *durch* wen – und mit welcher *Zielsetzung* geplant wird. Auch die Gestaltung sozialistischer Wirtschaftsbeziehungen unterliegt offenbar Bedingungen der Zweckmäßigkeit, des Bedürfnisses; sie hängt letztlich ab vom geschichtlichen Reifegrad einer Wirtschaftsgesellschaft.

Selbstverständlich muß hierbei jede expandierende Volkswirtschaft einen Teil ihres Sozialprodukts wie ihres Volkseinkommens zur Erweiterung ihrer Produktionsgrundlagen verfügbar machen; allerdings nimmt dieser Vorgang in einer gemeinwirtschaftlich organisierten Gesellschaft nicht den Charakter von *Kapitalakkumulation* an. Selbstverständlich muß auch jede Volkswirtschaft, die nicht unter Bedingungen des Güterüberflusses steht, sich des *Geldes* – und daher auch der Preis- und Lohnbildung – als eines ‹Zuteilungs-›, Rechen- und Lenkungsmittels bedienen; auch eine sozialistische Planung sucht sich Rechenschaft über den wirtschaftlichen Erfolg zu geben, indem sie geplante und erzielte ‹Gewinne› als Indiz der

Wertschöpfung ihrer Wirtschaftseinheiten einander gegenüberstellt; sie muß zwischen verschiedenen Investitionsalternativen die vorteilhafteste wählen. Bei alledem liegt der fundamentale Unterschied zum erwerbswirtschaftlichen System darin, daß Ziel aller Wirtschaftsentscheidungen nicht der betriebliche Gelderfolg, der höchstmögliche Kapitalgewinn ist, sondern vielmehr der größtmögliche, auf bewußte gesellschaftliche Entscheidungen zurückgehende Güterertrag für die Gesamtwirtschaft. Im Unterschied zu der Renditenorientierung der Träger des privaten Erwerbs – und einer auf sie bezogenen öffentlichen Wirtschaftspolitik – steht alle sozialistische Planung unter *güterwirtschaftlichen* Zielvorstellungen. Dies wird sinnfällig darin, daß gesellschaftlich unnütze, nicht der menschlichen Bedürfnisstillung oder der Erweiterung der Wirtschaftsgrundlagen dienende Erzeugung (Beispiel: Rüstungsproduktion) in einer Gemeinwirtschaft ein wirkliches Unglück, ein Verlust an gesellschaftlichen Produktivkräften ist, während sich innerhalb einer Erwerbsgesellschaft an sie erfahrungsgemäß Interessentenwünsche heften. Das Prinzip der Rendite ist seinem Inhalt nach gleichgültig gegenüber der Natur der Erzeugnisse, deren Produktion und Verkauf die Verwertung des Kapitals vermitteln; so daß es als vorteilhaft erscheinen kann, unter bestimmten Umständen die Produktion herabzusetzen oder Waren durch Vernichtung dem Markt zu entziehen. – Infolge des fundamentalen Unterschieds der Wirtschaftsmotive, der Ziele und der ökonomischen Orientierung gehört auch die bekannte Erscheinung umfassender *Wirtschaftskrisen,* einer mehr oder minder allgemeinen Überproduktion, nur dem *erwerbswirtschaftlichen* System an – bei allen Mängeln und Reibungsverlusten, denen auch eine sozialistische Planung unterliegen kann.
Es ist nach alledem offensichtlich mißleitend, in der gegenwärtigen Entwicklung elastischerer Methoden gemeinwirtschaftlicher Planung, in der vergrößerten Orientierungs- und Signalfunktion, welche dem Betriebsgewinn, im Verein mit der ‹wirtschaftlichen Rechnungsführung›, dem System der ‹ökonomischen Hebel› dem ‹Prinzip der materiellen Interessiertheit› eingeräumt wird – mit allem, was dies in sich schließt: Vertragssystem, Planpreisbildung unter Mitwirkung der Betriebe selbst, usw. – eine ‹Liberalisierung› des Systems im Sinne seiner unvermeidlichen Annäherung an die Erwerbswirtschaft, einer Rehabilitierung des privaten Gewinnstrebens erblicken zu wollen. Von einer solchen könnte nur im Verein mit einer gesamtgesellschaftlichen Umbildung (Wiederherstellung eines herrschenden Erwerbsbürgertums) gesprochen werden.
In allen Fehldeutungen der bezeichneten Art zeigt sich immer wieder die Projektion von Vorstellungen, die der eigenen gesellschaftlichen Welt entsprungen sind, auf eine fremde, ganz anderen Gesetzen folgende Ordnung.

B. SOZIALISTISCHE REVOLUTION UND KLASSENLOSE GESELLSCHAFT IN DER AUFFASSUNG DES KLASSISCHEN MARXISMUS UND IN DER KOMMUNISTISCHEN LEHRE VON HEUTE

1. Der Weg zur klassenlosen Gesellschaft

Die von der kommunistischen Weltbewegung heute wie ehedem für notwendig erklärte *Umwälzung der kapitalistischen Gesellschaft* stellt sich folgendermaßen dar:

1. Nach *Marx* und *Engels* ist sie das Werk des Proletariats – des städtischen wie des agrarischen –; in der Sicht des neueren Weltkommunismus (immer: sowjetischer Observanz) ist sie die Sache der arbeitenden Klasse *im Bündnis* mit nichtkapitalistischen Schichten, nach Möglichkeit auch mit nichtmonopolistischen Gruppen des Erwerbsbürgertums (‹Volksfront› bzw. ‹nationale Front›).

2. Den Vätern des wissenschaftlichen Sozialismus zufolge ergreift die revolutionäre Klasse zunächst die Staatsmacht und gestaltet diese nach ihren Prinzipien um; sie vollzieht die wirtschaftliche «Expropriation der Expropriateure». – Nach neuerer Auffassung und nach dem Beispiel der europäischen und asiatischen Volksrepubliken muß die politische Machtergreifung nicht, wie in der Sowjetgesellschaft, zur sofortigen Ersetzung des überkommenen Staatsapparats durch alleinregierende Räte, zu einem Einparteisystem u. a. führen. Was die Vergesellschaftung der Produktionsmittel angeht, so muß sie nicht schlagartig und umfassend erfolgen; dies entspricht der Strategie eines zeitweiligen Bündnisses auch mit der ‹nationalen› Kleinbourgeoisie.

3. Die Umwälzung ist nach der Erwartung von *Marx* und *Engels* ein mehr oder minder gewaltsamer Akt, nach der heutigen kommunistischen Lehre *kann* sie ein unter Umständen auch auf parlamentarischem Weg sich vollziehender *Prozeß* sukzessiver Machterweiterung der arbeitenden Schichten und ihrer ‹Verbündeten› sein.

4. Nach *Marx* und *Engels* ergreift die Revolution zunächst die ökonomisch fortgeschrittensten Länder. Nach der Lehre *Lenins* und der Neueren hingegen kann die Kette des imperialistisch gewordenen kapitalistischen Weltsystems am ‹schwächsten Kettenglied› zuerst reißen, wie im autokratisch-rückständigen zaristischen Rußland 1917, in einzelnen unterentwickelten Ländern der Welt von heute.

5. Der Umbruch geschieht in mehreren Ländern mehr oder weniger gleichzeitig. – Nach heutiger Auffassung stellt sie einen Prozeß dar, den infolge der ‹ungleichmäßigen Entwicklung› der Weltgesellschaft ein Land nach dem anderen für sich selbst, wenn auch etwa unter dem flankierenden Schutz des sozialistischen ‹Weltsystems›, vollzieht.

2a. Diktatur des Proletariats: der klassische Marxismus

Auf die proletarische Machtergreifung folgt nach Auffassung des klassischen Marxismus notwendigerweise eine Übergangsphase der ‹proletarischen Diktatur›. Hierbei ist, im Unterschied zu allen geschichtlich vorangegangenen Diktaturen, die des Proletariats
1. erstmals ‹Herrschaft› der Mehrheit über die Minderheit;
2. ‹Herrschaft› der arbeitenden über die aneignende Klasse; und infolge beider Umstände
3. von geschichtlich notwendigerweise transitorischem Charakter. Sie entfällt, wenn ihre Funktionen erfüllt sind, nämlich:
a) Niederhaltung der gestürzten Klasse bis zu deren Aufgehen in der Gesellschaft der Arbeitenden;
b) Sicherung des neuen Gemeinwesens nach außen.
c) Im *Innenverhältnis* der Produzenten entwickelt die Diktatur des Proletariats nach der Erwartung des klassischen Marxismus sofort die umfassende und fortschreitende Demokratie, im Sinne einer immer vollständigeren Selbstverwaltung der neuen Produzentengesellschaft.

2b. Diktatur des Proletariats: neuere Auffassungen

Auch die Lehre von der Diktatur des Proletariats hat nach dem Zweiten Weltkrieg Modifikationen erfahren, als Folge neuer Umstände und deren Verarbeitung in der kommunistischen Gesellschaftsstrategie:
1. Die Bildung von ‹Volksdemokratien› führte zu einem neuen Typus von ‹Diktatur› des Proletariats im Verein mit den ‹verbündeten› Gesellschaftsschichten und ihren politischen Exponenten. (Eine Abwandlung hierzu stellt *Mao Tse-tungs* ‹Diktatur der Volksdemokratie› dar.)
2. Für die kapitalistischen Länder wird, seit dem Einschwenken der kommunistischen Bewegung in die Volksfrontpolitik (Mitte der dreißiger Jahre), geltend gemacht, daß im Zeichen der Sammlung aller ‹demokratischen› Kräfte gegen faschistische Diktaturgelüste der Reaktion sich ein *sukzessiver* Machtübergang innerhalb des parlamentarischen Systems selbst vollziehen kann.
3. Die zugleich nationale und soziale Befreiungsbewegung in den Ländern der dritten Welt kann nach neuerer Auffassung dazu führen, daß Staaten der ‹nationalen Demokratie› (Beispiel: Vereinigte Arabische Republik) gewisse Funktionen der ‹proletarischen Diktatur› übernehmen.

3. Sozialistische und kommunistische Gesellschaft

Mit dem *Sozialismus* hat die Produzentenordnung die Stufe der klassenlosen Gesellschaft erreicht. Die Diktatur des Proletariats ist, soweit sie auf Niederhaltung der entmachteten Gesellschaftsteile gerichtet war, beendet. (Unter den Bedingungen des Fortbestandes einer kapitalistischen Umwelt bleibt allerdings die Schutzfunktion nach außen offenbar erhalten.) – Die sozialistische Gesellschaft ist bei alledem (auch nach den Erwartungen von Marx) noch mit gewissen institutionellen und bewußtseinsmäßigen Resten der alten Gesellschaft behaftet (Ware-Geld-Beziehungen, Staat als besonderes Machtorgan der Gesellschaft, noch nicht volle Übereinstimmung aller individuellen mit den gesellschaftlichen Bedürfnissen, daher auch Fortbestehen gewisser formeller Rechtsbeziehungen). Die sozialistische Ordnung ist in sich weder gänzlich widerspruchsfrei noch etwa entwicklungslos. Allerdings sind die Widersprüche erklärtermaßen von nicht mehr ‹antagonistischer› Natur, nicht mehr (direkte oder abgeleitete) Klassenkonflikte; sie sind daher friedlich schlichtbar. Auch schreitet die sozialistische Gesellschaft auf dem Wege bewußter und zielstrebiger Entwicklung zum *Kommunismus* fort, in welchem nach Beseitigung der gesellschaftlichen Klassenteilung auch deren allgemeine geschichtliche Voraussetzungen entfallen sollen: allem voran der ökonomische Mangel, aber auch die Arbeitsteilung, und mit ihr die Trennung von Intelligenz und Handarbeit, ferner die Scheidung von Stadt und Land, die feindliche Absonderung der Völker und Nationen, die Existenz der Staatsmacht als eines Organs gesellschaftlicher Unterdrückung. An die Stelle der «Herrschaft über Menschen» tritt der Erwartung nach die «Verwaltung von Sachen», d. h. die vernunftgeordnete Selbstverwaltung der Gesellschaft, sowie die freie allseitige Entfaltung gesellschaftlicher Individuen.

Es leuchtet ein, daß eine so verstandene klassenlose Gesellschaft nur nach ihren eigenen Kriterien und Zielvorstellungen gewertet werden kann, nicht nach den besonderen Maßstäben einer Ordnung, als deren Gegenbild sie sich versteht. Mit der Elle des in Westeuropa geschichtlich entwickelten Verfassungsstaates, der bürgerlichen Rechtsverhältnisse, des unserer Ordnung eigenen Geistes der Privatinteressen und der gesellschaftlichen Absonderung ist offenbar der fremden Welt nicht beizukommen. Eine sozialistische Gesellschaft ist vielmehr zu messen an den erklärten Zielsetzungen des theoretischen Marxismus, auf den sie sich beruft, sowie an den objektiven geschichtlichen Möglichkeiten, über die sie jeweils verfügt, um diese ihre selbstgesetzten Ziele zu erreichen. Daß, so betrachtet, auch die Entwicklung einer objektiv klassenlosen Ordnung unter bestimmten Umständen keineswegs problemlos und geradlinig verläuft, bezeugt die eine ganze geschichtliche Epoche füllende Erscheinung des Stalinismus.

C. DER STALINISMUS: INHALT, HERAUFKUNFT UND ÜBERWINDUNG

1. Inhalt des Stalinismus

Unter Stalinismus soll verstanden werden eine extreme – das heißt *über* das durch die Umstände nahegelegte ‹notwendige› Maß hinausgetriebene – *Machtgestaltung* der Verhältnisse einer Produzentengesellschaft, welche sich bestimmten geschichtlich besonderen Bedingungen ihrer Entwicklung gegenüberfindet.
Der Stalinismus kann also nur gedeutet werden als eine historische Erscheinung auf der Grundlage der *objektiven* Existenz einer *Produzentenmacht*. Dies bezeichnet den unverwechselbaren Inhalt des Stalinismus gegenüber allen Formen von faschistischem ‹Totalitarismus› und gibt den Blick frei für eine Erklärung der geschichtlichen Heraufkunft und schließlichen Überwindung des Stalinismus, in seinem Ausgangsland wie im Übertragungsraum.

2. Hauptkennzeichen

Als Hauptkennzeichen des Stalinismus dürfen folgende Momente angesehen werden:
1. Zeitweilige relative Verselbständigung der Führer gegenüber den Geführten;
2. Allgemeine Verschiebung der Gewichte innerhalb des erklärten ‹demokratischen Zentralismus› zum Zentralismus hin, im Staatsleben wie innerhalb der Staatspartei, der Massenorganisationen usw.;
3. Verwandlung der Gewerkschaften in einseitige ‹Transmissionsriemen› des staatlichen Produktionsgeheißes, unter Hintanstellung ihrer Wohlfahrts- und Schutzfunktion;
4. Verunselbständigung der gesellschaftlich ‹Verbündeten› gegenüber den Exponenten der proletarischen Macht;
5. unmittelbares Hineinregieren der Staatspartei in die öffentliche Verwaltung des eigenen Landes, sowie der Exponenten der führenden Nation in die verbündeten Parteien und Regierungen anderer Länder;
6. Vergröberung und Entstellung des dialektischen Materialismus (z. B. in der Frage der ‹Parteilichkeit›).
In alledem bekundet sich ein rein opportunitäres Verhältnis zur Macht, die Wahllosigkeit in den Mitteln, wobei nur die unmittelbaren Erfolge, nicht die länger wirkenden Konsequenzen, etwa für die Bewußtseinsbildung der Beteiligten, zählen; die Neigung, alle Fragen übers Knie zu brechen – eine Haltung, die allerdings im Ausgangsland des Stalinismus in gewissen historischen Besonderheiten angelegt war.

3. Den Stalinismus begünstigende Umstände

Die Heraufkunft des Stalinismus in der frühen Sowjetgesellschaft wurde erleichtert – wenn auch keineswegs unausweichlich gemacht – durch eine Reihe historischer Umstände.

1. Vorangegangen war eine lange geschichtliche Sonderentwicklung Rußlands gegenüber Westeuropa, gekennzeichnet vor allem durch die mangelhafte Ausbildung einer bürgerlich-kapitalistischen Ordnung und das Fehlen einer parlamentarischen Tradition. Hinzu kam die anhaltende Unterdrückung der Arbeiterbewegung durch den Zarismus, wodurch die Bolschewiki zu konspirativer Tätigkeit genötigt wurden – mit entsprechender Tendenz zur Ausbildung straffer Führungsverhältnisse. Im Unterschied zu Westeuropa war auch die Unterordnung der halblegalen und schwach entwickelten Gewerkschaften unter die politische Führungsrolle der Partei eine Selbstverständlichkeit.

2. Der niedrige Grad der wirtschaftlichen und allgemein-kulturellen Entwicklung des Landes (Analphabetismus!) im Zeitpunkt der Revolution, die Zerrüttungen durch Krieg und Bürgerkrieg machten es notwendig, die wirtschaftlichen und gesellschaftlichen Grundlagen der erklärten proletarischen Produzentenmacht im Großen selbst erst zu legen – was die zeitweilige weitgehende Verselbständigung der Führer vom Volk und die Beseitigung der frühen Ansätze einer Führerkontrolle von unten sehr begünstigte.

3. Die Revolution in *einem* Lande – und daher auch der Zwang zum Aufbau des Sozialismus in *einem* Lande, inmitten einer feindseligen Umwelt (Intervention fremder Mächte in den russischen Bürgerkrieg, Machtergreifung Tschiang Kai-sheks in China 1927, Einfall Japans in die Mandschurei 1931, Heraufkunft faschistischer Regimes in Europa) führten zum Entschluß, die wirtschaftliche Entwicklung aufs äußerste zu beschleunigen und hatten eine außerordentliche ökonomische, militärische, gesamtkulturelle Kraftanstrengung zur Folge. So wird begreiflich, daß die in der Natur der Verhältnisse ohnehin angelegte *Erziehungsdiktatur* für lange Zeit durch exzessive stalinistische Machtentfaltung noch übergipfelt wurde.

4. Die Überwindung des Stalinismus

Wie die Heraufkunft, so ist auch das allmähliche Hinausschreiten über den Stalinismus seit 1953, in seinem Ausgangsland wie im osteuropäischen Übertragungsraum, aus objektiven Umständen zu erklären:

1. Der Erstaufbau der Industrie ist in der Sowjetunion – verzögert durch den Überfall Hitler-Deutschlands – sichtbar beendet: An die Stelle einer *extensiven* Nutzbarmachung produktiver Potenzen – verfügbarer Arbeits-

kraftreserven, vorhandener Ressourcen an landwirtschaftlich nutzbarem Areal, industrieller Erstaufbau – ist die *intensive* Fortentwicklung der Wirtschaft auf dem Wege systematischer Produktivitätssteigerung getreten; sie hat einen pfleglicheren Umgang auch mit dem menschlichen Arbeitsvermögen notwendig gemacht.
2. Als Ergebnis einer ungeheuren zivilisatorischen Revolution hat sich eine überwiegend bäuerliche, auf halbbarbarischer Stufe stehende Bevölkerung in eine hochqualifizierte, mit industriellen Arbeitsbedingungen vertraute Produzentenschaft in Stadt und Land verwandelt, die dem Zwang einer Erziehungsdiktatur entwachsen ist.
3. Infolge des Zweiten Weltkrieges ist die Isolierung der Sowjetunion gebrochen worden. Von den Ländern des sozialistischen Systems – sowie des ‹dritten Raumes› in der Welt von heute – sind selbst neue Impulse ausgegangen, welche die Anerkennung besonderer nationaler Wege zum Sozialismus nach sich gezogen haben.
4. Die Entwicklung nuklearer Waffen hat den Zwang zur Koexistenz mit sich gebracht und Ansätze einer Kommunikation zwischen den Ländern der rivalisierenden Weltsysteme entstehen lassen.
Unter solchen Umständen mußte das stalinistische Machtsystem sich als unverträglich mit der neuen Stufe der Entwicklung erweisen. – In ihrer gegenwärtigen Phase sind die sozialistischen Länder keineswegs problem- oder widerspruchslos; sie tragen ‹Muttermale› nicht nur der alten Gesellschaft, sondern auch ihrer eigenen jüngsten Geschichte noch an sich. Bei alledem aber ist heute schwer zu verkennen, daß der Stalinismus eine *geschichtlich transitorische Superstruktur* über Länder eines Gesellschaftstypus darstellt, der in seinem Wesen nicht zureichend als stalinistisch, sondern vielmehr als *sozialistisch* zu bestimmen ist. (Vgl. Leseanhang: *Sering, Deutscher, Hofmann* S. 141 ff.)

So müßte auch an der Wirklichkeit sozialistischer Länder eine Sichtweise scheitern, die den äußerlich faßbaren Erscheinungstypus einer gesellschaftlichen Ordnung mit deren elementarem Inhalt gleichsetzen wollte.

Literatur: Werner *Hofmann*: Ideengeschichte der sozialen Bewegung des 19. und 20. Jahrhunderts, 2. Aufl., Berlin 1968 (Sammlung Göschen). – Ders.: Wohin steuert die Sowjetwirtschaft? Zur Deutung der Sowjetgesellschaft von heute, Berlin 1955 – Ders.: Die Arbeitsverfassung der Sowjetunion, Berlin 1956 – Ders.: Stalinismus und Antikommunismus. Zur Soziologie des Ost-West-Konflikts, 2. Aufl. Frankfurt a. M. 1968 – Hans *Raupach*: Geschichte der Sowjetwirtschaft, rowohlts deutsche enzyklopädie Nr. 203/04, Reinbek 1964 – Ders.: System der Sowjetwirtschaft, rowohlts deutsche enzyklopädie Nr. 296/97, Reinbek 1968 – Ota *Šik*:

Plan und Markt im Sozialismus, Wien 1967 – Herbert *Marcuse*: Die Gesellschaftslehre des sowjetischen Marxismus, a. d. Am. (Soziolog. Texte Bd. 22), Neuwied–Berlin 1964 – Isaac *Deutscher*: Die unvollendete Revolution 1917–1967, a. d. Engl., Frankfurt a. M. 1967 – Chang *Tsung-tung*: Die chinesische Volkswirtschaft. Grundlagen – Organisation – Planung, Köln–Opladen 1965 – Max *Biehl*: Die chinesische Volksrepublik im «Großen Sprung» und danach, Hamburg 1965.

Leseanhang

Zum Klassenbegriff

RUDOLF HEBERLE: ‹Hauptprobleme der politischen Soziologie›, Stuttgart 1967.

«Unter Klassen verstehen wir soziale Kollektive oder ‹Samtschaften› von Personen in gleicher oder ähnlicher Klassenlage. Die Klassenlage eines Individuums ist bestimmt durch seine Stellung im System der Wirtschaft als Eigentümer bzw. Nichteigentümer der Produktionsmittel und die daraus sich ergebende Hauptquelle seines Einkommens, ob aus Grundeigentum, Kapital oder Arbeitskraft ... Alle anderen Eigenschaften der Klassen: Offenheit oder Geschlossenheit, ... Prestige-Status und politische Macht, Art und Inhalt des Klassenbewußtseins usw. bleiben in jedem konkreten Fall Gegenstand empirischer Untersuchung.» (S. 103)
«Nun ist der Begriff soziale Klasse in jüngster Zeit ganz schwankend geworden, vornehmlich unter dem Einfluß amerikanischer Soziologie. Die Verwirrung ist dadurch entstanden, daß man versucht hat, eine Reihe von Begleit- und Folgeerscheinungen der Klassenlage in behavioristischer Weise als wesentliche Kriterien in den Begriff ‹Klasse› hineinzunehmen. Dies ist vor allem der Fall in der von Lloyd Warner und seinen Anhängern propagierten ‹Klassentheorie›, nach der es in jeder der drei Klassen – upper, middle and lower – eine höhere und eine niedrigere gibt. Dieses Sechs-Klassen-Schema, das Warner ‹entdeckt› zu haben beansprucht, ist in Wirklichkeit ein Schema von Prestige-Schichten.» (S. 102)
«Wir verkennen keineswegs die Bedeutung anderer Faktoren politischen und sonstigen Gruppenverhaltens, wie z. B. die Bedeutung religiöser Gegensätze. Auch übersehen wir nicht, daß andere Tatbestände sozialer Schichtung von politischer Bedeutung sind, z. B. die Überbleibsel der Ständeordnung oder die in jüngerer Zeit entwickelten Unterschiede in sozialem Prestige.
Ich meine jedoch, die Theorie der sozialen Klassen sollte von der Voraussetzung ausgehen, daß es die Stellung eines Menschen als Produzent von Gütern und Dienstleistungen ist, die seine ‹Klassenlage› bestimmt.
Mir scheint, daß neuerdings in der Schichtungsforschung und bei der Entwicklung von Theorien über Schichtung zu viel Gewicht auf Konsumentengewohnheiten gelegt wird. Sicherlich ist für gewisse Zwecke ein Studium der ‹Schichten des Lebensstils›, wie man sie nennen könnte, von Bedeutung, aber ich protestiere dagegen, daß man diese mit Klassen identifiziert.» (S. 112)
Es gibt «in unserer Gesellschaft noch immer eine Arbeiterklasse, einerlei, ob die Arbeiter mittelklassenartige Häuser besitzen, Volkswagen und alte Opels fahren und dieselben Fernsehdarbietungen ansehen wie andere Leute. Denn solange die ‹Trennung des Arbeiters von den Produktionsmitteln› besteht, wird es den Interessenkonflikt geben zwischen dem Arbeitgeber, für den der Lohn Kosten darstellt, und dem Arbeiter, für den der Lohn sein Einkommen bedeutet. Dies ist der wesentliche Gegenstand in den Konflikten zwischen ‹Kapital› und ‹Arbeit›, der durch Arbeiterschutzgesetzgebung, Tarifverträge und ähnliche Regelungen zwar verringert, aber nicht beseitigt wird.» (S. 112 f.)
Die Trennung von Leitung des Unternehmens und Eigentum bei der modernen Aktiengesellschaft führte zu dem Versuch, eine neue Klassentheorie auf dem Kriterium der ‹Herrschaft› zu begründen statt auf dem des Eigentums.
«Ich glaube nicht, daß eine solche Revision erforderlich ist, denn die Manager

sind in Wirklichkeit nur die Agenten und Vertreter der Eigentümer. Dies kann auf zweierlei Weise gezeigt werden: Erstens wissen wir aus historischen Studien, daß die Funktionen der Eigentümer-Unternehmer mit wachsendem Bedürfnis nach Spezialisierung allmählich einer Hierarchie von Aufsichtspersonal und Fachleuten übertragen wurden; zweitens sind die Manager, wenn auch nicht Eigentümer des von ihnen geleiteten Unternehmens, dennoch den Aktionären verantwortlich und können es sich nicht leisten, ganz ohne Rücksicht auf deren Interesse zu wirtschaften: wie die Unternehmer müssen sie nach Profit streben. Die Funktionen des ursprünglichen Eigentümer-Unternehmers sind also teilweise an ‹angestellte Unternehmer› abgegeben, d. h. an Männer, die in mehr oder weniger spezialisierter Weise all die Fähigkeiten und Leistungen liefern, die einstmals in der Person des Unternehmers vereinigt waren. Die endgültige Entscheidung liegt nach wie vor prinzipiell, wenn auch nicht immer in der Praxis, bei den Eigentümern.» (S. 109)

«Außerdem wird niemand zu einer leitenden Stellung befördert, wenn er sich nicht das Wertsystem des Unternehmers zu eigen gemacht hat. Daraus folgt, daß, obwohl die Beziehungen zum Eigentum in der modernen Aktiengesellschaft viel komplizierter sind als sie es in der frühkapitalistischen Unternehmung waren, doch noch das Prinzip gilt, daß die Klassenlage durch die Beziehung eines Menschen zum Eigentum an den Produktionsmitteln bestimmt wird.

Was nun die breite Masse der Angestellten in nichtleitender Stellung betrifft, so kann man aufzeigen, wie sich diese Klasse aus wenigen Buchhaltern, Sekretären und ähnlichen Hilfskräften in Betrieben entwickelt hat. Die traditionelle Klassentheorie kann sehr wohl durch Berücksichtigung dieser neuen Klassen verbessert werden, ohne daß darum die Grundlagen verändert werden müßten.

Es wird auch eingewandt, daß in den ‹kommunistischen› Ländern trotz Abschaffung jeglichen Privateigentums an Produktionsmitteln sich ‹neue Klassen› gebildet hätten in Gestalt der Parteifunktionäre, Staatsbeamten, Wirtschaftsleiter und Berufsoffiziere, und daß diese Machthaber Vorzüge genössen, die der großen Masse der Beherrschten versagt seien. Hiergegen könnte man einwenden, daß es sich dabei nicht um soziale Klassen, sondern um Rangstufen handelt, aus denen vielleicht einmal neue quasi-‹Stände› sich entwickeln können, falls die Positionen erheblich werden sollten.

Wir geben zu, daß der klassische Klassenbegriff ein sozialökonomischer Begriff ist, der eine ganze Anzahl anderer Attribute ausläßt, die in neuerer Forschung zu komplexeren Klassenbegriffen zusammengefaßt sind. Wie bereits erwähnt, können wir diese Attribute in jedem einzelnen Fall der empirischen Untersuchung überlassen.» (S. 109 f.)

Zum Begriff des Kapitalismus

Werner Sombart: ‹Der moderne Kapitalismus›. Erster Band: ‹Die Genesis des Kapitalismus›. Leipzig 1902.

«Die Geschichte . . . berichtet uns, daß jene Erfüllung vorhandener Geldbesitzer mit kapitalistischem Geiste auch empirisch keineswegs mit der Entstehung größerer Geldvermögen zusammenfällt. Um von den Schatzbildungen bei unkultivierten oder barbarischen Völkerschaften zu schweigen: auch in einer Umgebung, wie sie das europäische Mittelalter bot, begegnen uns genugsam Geldbesitzer, denen jeder Anflug von kapitalistischem Unternehmertum fremd ist. Ich brauche nur an die Fürsten und Könige, die Bischöfe und Päpste, die Klöster und Orden zu erinnern, in deren Händen ja die erste Akkumulation von größeren Geldbeträgen erfolgt. Ihnen allen ist die Auffassung gemeinsam, daß Geld zum Ausgeben da sei: möge man damit Kriege oder Kreuzzüge ins Leben rufen, die Armen und Notleidenden unterstützen oder sich und den Seinen ein behagliches Leben bereiten. Überall kehrt der Grundgedanke aller vorkapitalistischen Zeiten wieder: daß derjenige, der reich sei, damit das Privilegium erworben habe, sich um wirtschaftliche Dinge nicht kümmern zu brauchen. Und diese Auffassung überträgt sich auch auf die *privaten* Geldbesitzer der früheren Zeit.» (S. 378)

«Was aber ist es, so müssen wir also fragen, das jenen seltsamen Gedanken reifen läßt: Geld sei dazu da, durch wirtschaftliche Tätigkeit sich zu vermehren ... Was bei einer Beantwortung dieser Frage zunächst einmal festgestellt werden muß, ist der Umstand, daß wir es mit einer allgemein menschlichen Entwicklungstatsache hier offenbar nicht zu tun haben. Hinweise auf die *menschliche ‹Natur›* und ihr innewohnende Triebe sind völlig deplaziert. Ein Blick auf andere hohe Kulturen, die keinen spezifisch kapitalistischen Geist erzeugt haben, wie die chinesische, die indische, die altamerikanische, genügt, um auch in diesem Punkte die Unzulänglichkeit einer Auffassung zu erweisen, die die Genesis des modernen Kapitalismus als ‹allgemeines Entwicklungsgesetz› menschlicher Wirtschaft glaubt demonstrieren zu können.

Es handelt sich vielmehr offensichtlich um eine den europäischen Völkern eigentümliche Erscheinung.» (S. 379)

«Eine Reihe von Umständen trägt dazu bei, daß während des europäischen Mittelalters die *Wertung des Geldbesitzes* an Intensität zunimmt und die Grenzen überschreitet, in denen sie sich sonst zu bewegen pflegt.» (S. 381)

«Wir wissen, daß es zunächst rein ideale Bestrebungen waren, die zu ihrer Durchführung immer größere Anforderungen an die Zahlungsfähigkeit ihrer Beförderer stellten. Die große, das ganze christliche Mittelalter erfüllende und mit ihrer Glut erwärmende Idee des Kampfes gegen die Ungläubigen, die Sehnsucht nach einer Wiedereroberung des heiligen Grabes vor allem sind es, die immer wieder die ungeheuren Summen verschlingen, die Könige und Päpste zusammenzubringen nicht müde werden. Zwar war anfangs ein gut Teil der Leistungen ohne Vermittlung des Geldes vollbracht worden. Sehr bald aber mußte die Lostrennung der Kämpfer von ihrer heimatlichen Scholle, mußte zumal die immer notwendiger werdende Vermittlung der italienischen Händlerrepubliken bei den größten Werken dieser Art – den Kreuzzügen – einen wachsenden Bedarf an barem Gelde erzeugen ... *jene Verweltlichung der gesamten Lebensauffassung*, wie wir sie gegen Ende des Mittelalters allerorts Platz greifen sehen, sie war die unmittelbare Folge jener vielen Glaubenskriege gewesen, die die früheren Generationen geführt hatten. Es ist die Berührung mit den reichen, glanzvollen Kulturen der Byzantiner und Araber, die den Sinn für die Freuden dieser Welt erweckt, die den Begehr nach Luxus und Wohlleben erzeugt ... Und weil der Schwerpunkt des Lebens langsam in die Städte verlegt wurde, so war es selbstverständlich, daß es in wachsendem Maße der Vermittlung des Geldes bedurfte, um sich in den Besitz der Güter zu setzen, von denen man sich die

Verschönerung und Bereicherung des Lebens erwartete. Und der Zufall fügte es, daß in dem Maße, wie die Sehnsucht nach materiellem Wohlleben immer breitere Schichten der Bevölkerung ergriff, auch die Mittel und Wege eröffnet wurden, um jene Sehnsucht zu stillen. Es kommen die Zeiten, in denen sich in den Händen einzelner Personen gleichsam über Nacht große Vermögen ansammeln. Die Ausraubung des Orients beginnt unermeßliche Reichtümer in den italienischen Städten anzuhäufen, und was das wichtigste ist: die Gewinnung von Edelmetallen nimmt gegen Ende des Mittelalters wieder einen rascheren Aufschwung.
Damit aber war die Zeit erfüllt, daß sich jener merkwürdige psychologische Prozeß in den Menschen abermals vollzog, dessen Verlauf uns neuerdings mit gewohnter Meisterschaft Georg Simmel geschildert hat: die Erhebung des absoluten Mittels – des Geldes – zum höchsten Zweck. In dem Maße, wie man die Wirksamkeit des Geldbesitzes, seine Fähigkeit des Allesverschaffens sah oder doch wenigstens zu sehen vermeinte, konzentriert sich von nun ab alles Streben in dem heißen, glühenden, unstillbaren *Verlangen nach Geld*.» (S. 382 f.)
«Raubrittertum und Bauernschinderei, Goldgräberei und Alchemisterei erscheinen uns also als Äußerungen einer und derselben Bewegung, als verschiedene Mittel zur Erreichung eines und desselben Zwecks: rascher Bereicherung. Was nun aber für uns das Hauptinteresse bietet, ist dieses: daß in allen diesen Arten der Geldgewinnung oder Geldvermehrung noch jede, auch die leiseste, Spur kapitalistischen Geistes fehlt. Wir müssen es vielmehr als Ergebnis einer ganz und gar neuen Gedankenreihe ansehen, wenn man begreifen lernte: zur Vermehrung des Geldes könne neben den genannten, dem natürlichen Menschen sich wie selbstverständlich darbietenden Beschaffungsarten auch die bisher unbewußt geübte *normale-wirtschaftliche Tätigkeit* dienen. Wir können uns heute kaum noch vorstellen, welches ungeheure Raffinement dazu gehörte, den Gedanken zu fassen: durch Wirtschaften sei Geld zu verdienen. Das heißt also ein bisher als Zweck oder als Mittel zu völlig anders gearteten Zwecken (der Gewinnung des Lebensunterhalts) betrachtetes, alltägliches Tun in das Verhältnis des Mittels zu dem gänzlich heterogenen Zweck – des Geldmachens – zu setzen. . . . Es mußten zunächst natürlich Leute sein, denen kein anderes Machtmittel zu Gebote stand, sich in den Besitz des ersehnten Geldes zu setzen, als der Erwerb durch wirtschaftliche Tätigkeit, also *Leute niederen Standes* . . .» (S. 388)
Richten wir unser Augenmerk darauf, «wie denn nun der neue Zweckgedanke sich zu dem vollendeten System kapitalistischer Wirtschaftsbetrachtung auswächst. Zu dieser gehört, wie wir wissen, neben der auf den Erwerb gerichteten Willensverfassung ein *ökonomischer Rationalismus*, wie ihn bis dahin die Welt noch nicht gekannt hatte. Erst wenn dieser sich mit dem Erwerbstriebe zu einer organischen Einheit zusammenschließt, können wir im wahren Sinne von einem neuen kapitalistischen Geiste reden.» (S. 391)
«Was geschaffen werden mußte, war erstens eine Methode zur exakt genauen rechnerischen Feststellung jedes einzelnen Geschäftsfalles und zweitens eine Methode zur systematischen Erfassung eines geschäftlichen Gesamtunternehmens. Diese Methoden entwickelt die mathematische Wissenschaft während des 13., 14. und 15. Jahrhunderts.» (S. 391 f.)
«Was . . . der doppelten Buchführung jene entscheidende *Bedeutung für die Entwicklung kapitalistischen Wesens* verleiht, ist der Umstand, daß sie in der Tat erst in ganzer Vollendung die der kapitalistischen Geschäftsführung entspre-

chende Systematisierung ermöglicht ... Was aber des weiteren gerade die doppelte Buchführung für die kapitalistische Unternehmung so verwendbar macht, ist dies: daß in ihr die Loslösung des Sachvermögens von der Person des Geschäftsleiters zur Grund-Tatsache des Wirtschaftens und damit zur Basis der gesamten Wirtschaftsführung erklärt wird ... Damit wird nun aber auch die Systematik der Geschäftsführung von den Zufälligkeiten und Willkürlichkeiten des individuellen Geschäftsleiters, an die sie, ... während der handwerksmäßigen Periode gebunden ist, emanzipiert. Die moderne Buchführung ist so eingerichtet, daß sie nach inneren wissenschaftlichen Regeln unabhängig von dem Belieben und Können des einzelnen Wirtschaftssubjekts dem Laufe des Wirtschaftslebens ganz bestimmte, objektive Normen setzt.» (S. 393 f.)

Zur Lehre von den ‹drei Produktionsfaktoren›

a) Otto Conrad: ‹Die Todsünde der Nationalökonomie›, Leipzig/Wien 1934

Die Anhänger der Lehre von den drei Produktionsfaktoren «erklären ..., daß der Lohn, die Bodenrente und der Zins die *Vergütung* oder *Entlohnung* sei, die die Besitzer für die *Beistellung* der Produktionsfaktoren oder ihrer produktiven Leistungen erhalten. Hierzu ist folgendes zu sagen: Es ist nicht wahr, daß der Grundbesitzer, der den Boden nicht selbst bebaut, zur Produktion etwas beistellt. Denn der Boden mit allen seinen Stoffen und Kräften ist von Natur aus da und braucht daher nicht erst ‹beigestellt› zu werden. Der Grundbesitzer gibt dem Pächter nur die *Erlaubnis*, den von der Natur beigestellten Boden zu benützen. Für diese Erlaubnis wird der Pachtzins bezahlt. Diese Erlaubnis ist nötig und der Grundbesitzer kann sich dafür bezahlen lassen, weil er als Eigentümer des Bodens berechtigt ist, jeden andern von der Benützung des Bodens auszuschließen.» (S. 7 f.)
Es «ist festzustellen, daß für den Kapitalisten ganz dasselbe wie für den Grundbesitzer gilt. Er stellt keine Produktionsleistungen bei, sondern gibt nur andern die Erlaubnis, sein Kapital zeitweilig zu verwenden. Ein Unterschied besteht nur insofern, als der Boden von Natur aus da ist, während die Kapitalgüter produziert werden müssen, eine Produktionsleistung, die aber *nicht* vom Kapitalisten, sondern von jenen verrichtet wird, die die Kapitalgüter erzeugen. Ist das Kapitalgut einmal da, dann wird es ganz ebenso wie der Boden als Produktionsmittel benützt, d. h. es werden mit ihm Produktionsleistungen verrichtet. Auch diese verrichtet aber nicht der Kapitalist, sondern der Produzent, der das Kapitalgut verwendet. Der Kapitalist erteilt nur die *Erlaubnis*, das Kapital, bzw. im Falle der Vermietung das Kapitalgut zeitweilig zu verwenden. Für diese Erlaubnis wird der Leihzins (Mietzins) bezahlt.
Zins und Grundrente sind somit keine Vergütung für die Beistellung der Produktionsleistungen des Kapitales und des Bodens. Auch der Lohn ist keine Vergütung *für* die Arbeit, sondern der *Preis der Arbeitsleistung*. In der Verkehrswirtschaft wird niemals *für* eine Leistung in dem Sinne gezahlt, wie man etwa jemandem *für* eine Gefälligkeit dankt oder jemanden *für* ein Verdienst belobt oder belohnt. Man zahlt, weil man zahlen muß, wenn das zu Erlangende nicht

umsonst zu haben ist, und das, was man zahlt, sind *Preise* und keine ‹Vergütungen› ... So zahlt man eben auch für die Arbeitsleistung, wenn man sie braucht, und für die zeitweilige Überlassung eines Grundstückes oder eines Kapitales, wenn man das Kapital oder das Grundstück verwenden will und es nicht umsonst haben kann. Der Lohn ist also der *Preis* der *Arbeitsleistung*, der Zins der *Preis der zeitweiligen Überlassung des Kapitales* und der Pachtzins der *Preis der zeitweiligen Überlassung des Bodens.*» (S. 9)

«Nur dadurch, daß man den Boden und das Kapital zu lebendigen Wesen macht, die ebenso wie der Mensch in der Wirtschaft tätig sind, kann man zu der Behauptung gelangen, daß Boden und Kapital Produktionsleistungen verrichten. Nur so wird es möglich, diese beiden Produktionsmittel mit dem arbeitenden Menschen in eine Linie zu stellen. Da aber diese Gleichstellung, die Verwandlung der Produktionsmittel in Personen denn doch Bedenken erregen muß, hat man in umgekehrter Richtung eine Annäherung des arbeitenden Menschen an die Produktionsmittel herbeigeführt, und zwar dadurch, daß man ihn entpersönlichte und an Stelle des Arbeiters ‹die *Arbeit*› als Produktionsfaktor setzte. Das ist ... (eine) Vergewaltigung der Wirklichkeit. Denn ‹die Arbeit› *verrichtet* keine Produktionsleistungen, sondern die Arbeit *wird* vom Arbeiter verrichtet und eben in dieser Verrichtung *besteht* die Produktionsleistung.» (S. 10)

«Ohne Violine kann man nicht geigen. Wer würde daraus schließen wollen, daß nicht nur der Geiger, sondern auch die Geige geigt, daß beide gemeinsam Violine spielen? Gewiß niemand. Die Violine ist eben Musik*instrument* und nicht *Musikant*, ganz ebenso wie Kapital und Boden Produktions*mittel* und nicht *Produzenten* sind ... Oder: der Mensch sieht und das Fernrohr sieht, beide gemeinsam sehen weiter. Kein Vernünftiger wird so denken. Man erkennt, daß der Mensch und immer nur der Mensch es ist, welcher geigt, ..., sieht ... Nur beim Produzieren will man das, was bei allen anderen Tätigkeiten als selbstverständlich gilt, nicht gelten lassen, sondern spricht auch den toten Produktionsmitteln Produktionsleistungen zu.» (S. 5)

«So dient die ganze Lehre von den drei Produktionsfaktoren nichts anderem, als der sozialethischen Rechtfertigung des Zinses und der Grundrente.» (S. 11)

«Man sucht nach einer Theorie, die den Zins und die Bodenrente nicht nur *erklärt*, sondern auch *sozialethisch rechtfertigt*. Dazu bedarf es des Nachweises, daß dem Einkommensbezug eine Gegenleistung des Einkommensempfängers entspricht. Und dies setzt wieder voraus, daß ein Produktionsfaktor da ist, der diese Gegenleistung verrichtet. Denn nur ein Produktionsfaktor kann, wie schon der Name sagt – das Wort Faktor kommt von *facere*, d. h. tun, handeln – Leistungen verrichten.» (S. 10)

«Ist in unserer Wirtschaftsordnung das Leistungsprinzip erfüllt? Diese Frage ist zu verneinen. Denn das arbeitslose Renteneinkommen verschafft einen Anteil am Ertrag der Volkswirtschaft, dem keine eigene Leistung des Rentenbeziehers gegenübersteht. Das empfindet mit sicherem Instinkt der einfache Mann aus dem Volke. Die Lehre von den drei Produktionsfaktoren will nun aber beweisen, daß das Leistungsprinzip erfüllt ist, daß zum mindesten Grundrente und Zins nicht im Widerspruch mit diesem Prinzip stehen, weil sie die Gegenleistung für die ‹Produktionsleistungen› der Produktionsfaktoren Boden und Kapital sind.» (S. 59)

b) Karl Marx: ‹Ökonomische Schriften›, III. Bd., hg. v. H.-J. Lieber u. B. Kautsky, Darmstadt 1964

... «die angeblichen Quellen des jährlich disponiblen Reichtums gehören ganz disparaten Sphären an und haben nicht die geringste Analogie untereinander. Sie verhalten sich gegenseitig etwa wie Notariatsgebühren, rote Rüben und Musik.
Kapital, Boden, Arbeit! Aber das Kapital ist kein Ding, sondern ein bestimmtes, gesellschaftliches, einer bestimmten historischen Gesellschaftsformation angehöriges Produktionsverhältnis, das sich an einem Ding darstellt und diesem Ding einen spezifischen gesellschaftlichen Charakter gibt. Das Kapital ist nicht die Summe der materiellen und produzierten Produktionsmittel. Das Kapital, das sind die in Kapital verwandelten Produktionsmittel, die an sich so wenig Kapital sind, wie Gold oder Silber an sich Geld ist. Es sind die von einem bestimmten Teil der Gesellschaft monopolisierten Produktionsmittel, die der lebendigen Arbeitskraft gegenüber verselbständigten Produkte und Betätigungsbedingungen eben dieser Arbeitskraft, die durch diesen Gegensatz im Kapital personifiziert werden.» (S. 664/665)
«Und nun daneben den Boden, die unorganische Natur als solche, ... in ihrer ganzen Waldursprünglichkeit ... Absolute Fruchtbarkeit des Bodens bewirkt nichts, als daß ein gewisses Quantum Arbeit ein gewisses, von der natürlichen Fruchtbarkeit des Bodens bedingtes Produkt gibt. Die Differenz in der Fruchtbarkeit des Bodens bewirkt, daß dieselben Mengen von Arbeit und Kapital, also derselbe Wert, sich in verschiedenen Mengen von Bodenprodukten ausdrückt; daß diese Produkte also verschiedene individuelle Werte haben.» (S. 665)
«Und endlich als Dritten im Bunde ein bloßes Gespenst – ‹die› Arbeit, die nichts ist als eine Abstraktion und für sich genommen überhaupt nicht existiert oder ... die produktive Tätigkeit des Menschen überhaupt, wodurch er den Stoffwechsel mit der Natur vermittelt, entkleidet nicht nur jeder gesellschaftlichen Form und Charakterbestimmtheit, sondern selbst in ihrem bloßen Naturdasein, unabhängig von der Gesellschaft, allen Gesellschaften enthoben, und als Lebensäußerung und Lebensbewährung dem überhaupt noch nicht gesellschaftlichen Menschen gemeinsam mit dem irgendwie gesellschaftlich bestimmten.» (S. 665/666)
«Wir ... (müssen sehen), daß der kapitalistische Produktionsprozeß eine geschichtlich bestimmte Form des gesellschaftlichen Produktionsprozesses überhaupt ist. Dieser letztere ist sowohl Produktionsprozeß der materiellen Existenzbedingungen des menschlichen Lebens, wie ein in spezifischen, historisch-ökonomischen Produktionsverhältnissen vor sich gehender, diese Produktionsverhältnisse selbst, und damit die Träger dieses Prozesses, ihre materiellen Existenzbedingungen und ihre gegenseitigen Verhältnisse, d. h. ihre bestimmte ökonomische Gesellschaftsform produzierender und reproduzierender Prozeß. Denn das Ganze dieser Beziehungen, worin sich die Träger dieser Produktion zur Natur und zueinander befinden, worin sie produzieren, dieses Ganze ist eben die Gesellschaft, nach ihrer ökonomischen Struktur betrachtet. Wie alle seine Vorgänger, geht der kapitalistische Produktionsprozeß unter bestimmten materiellen Bedingungen vor sich, die aber zugleich Träger bestimmter gesellschaftlicher Verhältnisse sind, welche die Individuen im Prozeß ihrer Lebensreproduktion eingehen.» (S. 669/670)

«Im Kapital – Profit oder noch besser Kapital – Zins, Boden – Grundrente, Arbeit – Arbeitslohn, in dieser ökonomischen Trinität als dem Zusammenhang der Bestandteile des Werts und des Reichtums überhaupt mit seinen Quellen ist die Mystifikation der kapitalistischen Produktionsweise, die Verdinglichung der gesellschaftlichen Verhältnisse, das unmittelbare Zusammenwachsen der stofflichen Produktionsverhältnisse mit ihrer geschichtlich-sozialen Bestimmtheit vollendet: die verzauberte, verkehrte und auf den Kopf gestellte Welt, wo Monsieur le Capital und Madame la Terre als soziale Charaktere, und zugleich unmittelbar als bloße Dinge ihren Spuk treiben.» (S. 684)
«Diese Formel entspricht zugleich dem Interesse der herrschenden Klassen, indem sie die Naturnotwendigkeit und ewige Berechtigung ihrer Einnahmequellen proklamiert und zu einem Dogma erhebt.» (S. 685)

Zum Kapitalbegriff

Otto v. Zwiedineck-Südenhorst: ‹Allgemeine Volkswirtschaftslehre›, Berlin/Göttingen/Heidelberg 1948 [2], S. 100 ff.

Kapital sind «*dem Erwerb von Einkommen (Erträgen) gewidmete Vermögensbestände, die in beständigem Umschlag die Erscheinungsform wechseln* ... Kapital ist demnach ... eine *Zweckkategorie*, und unter allen Umständen ist die Bestimmung, die einer Gütermasse von dem über sie Verfügungsberechtigten gegeben wird, das Entscheidende für die Kapitalsqualität. Auch die natürlichen Produktionsmittel werden nur mit entsprechender tatsächlicher Zweckverwendung zum Produktionsfaktor ‹Natur›, also ökonomisch belangreich ... So ist Kapital ein *Vermögen* und ist nur als Objekt der Verfügungsgewalt eines Subjektes zu denken, das diesem Vermögen eben die Bestimmung zur Ertragserzielung und eine derselben entsprechende tatsächliche Verwendung zuweist ... Das wirtschaftlich Wesentliche liegt auch hier bei dem *Verwendungswillen des Wirtschafters* ... *Durch ihn sind die Vermögensbestände der Verbrauchssphäre entzogen worden*, und es ist gleichgültig, ob mit Erfolg oder ohne solchen: sie sind *in die Erwerbssphäre eingerückt* ... *Das Kapital ist eine gesellschaftliche Kategorie*, die aus dem Zusammenhang mit dem gesellschaftswirtschaftlichen Erwerbszweck nicht losgelöst zu denken ist.»
«Kapital ist eine Kategorie von Mitteln für die Gewinnung eines Geldeinkommens, es erfüllt diese Funktion in den verschiedensten *Erscheinungsformen*; nur *eine* solche, wenngleich eine besonders wichtige und massenhaft vorhandene Form, sind die produzierten Produktionsmittel ... Produzierte Produktionsmittel sind als *technisches Element* eine absolute Kategorie der Wirtschaft, sie sind auch in verkehrsloser Wirtschaft vorhanden. Kapital ist eine Kategorie nur der gesellschaftlichen Verkehrswirtschaft ... Auch *Geld* gehört zu den Kapitalgütern, die nicht technische Produktivgüter sind, auch Geld erhält die Qualität, Kapitalgut zu sein, nur durch seine Bestimmung, nach einem Erwerbswirtschaftsplan verwendet zu werden ... Geld ist aber ganz und gar nicht schon an sich Kapital. Es wird zum Kapitalgut auch nur durch die Verwendung in einem Kapitalprozeß ... Auch Arbeitsleistungen und Boden können zu Kapitalgütern, d. h. zu Mitteln werden ... in denen sich Kapital verkörpert ... Lohnsummen

müssen ganz ebenso ein Faktor in der kapitalistischen Erfolgsrechnung und Objekt der Kontrollierung ihrer Geldertragsfähigkeit sein ... wie die Geldbeträge, die für die Maschinen, Gebäude, Kraftanlagen oder Rohstoffe usw. aufgewendet werden.»

Zur Konjunkturtheorie

a) Emil Lederer: ‹Konjunktur und Krisen›, in: ‹Grundriß der Sozialökonomie›, IV. Abteilung, I. Teil, Tübingen 1925, S. 354 ff.

Es ist das «Auseinanderklaffen zwischen Produktionsentwicklung und Einkommensentwicklung (Einkommen in dem Sinn des tatsächlich ausgegebenen und ausgebbaren Einkommens verstanden), welches allein eine universale Krise und ihr regelmäßiges Auftreten zu erklären vermag.» (S. 386)
Das augenfällige Merkmal der Hochkonjunktur ist zunächst ein Steigen aller Preise, unterstützt durch eine entsprechende Ausdehnung des Geldumlaufs. Allerdings:
«Die Konjunktur bringt nicht gleichmäßige Steigerung der Preise. Es ist eine allgemein gesicherte Beobachtung, daß die Hochkonjunktur von einer bestimmten Preisgruppe ihren Ausgangspunkt nimmt; so z. B. von Kohle, Eisen, Stahl, Leder und sich von da aus auf die Fertigprodukte und auch die Löhne überträgt. Wir können eine ganze Stufenfolge solcher Steigerungen aufzeigen und werden finden, daß die Preise der Rohstoffe an der Spitze stehen. Diese sind besonders elastisch ... Weniger elastisch sind die Preise der Fertiggüter, noch weniger – meistens – die Löhne. Am Ende der Reihe stehen die Gehälter für Angestellte, staatliche Beamte und endlich die Renten, Zinserträgnisse, welche auf langfristigen Verträgen beruhen, oder überhaupt fixiert sind, wie z. B. die Verzinsung von Staatsrenten, Industrieobligationen usw.» (S. 388)
«Daß tatsächlich in der Hochkonjunktur die Erhöhung der Arbeitseinkommen und Renteneinkommen aller Art nicht so rasch vor sich geht, als die Steigerung der Preise für die Produkte, und daß insbesondere diese Einkommen und die Einkommenssumme nicht so rasch wachsen als die Produktion und die Preissumme der Gesamterzeugung, spricht sich schon in der großen Akkumulation aus – umgekehrt ist diese Akkumulation an das vorübergehende relative Zurückbleiben der Löhne und Renteneinkommen geknüpft.» (S. 390)
«Diese Differenzierung der Einkommen bedeutet aber zugleich ein Verschieben der Gewichte in der Nachfrage. Es muß sich bei steigenden Gewinnen und wachsender Akkumulation die Nachfrage im höheren Maße auf die Produktionsmittel richten, als bisher, also in progressiv steigendem Maße. Das hat aber Ausdehnung der Produktionsmittelindustrien in rascherem Tempo als Ausdehnung der Fertiggüterindustrien zur Folge ... So entsteht eine Disproportionalität der Produktion, welche aber im Rahmen der Einkommensverteilung gar keine Disproportionalität ist, sondern lediglich der Verteilung der Kaufkraft in der Volkswirtschaft entspricht. Diese relativ zu starke Ausdehnung der Produktionsmittelindustrie ist bei der Differenzierung der Einkommen eine notwendige Folge ...» Ein «Gleichgewicht kann erst wiederhergestellt, die Krise kann dann erst wieder behoben werden, wenn durch neuerliche Verände-

rungen der Einkommensströme das alte Verhältnis wiederhergestellt, die Akkumulation wieder gesenkt, die Quote der konsumierten Waren wieder in das gleiche Verhältnis zum Kapitalbestand gebracht wird. Diese Wiederherstellung erfolgt in der Krise.» (S. 393 f)

Damit die Konjunktur aus der Depression in einen neuen Aufschwung übergehen kann, muß die durch die Geschäftsstille bedingte Senkung der Löhne geringer sein als die gleichzeitige Senkung der Endverbrauchspreise, so daß die Reallöhne eine gewisse Aufwertung erfahren:

Es «wird die Senkung der Löhne . . . nicht in demselben Ausmaß als die Senkung der übrigen Preise erfolgen können. Insofern also in der Krise eine Herabsetzung aller Preise erfolgen muß, und im Interesse einer Wiederherstellung des wertbeständigen Geldes auch erfolgen soll, ist auch eine Senkung der Löhne erforderlich, aber – was wohl beachtet werden muß – lediglich eine nominelle Senkung, weil ja die andern Preise noch rascher sinken müssen. Sinken aber die Löhne ebenso stark oder noch stärker als die andern Preise, so würde dadurch die Krise verschärft und vermehrt, weil ja dadurch der Absatz besonders beeinträchtigt wird. Hingegen setzt sich in der relativ schnelleren Senkung der Produktpreise und in der Einschränkung der Produktion die wirtschaftlich gebotene Verschiebung der Relation zwischen Erzeugung und Verbrauch durch, – allerdings, entsprechend der widerspruchsvollen Struktur der kapitalistischen Wirtschaft, begleitet von Arbeitslosigkeit und absoluter Einschränkung des Verbrauchs.» (S. 402)

«Die Senkung der Preise in der Krise zeigt ein ähnliches Bild, wie die Steigerung der Preise in der guten Konjunktur. Sie ist nicht gleichmäßig. Einige Preise, wie für Kapitalnutzungen, Leistungen der Beamten und Angestellten, bleiben fast unverändert oder wenig geändert, so daß ihr Gegenwert, in Waren ausgedrückt, steigt. Auch die Löhne der Arbeiter sinken, soweit sie Arbeit finden (und das ist die große Mehrheit), nicht so rasch als viele Preise. Wenn daher die Preise herabgleiten, so wird bald ein Punkt erreicht sein, an welchem die Kaufkraft erheblicher Schichten relativ rasch steigt. Sie werden ein Äquivalent für den Ausfall des Konsums anderer Schichten bilden. Sie werden verhindern, daß die Preise ins Bodenlose sinken. Ebenso wie diese Schichten, durch die Einschränkung ihres Konsums, die grenzenlose Steigerung der Preise in der Hochkonjunktur verhindern, so bilden sie jetzt ein Hemmnis für den grenzenlosen Absturz durch Ausdehnung ihres Konsums bei sinkenden Preisen. Sie wirken gleichsam wie ein Fallschirm für die Konjunktur. In der gleichen Weise wirken die landwirtschaftlichen Kreise der Bevölkerung. Der Absatz ihrer Produkte ist in den wichtigsten Industrieländern garantiert und der Preis ist vielfach durch Zollgesetzgebung auf einem Niveau gehalten, das Rentabilität verbürgt. Derart ist ihre Kaufkraft auch in der Krise . . . nicht gebrochen oder auch nur wesentlich gemindert.» (S. 402 f.)

«Wenn wir zusammenfassen: die Konjunktur wird ausgelöst durch die relativ ansteigende Konsumfähigkeit der Schichten mit festem oder Lohneinkommen, welche die Lager rasch leert, während die Produktion sinkt. In dieser Periode, welche der Konjunktur vorangeht, steigt der Geldwert und sinkt der Zinsfuß. Übersteigt der Konsum die Neuproduktion (was im Tiefpunkt der Konjunktur der Fall ist), so sind schon die Vorbedingungen für steigende Preise und damit Neubelebung der Konjunktur geschaffen. Die Preise steigen ungleichmäßig, wodurch einerseits Akkumulation möglich wird, andererseits der Verwertung des neugebildeten Kapitals Schwierigkeiten erwachsen, welche wieder in die Krise münden.» (S. 403 f)

b) Alexander Mahr: ‹Monopolistische Preispolitik in der Depression›, Weltwirtschaftliches Archiv, Band 35 (1932 I), S. 404 ff.

«Wenn der konjunkturelle Nachfragerückgang sich in den niedrigen Preislagen stärker auswirkt als in den höheren, die *Nachfragekurve* demnach *steiler* wird, dann wird es dem Monopolisten einen unmittelbaren Vorteil bringen, wenn er *den Preis erhöht und die Produktmenge stark einschränkt!*» (S. 404)
«Wenn hingegen der *Nachfragerückgang in allen Preislagen der gleiche* ist, dann wird die *Herabsetzung des Preises* geboten erscheinen ...
Es zeigt sich demnach, daß bei *relativ hohen Generalkosten ein starker Nachfragerückgang unter Umständen auch den Gewinn eines Monopolisten zum Verschwinden bringen oder gar in Verlust verwandeln kann.*» (S. 405)
«Die monopolistischen Unternehmer der verschiedenen Industriezweige können, wenn sie die gleiche Preis- und Produktionspolitik befolgen, den Verlauf der Konjunktur weitgehend beeinflussen. Wählen sie Produktionseinschränkung, so werden sie den Nachfragerückgang ernten; allerdings einen stärkeren Rückgang als erwartet, weil die allseits durchgeführte Verminderung der Erzeugung auf dem schon angegebenen Wege die Krise unausgesetzt verschärft und sekundär zu immer neuen Produktionseinschränkungen Anlaß gibt. Entscheiden sie sich für die Ermäßigung der Preise bei möglichster Aufrechterhaltung des Produktionsumfanges, so stützen sie damit gegenseitig ihren inländischen Markt, verhindern ein allzu starkes Umsichgreifen der Depression und erleichtern den Konjunkturaufstieg. Die Unternehmer haben zu Beginn der jetzigen Depression in ihrer überwältigenden Mehrheit leider den ersten Weg betreten.» (S. 413)
«Aber obgleich so das Streben des einzelnen, *isoliert vorgehenden Unternehmers*, möglichst an den bestehenden Preisen festzuhalten und dafür um so stärker die Menge der erzeugten Güter und der beschäftigten Arbeitskräfte in der Depression einzuschränken, bis zu einem gewissen Grade erklärlich erscheint, so kann es doch keinem Zweifel unterliegen, daß dieses Verhalten *volkswirtschaftlich* in höchstem Grade schädlich ist. Wenn der Konjunkturrückgang die Unternehmer immer nur zu Einschränkungen der Produktion und nicht zu Preisherabsetzungen veranlaßt, so ist die Wirkung eine fortschreitende Abnahme der Beschäftigung von Arbeitern und sachlichen Produktivmitteln und damit auch eine fortschreitende Abnahme der Arbeits- und Besitzeinkommen. Es geht dann auch die Konsumentennachfrage nach den verschiedensten Gütern zurück, demgemäß muß die Produktion neuerdings eingeschränkt werden usw. Ein unausgesetzter Schrumpfungsprozeß der Volkswirtschaft wird dadurch in die Wege geleitet.» (S. 409)
«Wenn so die gegenwärtig übliche Politik, die Preise beim Rückgang der Konjunktur möglichst wenig zu ändern und dafür um so stärker die Gütererzeugung einzuschränken, vom Standpunkt des einzelnen Unternehmers einigermaßen begreiflich ist, so sind doch ihre Wirkungen auf die Gesamtwirtschaft und damit indirekt auch auf die einzelnen Unternehmungen verhängnisvoll. Denn es entsteht dadurch eine Tendenz zu immer neuen Betriebseinschränkungen und Arbeiterentlassungen sowie ein stets fortgesetzter Konsumrückgang. Die aus irgendwelchen anderen Gründen ausgebrochene Krise wird durch diese Art

monopolistischer Preispolitik sehr verschärft und der Wiederaufstieg der Konjunktur bedeutend erschwert.» (S. 417)

«Die Rentabilität der einzelnen Unternehmungen geht unter solchen Umständen außerordentlich zurück, denn es vermindert sich auf der einen Seite fortgesetzt der Güterabsatz, auf der anderen Seite steigen eben infolge der verkleinerten Erzeugungsmenge aus den schon angeführten Gründen meistens die Stückkosten je Einheit. Und da wir es nun zu einem sehr wesentlichen Teil mit unvollständigen Monopolen zu tun haben, die infolge der potentiellen Konkurrenz des Auslandes nur bis zu einem gewissen Punkt unter dem Schutz der bestehenden Zölle und der Transportkosten den Preis steigern können, ist ... auch der Ausweg der Preiserhöhung in diesen Fällen nicht oder nur in beschränktem Maße gegeben.

Daher wird infolge des Ansteigens der Stückkosten nicht selten bei schwächeren Gliedern eines Kartells oder Oligopols der Punkt erreicht, bei dem der Gewinn überhaupt verschwindet oder gar die Produktion verlustbringend wird. Das ist einer der Hauptgründe dafür, daß auch monopolartige Unternehmungen heute bisweilen zur gänzlichen Einstellung ihrer Produktion gezungen sind.» (S. 410)

Zur Volkswirtschaftslehre

Werner Stark: ‹Die Geschichte der Volkswirtschaftslehre in ihrer Beziehung zur sozialen Entwicklung›. Dordrecht 1960.

«Es kann aber billigerweise gesagt werden, daß man sich in zunehmendem Maße über die wesentliche Relativität aller sozialen und wirtschaftlichen Doktrinen verständigt. Bei den Geschichtsschreibern der Nationalökonomie, die sich der Notwendigkeit bewußt sind, die Ideen der Vergangenheit im Lichte zeitgenössischer Bedingungen auszulegen, herrscht die Meinung vor, daß die enge Verbindung zwischen Wirklichkeit und Denken, Wirtschaftsleben und Wirtschaftstheorie als ein Vorgang von *Aktion und Reaktion* verstanden werden muß ...

... Die wirtschaftliche Wirklichkeit eines Zeitabschnitts formt die Meinungen der zeitgenössischen Volkswirtschaftler. Diese Meinungen aber verändern ihrerseits die wirtschaftliche Wirklichkeit, die sie auslegen, so daß am Ende Dinge und Gedanken gleichermaßen als bestimmende und bestimmte Elemente erscheinen ...

Diese Auffassung ist sicherlich richtig. Aber sie erklärt eher die Geschichte der Wirtschaftspolitik als die der Wirtschaftstheorie. Die Umwandlung des Wirtschaftslebens ist ein tatsächlicher und politischer *Vorgang;* ihre Auslegung jedoch ein ideeller und individueller *Akt.* Deshalb müssen ihre Untersuchung und ihre Erklärung von verschiedener Grundlage ausgehen ...

Was allein die Geschichte der Nationalökonomie anbelangt, so erscheinen die Wirklichkeit als der bedingende und die Wissenschaft als der bedingte Faktor – einfach deshalb, weil die Wirtschaftswissenschaft als solche an der Umformung des Wirtschaftslebens nicht interessiert ist und zufrieden ist, wenn es ihr gelingt, die Gesetze des Wirtschaftsablaufs zu entdecken und zu erforschen.» (S. 5 f.)

«... die Probleme, die sich der wissenschaftlichen Volkswirtschaftslehre anbieten, rühren vom Wirtschaftsleben her und ihre Lösungen müssen daher durch das Wirtschaftsleben bestätigt werden ... Nur aus den Erklärungsmöglichkeiten, die die Wirklichkeit zuläßt, können wir auswählen. Obgleich wir behaupten können, daß es unsere freie Entscheidung im Augenblick unserer Wahl ist, so scheint uns doch die Erfahrung zu bestätigen, und die Deterministen sind unfähig, das Gegenteil zu beweisen, daß diese Wahlfreiheit dahin ist, sobald wir sie ausgeübt haben. Die Nachwelt weiß nichts von dem inneren Kampf des Denkers. Sie sieht nur den Gedanken, der Geschichte geworden ist. Der individuelle und freie Bestandteil ist verschwunden und nur der reale und vorherbestimmte Bestandteil ist noch sichtbar ... Erst die geschichtliche Schau erlaubt uns, von der Behauptung, Ideen seien durch die Wirklichkeit bedingt, zu der Behauptung zu gelangen, daß sie durch diese festgelegt seien – vorausgesetzt, wir vergessen nicht, daß die Ideenbildung in ihrer Zeit nie einer absoluten Notwendigkeit unterworfen war.» (S. 7)

Zur Sowjetgesellschaft

a) Paul Sering: ‹Jenseits des Kapitalismus. Ein Beitrag zur sozialistischen Neuorientierung›, Nürnberg 1948 3, S. 160 ff.

«In der russischen Geschichte fehlen fast alle die Elemente, die in den letzten 1000 Jahren europäischer Geschichte zu der stufenweisen Entwicklung unserer Ideen vom freien Streit der Meinungen und von demokratischer Selbstverwaltung beigetragen haben.

Es fehlt zunächst der grundlegende Konflikt des europäischen Mittelalters – der Konflikt von Kirche gegen Staat, Papst gegen Kaiser: Die orthodoxe Kirche ist immer gemäß der byzantinischen Tradition Diener der Staatsmacht gewesen, niemals Verteidiger einer selbständigen Ordnung gegenüber der Staatsmacht. Es fehlt das grundlegende Geschichtserlebnis der Reformation mit ihrer Erschütterung des Massenglaubens an die gegebene Autorität und ihrer Herausforderung zur individuellen Gewissensentscheidung. Es fehlt die Entwicklung rationaler, systematischer Diskussion im Rahmen des religiösen Denkens selbst: Rußland hat keine Parallele zur Scholastik. Es fehlt ebenso die ursprüngliche Anstrengung der Befreiung des Denkens vom religiösen Dogma: Rußland hat keinen Anteil an der Entwicklung der europäischen Philosophie und Wissenschaft vor dem 19. Jahrhundert. Es fehlt – außer am nordwestlichen Rande des russischen Reiches – die Erfahrung der mittelalterlichen Stadtfreiheit im europäischen Sinn, mit ihren Kämpfen um äußere Unabhängigkeit und innere Demokratie. Es fehlt natürlich die Erfahrung eines frei gewählten Parlaments mit voll verantwortlicher Regierung: Auf die bloß beratende Duma folgte, nach wenigen Monaten der Revolution, der Sprung ins Sowjetsystem. Es fehlt vor allem auch die Erfahrung der modernen, demokratisch aufgebauten Massenbewegungen, die sich vor 1917 in Rußland niemals frei organisieren konnten – und nachher auch nicht.

Der Glaube an den Wert der freien Diskussion, die Erfahrung, daß Menschen guten Willens über Sachfragen verschiedener Meinung sein können, ist darum in Rußland weitgehend eine Errungenschaft des 19. Jahrhunderts – ein Einfuhrprodukt aus dem Westen, getragen von der westlich beeinflußten Intelligenzschicht. Und wir müssen erkennen, daß, so bedeutend die Leistungen dieser russischen Intelligenz waren, ihre Tiefenwirkung in den Massen des russischen Volkes relativ gering blieb. Die Massen der Bauernbevölkerung steckten noch bis 1863 in einer Form der Leibeigenschaft, die gerade im Zeichen des modernen Absolutismus seit dem 18. Jahrhundert verschärft worden war und den Gutsbesitzern erlaubte, ihre ‹Seelen› nicht nur an die Scholle zu binden, sondern zu verkaufen. Ein unabhängiges Bürgertum, im Unterschied zur Beamtenschaft, bestand kaum, da große Teile des Handwerks noch in der Form der Hausindustrie von bäuerlichen Familien ausgeübt wurden. Das industrielle Proletariat entwickelte sich spät und behielt noch lange enge Familienbande, ja steuerliche Bindungen an die dörfliche Herkunftsgemeinde. In dieser Lage erwiesen die von der Intelligenz propagierten Losungen der politischen und sozialen Revolution nach jahrzehntelangen Mühen ihre zündende Kraft; aber die spezifisch westlichen Elemente dieser Gedanken, der Glaube an den Wert des kritischen Denkens und der freien Meinungsäußerung, wurden nicht im selben Maße aufgenommen.

Nicht weniger grundlegend für die Eigenart der russischen Entwicklung ist das Fehlen des europäischen Rechtsbegriffs. Natürlich gab und gibt es in der russischen Geschichte Gesetze, eine Rechtsordnung. Aber es fehlt die tief verwurzelte Tradition des *subjektiven* Rechts, auf das sich das Individuum auch gegen die Staatsmacht berufen kann. In seiner ständischen Form ist dieser Rechtsbegriff ein Produkt des europäischen Feudalismus, in seiner modernen Form ein Produkt der liberalen Entwicklung; und in den letzten Jahrzehnten hat er im Kampf der Gewerkschaften um Anerkennung und Einfluß eine neue kollektive Ausdrucksform gefunden. Die Phase des Absolutismus, die sich zwischen die Geltung der ständischen und der liberalen Rechtsordnung einschiebt, bedeutet überall eine Erschütterung dieses Rechtsbegriffs; es ist darum kein Zufall, daß er am tiefsten in der Zivilisation der angelsächsischen Länder verankert ist, die keinen erfolgreichen Absolutismus gekannt haben.

In Rußland ist umgekehrt die politische Geschichte des russischen Staates vor 1917 praktisch identisch mit der Geschichte des Absolutismus: Der Staat kommt nur im Kampf um die Zerschlagung der feudalen Ansätze zustande, erhält sich durch immer neue Revolutionen von oben, in denen eine Adelsgarnitur nach der anderen durch neue Beauftragte des Zaren ersetzt wird – und sobald der Zar fällt, verliert der ganze traditionelle Gesellschaftsaufbau den inneren Halt. Wo die grundbesitzende und beamtete Oberschicht keine gesicherten Rechte genoß, da konnte von Rechten für die Masse der leibeigenen Bauern noch viel weniger die Rede sein; es ist charakteristisch, daß gerade der Versuch staatlicher Modernisierung im 18. Jahrhundert zu einer Verschärfung der bäuerlichen Unfreiheit führte.

Die durchgehende Tendenz zum Despotismus in der russischen Geschichte ist jedoch nicht, wie oft geglaubt wird, ein ‹asiatischer› Zug, ein Erbe der Tatarenherrschaft. Die russische politische und kulturelle Tradition ist im Kampf gegen die Tataren geformt worden und knüpfte an das byzantinische Cäsarentum an. Die Bedeutung der Tataren, ebenso wie der späteren Kämpfe mit dem polnisch-litauischen Reich, liegt nur darin, daß sie erstens Rußland von der europäischen

Entwicklung abschnitten und zweitens die überragende Notwendigkeit zentralistischer Militärorganisation für das Überleben irgendeines russischen Staates auf den riesigen, jedem Angriff offenen Ebenen Osteuropas demonstrierten. Die Geschichte der Ausnutzung russischer Adelswiderstände gegen den Absolutismus durch den polnischen Staat auf dem Höhepunkt seiner Macht liest sich noch heute wie eine Illustration zu dem modernen bolschewistischen Argument, jede Zulassung von innerer Opposition würde der Intervention von außen Waffen in die Hand geben, und erklärt weitgehend, warum in den russischen Bedingungen keine ständische Rechtsordnung errichtet werden konnte. Die Geschichte der Reformen Peters des Großen illustriert nicht minder deutlich, wie die entscheidende Triebkraft staatlicher Modernisierung in Rußland nicht die Entwicklung neuer Verhältnisse und sozialer Schichten aus dem Innern der Gesellschaft heraus, sondern der Wille der Staatsführung war, dem äußeren Druck militärisch gleichwertigen Widerstand zu bieten.

Diese Züge der russischen politischen und Sozialgeschichte haben in der Entwicklung des orthodoxen Christentums in Rußland eine bedeutsame Parallele und Stütze gefunden. Die russische Orthodoxie hat, im Unterschied zur römischen Kirche, den Zusammenhang mit der Tradition des römischen Rechts nicht gewahrt und sein Erbe nicht fortentwickelt. Sie hat sich ebensowenig bemüht, ein konkretes, der gesellschaftlichen Ordnung angepaßtes System von Moralvorschriften, von praktischen Verhaltungsregeln auszuarbeiten. Als im 19. Jahrhundert die russische Intelligenz sich mit dem westlichen Denken bewußt auseinandersetzt, da ist eins der entscheidenden Argumente der Gegner der Anpassung an den Westen die Verwerfung des Rechtsdenkens und der Moralkasuistik der römischen Kirche, die ihnen als eine echter Frömmigkeit fremde Verweltlichung und als ein Faktor individualistischer Zersetzung des Gemeinschaftslebens erscheint.

Wo die Freiheit des Meinungsstreits und der subjektive Rechtsbegriff nicht verankert sind, da kann auch der Respekt für die menschliche Person, für das Leben und die Freiheit des Individuums nicht denselben Einfluß auf die Organisation des Gesellschaftslebens gewinnen wie in der europäischen Entwicklung. Nicht als ob der Glaube an den Wert des Individuums überhaupt abwesend wäre: Rußland hat sich als christlicher Staat entwickelt, und der Glaube an die Unsterblichkeit der Seele und die Gleichheit aller Menschen vor Gott ist mit der völligen Verneinung des Wertes des Individuums offenkundig unvereinbar. Aber in Rußland konnte dieser Glaube weitgehend auf die rein religiöse Sphäre und die der persönlichen Beziehungen von Mensch zu Mensch zurückgedrängt werden – er wurde nicht, wie in Europa, zur treibenden Kraft einer Erweiterung der Menschenrechte, einer Umbildung der Gesellschaft im Sinne der Emanzipation des Menschen. Für die Stellung des Individuums in der russischen Gesellschaft war die Praxis der verkäuflichen ‹Seelen› wichtiger als der Glaube an die unsterbliche Seele.

Das Bild, das wir im Vorstehenden von der russischen Tradition gezeichnet haben, ist bewußt einseitig, weil durch die negative Abgrenzung gegen die europäische Tradition bestimmt. Wäre das, was wir gesagt haben, alles kulturell Wesentliche, so wäre die russische Gesellschaftsentwicklung wenig mehr als ein ständiges Verharren am Rande der Barbarei – und als solches ist sie westlichen Beobachtern auch oft erschienen. In Wirklichkeit hat die russische Entwicklung ihre eigenen spezifischen Werte hervorgebracht, die in ihr stärker ausgeprägt sind als im Westen und ihre kulturelle Eigenart bestimmen. *Entscheidend ist die Kombination von Gemeinschaftssinn und Gehorsam.*

Der Zusammenhalt der Dorfgemeinschaft ist in Rußland niemals durch eine voll individualistische Wirtschafts- und Rechtsentwicklung gebrochen worden; mit der Modernisierung des Absolutismus wurde er durch die Kollektivhaftung des Dorfes für Steuern noch verstärkt. Die religiöse Entwicklung hat die Bedeutung der Zugehörigkeit zur Gemeinde als Voraussetzung des Heils unterstrichen: Hier liegt der besondere Akzent der östlichen Orthodoxie, im Unterschied zur Schlüsselstellung der Absolution durch den Priester im Katholizismus und des individuellen Gewissens im Protestantismus.

Gleichzeitig wirken die Unterordnung der Kirche unter den Staat und die Abwesenheit eines konkreten religiösen Moralkodex zusammen, um dem Gehorsam gegen die Staatsautorität den Wert einer religiösen Pflicht zu geben. Gemeinde und Dorfgemeinschaft sind Teile einer größeren Volks- und Glaubensgemeinschaft, die ihre doppelte Spitze in Zarentum und Patriarchat hat. Wer dem einen den Gehorsam verweigert, vergeht sich gegen das andere; *wer gegen die Autorität rebelliert, scheidet sich von der Gemeinschaft.*

Und dennoch ist in dieser Art von Gesellschaft die Rebellion die einzig mögliche Form der Opposition, und mit der Veränderung der sozialen Grundlagen unter der Einwirkung des Westens wurde sie unvermeidlich für eine Klasse nach der anderen. Während des 19. Jahrhunderts brachte Rußland eine neue, revolutionäre Tradition hervor. Sie baut überall in ihren liberalen wie sozialistischen Formen auf dem Bruch mit der überkommenen Religion auf, da im Rahmen der Kirche kein Kampf gegen den Absolutismus möglich ist. Aber sie gibt dem russischen Gemeinschaftssinn eine neue, revolutionäre Wendung, und sie tendiert unter dem Druck des Kampfes gegen die zaristische Polizei zwangsläufig dazu, in den Reihen der Revolutionäre selbst den autoritären Zentralismus des Zarenstaats zu reproduzieren. Gewiß, es gibt liberale und später sozialdemokratische Gruppen, die in konsequenter Übernahme westlicher Ideen solche Organisationsformen ablehnen. Aber es sind nicht sie, sondern ihre zentralistisch organisierten Rivalen, die sich erst in der terroristischen Aktion und später im revolutionären Kampf als die wirksamsten neuen Faktoren auf dem russischen Boden erweisen.»

b) Isaac Deutscher: ‹Die unvollendete Revolution 1917–1967›, Frankfurt a. M. 1967, S. 56 ff.

Die Gesellschaftsstruktur

«Die Industriearbeiter, die kleine Minderheit von 1917, bilden nun die größte Klasse der sowjetischen Gesellschaft. Der Staat beschäftigt etwa 78 Millionen Menschen in Betrieben und Büros – nach Ende des Zweiten Weltkriegs waren es 27 Millionen. Gut über fünfzig Millionen Menschen arbeiten in den Grundstoff- und Produktionsmittelindustrien, im Baugewerbe, im Transport- und Verkehrswesen und auf staatseigenen landwirtschaftlichen Gütern. Die übrigen verdienen ihren Lebensunterhalt in verschiedenen Dienstleistungsbranchen – 13 Millionen von ihnen arbeiten im Gesundheits- und Erziehungswesen und in der wissenschaftlichen Forschung. Es ist nicht leicht, auch nur annähernd genau die Zahlen der manuellen Arbeiter und Techniker und der im Büro Beschäftigten festzustellen, weil sie in der Sowjetstatistik zusammengeworfen werden – ich werde gleich auf die soziologische Bedeutung dieser statistischen Eigenart zu sprechen kommen. Die Zahl der eigentlichen Arbeiter mag zwischen 50 und 55 Millionen liegen.

Die Arbeiterklasse ist in sich stark differenziert. Stalins Arbeitspolitik konzentrierte sich auf äußerst unterschiedliche Lohn- und Gehaltsstufen und stellte die Arbeiteraristokratie hoch über die Masse der unterbezahlten, halbgelernten und ungelernten Arbeiter. In einem gewissen Maß war das durch die Notwendigkeit, dem Fleiß und der Leistung einen Anreiz zu bieten, gerechtfertigt; aber die Lohnunterschiede gingen weit darüber hinaus; und ihr tatsächlicher Umfang wurde und wird noch immer streng geheimgehalten. Seit den 30er Jahren hat die Regierung die einschlägigen Daten über die Lohnstruktur nicht veröffentlicht, und die Forschung mußte sich mit fragmentarischen Informationen begnügen. Während der Stalinära war eine wütende Hexenjagd gegen die Gleichmacher – oder die kleinbürgerlichen Gleichheitsapostel, wie Stalin sie nannte, im Gang; aber sie war weniger erfolgreich, als es schien, und bestimmt weniger erfolgreich als die politischen Hexenjagden.

Die Unterdrückung der Daten über die Lohn- und Gehaltsstrukturen zeigt an, mit welch schlechtem Gewissen die herrschenden Gruppen unter Stalin und seinen Nachfolgern ihre antiegalitäre Politik verfolgten. Unsere Industriekapitäne werden nicht durch Schuldgefühle daran gehindert, ihre Profite bekanntzugeben, und unsere Regierungen machen sich auch kein Gewissen daraus, die Lohn- und Gehaltsskalen zu veröffentlichen. Natürlich kann in der Sowjetunion keine Rede von der bei uns ‹normalen› Ungleichheit zwischen verdienten und unverdienten Einkommen sein. Die Ungleichheit liegt in den verdienten Einkommen. Aber ihren vollen Umfang bekanntzumachen, würde offenbar für jede Sowjetregierung ein zu gewagtes und gefährliches Unternehmen sein. Die Unterschiede in den Einkünften der Arbeiter scheinen ähnlich groß wie in den meisten anderen Ländern zu sein; aber sie werden durch den größeren Wert der umfassenderen sozialen Leistungen der Sowjetunion verringert. In den letzten Jahren wurde die Lohnstruktur immer wieder revidiert. Die erste Periode der Entstalinisierung brachte eine offenkundige Verminderung der Ungleichheiten, deren Ausmaß sich schwer beurteilen läßt. Später stieß dann die neue Lohnpolitik auf den sich versteifenden Widerstand der Manager und der Arbeiteraristokratie. Wie dem auch sei, in einer sich ununterbrochen und rasch ausweitenden Wirtschaft wird die hohe soziale Beweglichkeit die Schichtung nicht unmäßig erstarren lassen. Große Massen von Arbeitern werden fortwährend für Fachberufe ausgebildet und steigen von den niederen in die höheren Einkommensgruppen auf.

Ich will nun über die soziale und kulturelle Schichtung der Arbeiter sprechen, die manchmal sogar noch wichtiger als die ökonomische ist. Dieses Thema eignet sich nicht für eine eindeutige soziologische Beschreibung oder Analyse; und alles, was ich hier tun kann, besteht in dem Versuch, eine allgemeine Vorstellung von ihr zu geben und ihre Kompliziertheit anzudeuten. Das gewaltige Wachstum der Arbeiterschaft hat zu vielen sozialen und kulturellen Diskrepanzen und ungeheuren Mißverhältnissen geführt, die die aufeinanderfolgenden Phasen der Industrialisierung und ihre Überschneidungen widerspiegeln. Jede Phase rief eine andere Schicht der Arbeiterschaft auf den Plan und brachte ihre bezeichnende Spaltung. Die Mehrheit der Arbeiter ist noch immer stark durch ihre bäuerliche Herkunft geprägt. Es gibt nur sehr wenige Arbeiterfamilien, die schon vor der Revolution in der Stadt lebten und eine lange industrielle Tradition und Erinnerungen an den vorrevolutionären Klassenkampf haben. Die älteste Schicht der Arbeiter ist praktisch die, die sich während der Wiederaufbauperiode in den 20er Jahren bildete. Ihre Anpassung an den Rhythmus des Fabrikdaseins vollzog sich verhältnismäßig leicht – diese Arbeiter kamen aus freien Stücken in die Fabriken und wurden dort noch keiner besonderen strengen Reglementierung unterworfen. Ihre Kinder sind das integrierteste und das am offenkundigsten städtische Element der Industriebevölkerung. Aus ihren Reihen kamen die *Widwischenzi*, die Managergruppen und die Arbeiteraristokratie der 30er und 40er Jahre. Jene unter ihnen, die in ihren Stellungen verblieben, waren die letzten sowjetischen Arbeiter, die sich in der Phase der NEP in einer gewissen Freiheit gewerkschaftlichen Aktivitäten widmeten, ja selbst streiken konnten und sich relativer politischer Meinungsfreiheit erfreuten.

Der Unterschied zwischen dieser und der nächsten Schicht ist äußerst scharf. Mehr als zwanzig Millionen Bauern wurden während der 30er Jahre in die Städte umgesiedelt. Ihre Umerziehung und Anpassung war schmerzhaft und plötzlich. Lange Zeit hindurch blieben sie entwurzelte Dorfbewohner, Städter wider ihren Willen, verzweifelt, anarchisch und hilflos. Sie wurden auf die Arbeit in den Fabriken abgerichtet und einem grausamen Drill und strenger Disziplin unterworfen. Sie waren es, die den Sowjetstädten das graue, elende, halbbarbarische Aussehen gaben, über das sich ausländische Besucher so oft verwunderten. Sie kamen mit dem groben Individualismus der Muschiks in die Fabriken. Die offizielle Politik machte sich ihn zunutze, indem sie die Industrierekruten anstachelten, miteinander um Zulagen, Prämien und Akkordlöhne zu konkurrieren. Auf diese Weise wurde an der Werkbank Arbeiter gegen Arbeiter gestellt; und die Vorwände des ‹sozialistischen Wettbewerbs› dienten dazu, die Bildung und Äußerung jeglicher Klassensolidarität zu verhindern. Der Terror der 30er Jahre hinterließ in diesen Menschen einen unauslöschlichen Eindruck. Die meisten von ihnen, die jetzt in den Fünfzigern stehen, sind wahrscheinlich – ohne ihre eigene Schuld – das rückständigste Element unter den sowjetischen Arbeitern – ungebildet, gierig, untertänig. Diese Schicht der Arbeiterschaft konnte erst in der zweiten Generation den Schock der Urbanisierung überwinden.

Die bäuerlichen Altersgruppen, die nach dem Zweiten Weltkrieg in die Fabriken kamen, hatten noch immer die schweren Lebensbedingungen, Heimatlosigkeit, eine strenge Arbeitsdisziplin und den Terror zu erdulden. Aber die meisten waren freiwillig in die Stadt gezogen, interessiert daran, den zerstörten und hungerdarbenden Dörfern zu entrinnen. Sie waren durch ein jahrelanges Soldatenleben auf die industrielle Disziplin vorbereitet und fanden in ihren neuen Wohnorten eine Umgebung vor, die Neuankömmlinge besser absorbieren und assimilieren konnte als die Städte und Fabriksiedlungen der 30er Jahre. Der Anpassungsprozeß war weniger schmerzhaft. Er wurde noch leichter, als in den Jahren nach Stalin die nächsten Gruppen zur Ausbildung in den Fabriken eintrafen, die sich, nachdem die alten Arbeitsgesetze abgeschafft worden waren, relativ frei von Mangel und Furcht einordneten. Die jüngsten Altersgruppen, die neueste Einwanderung, und die bereits in der Stadt erzogenen Kinder der früheren Gruppen gingen in die Fabriken mit einem Selbstvertrauen, das ihren Eltern völlig fehlte, und spielten bei der Reform einer überholten Arbeitsweise und der

Veränderung des sowjetischen Fabriksklimas eine große Rolle. Fast alle haben sie eine höhere Schulbildung, und viele nehmen an akademischen Fortbildungskursen teil. Zwischen ihnen und ihren weniger tüchtigen und weniger gebildeten Vorarbeitern und Werksleitern ist es oft zu Zusammenstößen gekommen. Das ist wahrscheinlich die fortgeschrittenste Gruppe der sowjetischen Arbeiterschaft, die die Erbauer der Kernanlagen, Computer und Raumschiffe umfaßt, Arbeiter, die so produktiv wie ihre amerikanischen Kollegen sind, obgleich die durchschnittliche sowjetische Produktivität pro Mann und Stunde noch immer nur 40 Prozent der amerikanischen Produktivität oder sogar weniger beträgt. Der niedrigere Durchschnitt ist natürlich auf die große Unterschiedlichkeit der sowjetischen industriellen Arbeitskräfte zurückzuführen, auf die zahlreichen kulturellen und technischen Niveauunterschiede, denen ich oben nachgegangen bin. Dennoch ist die durchschnittliche Produktivität der westeuropäischen um eine Nasenlänge voraus; und man muß daran erinnern, daß die sowjetische Produktivität in den 20er Jahren, als die amerikanische etwa ein Drittel ihrer gegenwärtigen betrug, pro Mann und Stunde nur ein Zehntel der amerikanischen erreichte. Diese allzu skizzenhafte Schilderung vermittelt uns nur eine allgemeine Vorstellung von der außerordentlichen sozialen und kulturellen Heterogenität der sowjetischen Arbeiterschaft. Der Prozeß der Verpflanzung und Expansion verlief zu rasch und stürmisch, um die wechselseitige Assimilation der verschiedenen Schichten, die Bildung eines gemeinsamen Bewußtseins und die Entstehung einer Klassensolidarität zu ermöglichen. Wir haben gesehen, wie einige Jahre nach der Revolution der Schrumpfungs- und Zerfallprozeß der Arbeiterklasse es der Bürokratie erleichterte, sich als die dominierende gesellschaftliche Macht zu etablieren. Was dann folgte, gestattete ihr, diese Position zu konsolidieren. Die Art und Weise, in der die Fabrikarbeiter rekrutiert wurden, und das wilde Wachstumstempo hielten in der Arbeiterklasse einen Zustand dauernder Zersplitterung aufrecht, so daß sie nicht imstande war, ihren Zusammenhalt, ihr Gleichgewicht und ihre Einheit zu gewinnen und ihre sozialpolitische Identität zu finden. Die Arbeiter wurden, gerade durch das Wuchern ihrer Zahl, im Zustand der Machtlosigkeit gehalten. Die Bürokratie tat, was sie konnte, um diesen Zustand zu erhalten. Sie spielte sie nicht nur in den Fabriken gegeneinander aus; sie fachte alle ihre wechselseitigen Antipathien und Antagonismen an. Sie verweigerte ihnen das Recht, Forderungen zu stellen und sich gewerkschaftlich zu verteidigen. Aber selbst diese Machenschaften und der Terror wären nicht so wirksam gewesen, wenn die Arbeiterklasse nicht durch ihre eigenen zentrifugalen Kräfte auseinandergerissen worden wäre. Was die Dinge noch verschlimmerte, war, daß die dauernde Beförderung intelligenter und energischer Arbeiter in leitende Stellungen die Masse ihrer potentiellen Interessenvertreter und Führer beraubte. Solange die Bildung unter den Werktätigen selten war, hatte dieser Abzug der geistigen Kräfte wichtige Folgen: die soziale Mobilität, von der einige der Arbeiter profitierten, verurteilte die übrigen zu einer sozialen und politischen Debilität.

Wenn diese Analyse zutrifft, dann kann die Aussicht auf die Zukunft hoffnungsvoller sein. In der Arbeiterklasse findet ein objektiver Prozeß der Konsolidierung und Integration statt; und er wird von einem wachsenden sozialen Bewußtsein begleitet. Das – sowie die Erfordernisse des technischen Fortschritts – hat die herrschende Gruppe gezwungen, die alte Fabrikdisziplin hinwegzufegen und den Arbeitern weit mehr Ellbogenfreiheit zu gewähren, als sie in der Stalinära besaßen. Von hier bis zur freien Meinungsäußerung und einer echten Beteiligung der Arbeiter an der Kontrolle der Industrie ist es noch immer ein weiter Weg. Aber in dem Maß, in dem die Arbeiterschaft gebildeter, homogener und selbstsicherer wird, werden sich ihre Bestrebungen wahrscheinlich auf diese Forderungen konzentrieren. Und wenn das geschieht, können die Arbeiter aufs neue die politische Bühne als ein unabhängiger Faktor betreten, bereit, die Bürokratie herauszufordern, und bereit, den Kampf für die Emanzipation wiederaufzunehmen, in dem sie 1917 einen so erstaunlichen Sieg errangen, der ihnen dann für eine so lange Zeit entglitt ...

Und nun gelangen wir zum kompliziertesten und verwirrendsten Problem jeder soziologischen Charakteristik der UdSSR, dem Problem der Bürokratie, der Managergruppen, der Spezialisten und der Intelligentsia. An Zahl und spezifischem Gewicht haben sie enorm zugenommen. Verglichen mit nur einer halben Million in den 20er Jahren und weniger als zweihunderttausend vor der Revolution, sind in der Wirtschaft des Landes jetzt zwischen elf und zwölf Millionen Spezialisten und Verwaltungsbeamte beschäftigt. Zu ihnen müssen noch zwischen zwei und drei Millionen hauptamtliche Mitglieder der politischen Hierarchie und der Armee gerechnet werden. Rein numerisch sind diese Gruppen zusammen, die etwa ein Fünftel aller vom Staate Beschäftigten ausmachen, fast so groß wie die kollektivierte Bauernschaft (die Kolchosen haben nur 17 Millionen Mitglieder). Ihr gesellschaftliches Gewicht ist natürlich unermeßlich größer. Wir dürfen jedoch diese Gruppen nicht alle über einen Kamm scheren und sie als *die* Bürokratie oder *die* Managerklasse etikettieren. Zwischen den Spezialisten und Verwaltungsbeamten mit akademischer Bildung und jenen, die nur eine höhere Schulbildung genossen haben, muß ein Trennungsstrich gezogen werden. Die eigentlichen Manager gehören der ersten Gruppe an, obgleich sie nicht identisch mit ihr sind. Die Spezialisten mit akademischer Bildung machen etwa 40 Prozent der Gesamtheit aus, das heißt über vierundeinhalb Millionen Menschen oder sogar fünfeinhalb, wenn man Partei und Militär miteinbezieht.

Ist das also die privilegierte Bürokratie, auf die Trotzki einst als den neuen Feind der Arbeiter hinwies? (Trotzki war, wie man sich erinnern mag, im Unterschied zu Djilas nicht der Ansicht, daß die Bürokratie eine neue Klasse bildete.) Ich muß gestehen, daß ich zögere, diese Fragen kategorisch zu beantworten. Ich kann hier nicht die Semantik des Problems aufrollen und die Definition einer Klasse erörtern. Lassen Sie mich lediglich sagen, daß ich einen Unterschied zwischen wirtschaftlicher oder sozialer Ungleichheit und einem Klassenantagonismus mache. Der Unterschied zwischen hochbezahlten Facharbeitern und ungelernten Arbeitern ist ein Beispiel einer Ungleichheit, die keinen Klassenantagonismus darstellt; es ist ein Unterschied innerhalb derselben gesellschaftlichen Klasse. Meiner Ansicht nach stellen die Ansichten von Djilas über die ‹neue Klasse der Ausbeuter› und ähnliche Gedanken über die sowjetische ‹Managergesellschaft› Simplifizierungen dar, die, weit davon entfernt, die Frage zu klären, das Problem eher verdunkeln. Der Status der privilegierten Gruppen in der Sowjetgesellschaft ist zweideutiger, als es ein Etikett erkennen läßt. Sie sind ein widerspruchsvolles Element; sie sind eine Klasse und sie sind es nicht. Sie haben mit den Ausbeuterklassen anderer Gesellschaften gewisse Züge gemeinsam; und es fehlen ihnen einige von deren wesentlichen Merkmalen. Sie erfreuen sich materieller und anderer Privilegien, die sie hartnäckig und rücksichtslos verteidigen. Auch hier sollten wir uns wieder vor Verallgemeine-

rungen in Bausch und Bogen hüten. Etwa ein Drittel der Gesamtzahl der Spezialisten sind armselig entlohnte Lehrer – in der Sowjetpresse sind in letzter Zeit zahlreiche Klagen über ihre Lebensbedingungen laut geworden. Dasselbe gilt für den größten Teil von einer halben Million Ärzten. Viele der zwei Millionen Ingenieure, Agronomen und Statistiker verdienen weniger als ein hochqualifizierter Arbeiter. Ihr Lebensstandard läßt sich dem unseres Kleinbürgertums vergleichen. Der liegt zugegebenermaßen erheblich über dem Lebensstandard des ungelernten und halbgelernten Arbeiters. Aber das wäre eine armselige Soziologie, sei sie marxistisch oder nicht, die diesen bescheidenen Wohlstand der Ausbeutung der Arbeit zuschriebe. Nur die oberen Schichten der Bürokratie, der Parteihierarchie, der Managergruppen und des Militärs leben unter Bedingungen, die jenen vergleichbar sind, deren sich die Reichen und die Neureichen in den kapitalistischen Gesellschaften erfreuen. Es ist unmöglich, die Größe dieser Gruppen zu bestimmen – lassen Sie mich wiederholen, daß die statistischen Daten über ihre Zahlen und Einkünfte sorgfältig geheimgehalten werden. Was diese Gruppen mit jeder Ausbeuterklasse gemein haben – ich benutze den Ausdruck hier im marxistischen Sinn –, ist, daß ihre Einkünfte zumindest teilweise dem von den Arbeitern produzierten ‹Mehrwert› entstammen. Ferner beherrschen sie die Sowjetgesellschaft wirtschaftlich, politisch und kulturell.
Aber was dieser sogenannten neuen Klasse fehlt, ist Eigentum. Sie besitzen weder Produktionsmittel noch Boden. Ihre materiellen Privilegien sind auf die Sphäre des Verbrauchs beschränkt. Ungleich den Managern in unserer Gesellschaft können sie nicht irgendeinen Teil ihrer Einkünfte in Kapital verwandeln: sie können Reichtum nicht in der dauerhaften und expansiven Form von Industrieaktien oder anderen Wertpapieren sparen, investieren und akkumulieren. Sie können ihren Nachkommen keinen Reichtum hinterlassen; das heißt, sie können sich nicht als Klasse verewigen. Trotzki sagte einmal voraus, daß die Sowjetbürokratie für das Recht kämpfen würde, ihren Besitz an ihre Kinder zu vererben, und sie versuchen könnte, den Staat zu enteignen und Aktienbesitzer von Trusts und Konzernen zu werden. Diese Vorhersage, die vor über dreißig Jahren gemacht wurde, hat sich bis jetzt nicht erfüllt. Die Maoisten behaupten, daß der Kapitalismus schon jetzt in der Sowjetunion wiederhergestellt werde; vermutlich meinen sie die gegenwärtige Dezentralisation der staatlichen Kontrolle über die Industrie. Der Beweis für diese Behauptungen ist bisher weniger als dürftig gewesen. Theoretisch ist es möglich, daß die derzeitige Reaktion auf die stalinistische überzentralisierte Wirtschaftskontrolle neokapitalistischen Tendenzen unter Industriemanagern Vorschub leisten könnte. Einige Anzeichen dafür lassen sich in Jugoslawien entdecken – ich würde es nicht höher veranschlagen. Aber es ist unwahrscheinlich, daß solche Tendenzen in der UdSSR die Oberhand gewinnen, und sei es nur deshalb, weil die Beseitigung der zentralen Wirtschaftsplanung für das nationale Interesse Rußlands und seine Stellung in der Welt ein vernichtender Schlag wäre.
Lassen wir die Spekulation beiseite; die Tatsache, daß sich die Sowjetbürokratie bisher noch nicht in den Besitz der Produktionsmittel gebracht hat, spricht für eine gewisse Unstabilität und Vergänglichkeit ihrer sozialen Dominanz. Eigentum ist immer die Basis einer jeden Klassenherrschaft gewesen. Davon hängt der innere Zusammenhang und die Einheit einer bestehenden Klasse ab. Eigentum ist für die Klasse ein charakterbildender Faktor. Es ist auch das positive Element, zu dessen Verteidigung sich die Klasse zusammenschließt. Der Schlachtruf jeder

besitzenden Klasse ist die ‹Unverletzlichkeit des Eigentums› und nicht nur das Recht, andere auszubeuten. Die privilegierten Gruppen der Sowjetgesellschaft sind nicht durch vergleichbare Bande vereinigt. Sie haben die Befehlsgewalt in der Industrie wie die Direktoren unserer Unternehmen auch; und sie üben ihre Befehlsgewalt auf absolute Weise aus. Aber hinter unseren Managern stehen die Aktionäre, besonders die großen. Die Sowjetmanager müssen nicht nur anerkennen, daß alle Aktien dem Volk gehören, sondern auch bekunden, daß sie im Auftrag des Volkes handeln, besonders im Auftrag der Arbeiterklasse. Ob sie imstande sind, diesen Schein zu wahren oder nicht, hängt allein von politischen Umständen ab. Kann sein, daß ihnen die Arbeiter dazu die Möglichkeit geben, sie können sie ihnen aber auch verwehren. Sie können wie eine träge Gesellschaft von Aktienbesitzern schlechte Manager beibehalten oder sie können sie entlassen. Mit anderen Worten die bürokratische Herrschaft beruht auf keiner stabileren Grundlage als dem Zustand des politischen Gleichgewichts. Das ist auf die Dauer gesehen eine viel gebrechlichere Grundlage für eine gesellschaftliche Herrschaft als jede beliebige festgegründete Struktur von Eigentumsverhältnissen, die durch Gesetz, Religion und Tradition geheiligt sind. Man hat in letzter Zeit viel über den Antagonismus gesprochen, der in der Sowjetunion und Osteuropa zwischen den politischen Hierarchien und den Technokraten bestehen soll; und einige junge Theoretiker behandeln diese beiden Gruppen als vollentwickelte einander entgegengesetzte Klassen und sprechen von ihrem ‹Klassenkampf›, so wie wir über den Kampf zwischen Grundbesitzern und Kapitalisten zu sprechen pflegten. Die Technokraten, so erfährt man, mit denen sich die Arbeiter verbünden können, erstreben den Sturz der ‹zentralen politischen Hierarchie›, die seit der Revolution die Macht usurpiert hat. Aber wenn die ‹neue Klasse›, die die Sowjetunion während all dieser Jahrzehnte regiert hat, allein aus der ‹zentralen politischen Hierarchie› bestand, dann ist ihre Identität in der Tat unfaßbar. Ihre Zusammensetzung hat sich von einer Säuberung zur anderen zu Lebzeiten Stalins und danach wiederholt in Bausch und Boden verändert. Schon deshalb ähnelt diese ‹neue Klasse› eher einem soziologischen Fabelwesen. In Wahrheit hat die sowjetische Bürokratie als ganzes eine größere Macht ausgeübt, als das je eine besitzende Klasse in modernen Zeiten getan hat; und dennoch ist ihre Stellung weit angreifbarer und schwächer als die Stellung, die normalerweise von jeder Klasse dieser Art eingenommen wird. Ihre Macht ist so außergewöhnlich, weil sie zur gleichen Zeit ökonomisch, politisch und kulturell ist. Doch paradoxerweise hatte jedes dieser Machtelemente seinen Ursprung in einem Befreiungsakt. Die ökonomischen Vorrechte der Bürokratie entstammen der Abschaffung des Privateigentums in der Industrie und Finanz; die politischen dem totalen Sieg der Arbeiter und Bauern über das *ancien régime*; und die kulturellen dem Umstand, daß der Staat die volle Verantwortung für die Erziehung und kulturelle Entwicklung des Volkes übernommen hat. Weil die Arbeiter die Herrschaft, die sie 1917 innehatten, nicht behaupten konnten, verwandelte sich jeder dieser Befreiungsakte in sein Gegenteil. Die Bürokratie wurde Herr einer herrenlosen Wirtschaft; und sie etablierte sich als politischer und kultureller Vormund der Nation. Aber der Konflikt zwischen den Ursprüngen der Macht und ihrem Charakter, zwischen den befreienden Aufgaben, die sie sich stellte, und den Zwecken, denen sie dienstbar wurde, hat ständig hohe politische Spannungen und periodisch wiederkehrende Säuberungen erzeugt, die immer wieder den Mangel an sozialer Kohäsion in der Bürokratie demonstrierten. Die privilegierten Gruppen haben sich nicht zu einer neuen Klasse konsolidiert. Sie haben aus dem Bewußtsein des Volkes nicht die Befreiungstaten ausgemerzt, denen ihre Macht entstammt; sie sind auch nicht imstande gewesen, die Massen – oder auch nur sich selbst – davon zu überzeugen, daß sie die Macht im Einklang mit jenen Taten gebrauchten. Mit anderen Worten, die ‹neue Klasse› hat nicht die Sanktion gesellschaftlicher Legitimität erlangt. Sie muß dauernd ihre eigene Identität verbergen, was die Bourgeoisie und die Grundbesitzer niemals zu tun brauchten. Sie ist ein Bastard der Geschichte.

Ich habe bereits das schlechte Gewissen erwähnt, das die herrschenden Gruppen zwingt, die ‹Arbeiter› und ‹Angestellten› in einen statistischen Topf zu werfen und aus der Lohnstruktur und der Verteilung des Volkseinkommens ein Staatsgeheimnis zu machen. Die ‹neue Klasse› verschwindet auf diese Weise in der riesigen grauen Masse der ‹Arbeiter und Angestellten›. Sie verbirgt ihr Gesicht und versteckt ihren Anteil am großen Kuchen. Nach so vielen Hexenjagden gegen die Gleichmacher kann sie es nicht wagen, das Gleichheitsstreben der Massen zu verhöhnen. Wie ein englischer Beobachter die Sache treffend ausgedrückt hat: ‹Während es in unserem Bürgertum die Regel ist, daß man zum reichen ‚Nachbarn' aufsteigt, müssen die privilegierten Leute in der Sowjetunion dauernd aufpassen, daß sie den ärmeren ‚Nachbarn' *nicht* offensichtlich überflügeln.› Das vermittelt uns etwas vom Ethos der Sowjetgesellschaft, etwas von der ihr zugrunde liegenden Moral und auch etwas von der Vitalität und gebieterischen Kraft der revolutionären Tradition.

Im übrigen steigen die ärmeren sowjetischen ‹Nachbarn› in Massen auf, das wird allein durch ihre Bildung besorgt. Wo die soziale Schichtung allein auf dem verdienten Einkommen und der Funktion und nicht auf dem Eigentum beruht, dort bildet der Fortschritt der Massenerziehung ein mächtiges und letzten Endes unwiderstehliches Mittel zur Verwirklichung der Gleichheit. Wir haben gesehen, daß die Zahl der Sowjetspezialisten mit Universitäts- und höherer Schulbildung innerhalb einer verhältnismäßig kurzen Zeit von einer halben Million auf zwölf Millionen gestiegen ist. Das hält an. In einer Gesellschaft, die sich auf so hoher Stufenleiter und so rasch ausdehnt, müssen die privilegierten Gruppen dauernd immer neue plebejische und proletarische Elemente absorbieren, die zu assimilieren ihnen immer schwerer und schwerer fällt; und auch das hindert die ‹neue Klasse› daran, sich sozial und politisch zu konsolidieren.

Ich habe vorhin von dem Entzug der geistigen Kräfte gesprochen, der lange Zeit hindurch die sowjetische arbeitende Klasse zu einer duckmäuserischen und indolenten Masse reduziert hat. Jetzt findet ein entgegengesetzter Prozeß statt: die Massenerziehung geht rascher als die Expansion der privilegierten Gruppen vor sich, rascher selbst, als es die Industrialisierung erfordert. Sie ist sogar den wirtschaftlichen Hilfskräften des Landes vorangelaufen. Nach Erhebungen aus letzter Zeit fordern 80 Prozent der Schüler sowjetischer höherer Schulen, meistens Arbeiterkinder, Zutritt zu den Universitäten. Die Universitäten können sie nicht aufnehmen. Die Erweiterung der Universitätsbildung kann nicht mit der Ausbreitung der höheren Schulbildung Schritt halten; und die Industrie benötigt Arbeitskräfte und daher wird die riesige Masse der Jugend von den Toren der Universitäten in die Fabriken zurückgetrieben. Die Sache ist trotz aller zugebilligten Schwierigkeiten einzigartig. Sie illustriert mit dramatischem Effekt, wie sich der Abstand zwischen Gehirnen und Muskeln in der UdSSR verringert. Die unmittelbare Folge ist eine relative Überproduktion an Intelligentsia, die in die Reihen der arbeitenden Klasse gepreßt wird. Die Arbeiterintellektuellen sind ein schöpferisches, aber auch potentiell ein explosives Element in der Politik. Die Macht der revolutionären Tradition war und ist groß genug, um die Bürokratie zu zwingen, den Arbeitern mehr an Bildung zu gewähren als wirtschaftliche Gründe rechtfertigen und vielleicht mehr als für die Sicherheit der privilegierten Gruppe gut ist. Man könnte behaupten, daß die Bürokratie auf diese Weise ihre eigenen Totengräber hervorbringt. Eine solche Ansicht dürfte die Sache freilich allzu sehr dramatisieren. Aber offensichtlich wird die Dynamik der Sowjetgesellschaft durch neue Widersprüche und Spannungen bereichert, die, wie ich glaube, nicht zulassen werden, daß sie unter der Herrschaft einer ‹neuen Klasse› stagniert und verknöchert.»

c) Werner Hofmann: ‹Stalinismus und Antikommunismus›. Zur Soziologie des Ost-West-Konflikts, Frankfurt a. M. 1968², S. 95 ff., 123 ff.

Die Überwindung des Stalinismus

«Auch eine Gesellschaft des sozialistischen Übergangs unterliegt, wie sich gezeigt hat, den Umständen der Geschichte. Diese Umstände findet sie zunächst vor, als Hinterlassenschaft der früheren Ordnung und in Gestalt hereinwirkender Verhältnisse der Außenwelt. Im Vorwärtsschreiten aber schafft die neue Gesellschaft mehr und mehr ihre eigenen Bedingungen und erweitert dadurch den Freiheitsraum ihres Handelns. Seit Stalins Tod (1953) und vollends seit dem XX. Parteitag der KPdSU (1956) ist das System des Stalinismus in seinem Ausgangsland wie in den Ländern des Übertragungsraums auf allen Gebieten des gesellschaftlichen Lebens in volle Auflösung getreten. Die Gründe hierfür aber liegen in der historischen Natur des Stalinismus selbst.

Geschichtliche Bedingungen

Gehen wir wiederum von der Sowjetgesellschaft aus, welcher der Stalinismus entwuchs, so weisen eine Reihe tiefgreifender Wandlungen darauf hin, daß der eingetretene gesellschaftliche Umbruch geschichtlich *fällig* geworden ist.
1. Die erste Voraussetzung der großen Wende bezeichnet der sichtbare *Abschluß des Erstaufbaus der Industrie*. Die Zeit ist vorbei, in der es galt, in einem auf sich gestellten, von der Umwelt bedrohlich isolierten Lande ein ungeheures Pensum vorsozialistischer, ja vorindustrieller Aufgaben auf allen Lebensgebieten in geschichtlicher Raffung nachzuholen. Die zyklopische Epoche der Sowjetgesellschaft ist damit sichtbar beendet. Die Phase einer *intensiven* Fortentwicklung der Industrie, zu der jedes Land von gewisser materieller Reife einmal übergeht, hat die frühe Etappe des *extensiven* Industrieaufbaus abgelöst. Dieser Übergang, der sich schon unmittelbar vor dem Zweiten Weltkrieg in der Sowjetwirtschaft andeutete und der durch die Periode des Kriegs und des Wiederaufbaus verzögert wurde, läßt sich an einer Reihe von Umständen erkennen:
a) Die Zuwachsraten der industriellen Produktion, die anfangs außerordentlich hoch waren – da man fast vom Nullpunkt ausging –, haben sich ermäßigt, wenngleich sie über denen der meisten Industrieländer der nicht-sowjetischen Welt liegen.

b) In der ersten Etappe der sowjetischen Planwirtschaft war der Produktionszuwachs vor allem einer *extensiven* Nutzung der Produktivkräfte geschuldet. Einbeziehung von mehr Menschen in den industriellen Prozeß, Verlängerung der Arbeitszeit, Vergrößerung des landwirtschaftlich genutzten Areals waren die Mittel einer Industrialisierungspolitik, der es zunächst um Ausdehnung der Produktionsgrundlagen ging. Daher beherrschte bei den Investitionen der Typus der *Erweiterungs*investitionen lange Zeit das Feld. Je vordringlicher hingegen im materiellen Fortschreiten der Gesellschaft die Erschließung neuer Kräfte in der Produktion selbst und somit die *intensive* Nutzung des Wirtschaftspotentials geworden ist, desto größeres Gewicht hat der Typus der *Rationalisierungsinvestition* gewonnen. Sie ändert die Produktionsgrundlagen in *qualitativer* Hinsicht und macht zur eigentlichen Quelle des gesellschaftlichen Reichtums den Zuwachs der *Arbeitsproduktivität.*
c) Dieser Wandel in den Bedingungen künftiger Wirtschaftserweiterung reflektiert sich auch in dem Hervortreten typischer Produktionszweige einer höher organisierten Volkswirtschaft: der Chemie, des Apparatebaus, der Elektronik. In der Erzeugung von Primär-Energie weicht, wie in allen entwickelten Industrieländern, die Kohle dem Erdöl, dem Erdgas und der Atomkraft.
d) Zugleich hat – in der Sowjetunion selbst wie auch in den europäischen Volksrepubliken – die zunächst extrem einseitige Entwicklung der Grundstoff- und Investitionsgütererzeugung einer ausgewogeneren Proportionierung zwischen den Bereichen der Produktion von Konsumgütern und von Produktionsgütern Platz gemacht; die Erzeugungsstruktur ist mannigfaltiger geworden, entsprechend der zunehmenden Diversifikation des Bedarfs und der verfeinerten Arbeitsteilung. Mit dem Wandel der Industriegesellschaft ist eine objektive Grundlage des stalinistischen Zwangssystems in seinem Ausgangsland – wie auch in den Ländern des Übertragungsraums – geschwunden. Das Ende der Erstindustrialisierung, mit all ihren gesellschaftlichen Erschütterungen, bezeichnet zugleich den historischen Abschluß einer Epoche der Opfergeneration.
2. Durch die Folgen des Zweiten Weltkriegs ist auch der eiserne Ring der Isolierung, in dem das Stammland des Stalinismus sich befand, gebrochen worden. Der Sozialismus wurde nicht nur zum ‹Weltsystem›, er gewann auch nationale Besonderheit. Damit trat ein ganz neues praktisches wie theoretisches Problem auf: das der Partnerschaft zwischen Ländern von unterschiedlichem *sozialistischen* Ordnungstypus – wobei die Extreme so weit auseinanderliegen wie die jugoslawische Variante des Sozialismus auf der einen Seite und die chinesische auf der anderen. Zugleich sind nun einzelne Länder ins Kraftfeld einer Motorik geraten, die von anderen Ländern ihres eigenen Systems ausgeht.
3. Die Vormacht des Sowjetblocks ist aber auch in ein neues Verhältnis zu ihrer weiteren Umwelt getreten. Das letzte Ergebnis ihres Ringens um militärische Ebenbürtigkeit in der Stalin-Ära, die Herstellung eigener nuklearer Waffen, war der erste Schritt zu einer vom ‹Gleichgewicht des Schreckens› diktierten Politik aktiver Koexistenz und zunehmender Kommunikation mit der Außenwelt.
Ungefähr zur Zeit von Stalins Tod lief die Periode der Nachkriegswirtschaft auch in anderen Ländern aus. In Westeuropa ist ihr Ende markiert mit der Rezession von 1953/54, in den USA schon mit der Rezession von 1948/49. Die – übrigens nicht nur auf marxistischer Seite gehegte – Erwartung, daß nach Umstellung der großen Rüstungskapazitäten des Zweiten Weltkriegs auf die Friedensproduktion und nach Abschluß des Wiederaufbaus eine ernste Wirtschaftskrise die

westliche Welt befallen werde, war nicht eingetroffen. Das zeigte die Notwendigkeit an, zu einer vertieften Besinnung über die ökonomischen Möglichkeiten der gegnerischen Ordnung und über eine entsprechende Strategie des streitbaren Sozialismus innerhalb wie gegenüber dieser Ordnung zu finden.
4. Vollends aber bot die Befreiungsbewegung in der ‹Dritten›, bis dahin kolonialen Welt, das Heraustreten neuer Räume der Welt aus dem Dämmer der Geschichte, in dem sie lange verharrt hatten, jener wahrhaft historische Vorgang unserer Epoche, den Ländern des erklärten Sozialismus nicht nur erweiterte Wirkungsmöglichkeiten, sondern auch ein Feld neuer Anschauung über die künftigen Bedingungen des Übergangs zu einer Gesellschaft des gemeinwirtschaftlichen Typs.
Alle diese Umstände verhelfen uns zu einem tieferen Verständnis jener umfassenden praktischen und theoretischen Neubesinnung, die innerhalb der sowjetisch orientierten Welt auf allen Lebensgebieten mittlerweile eingetreten ist.

Die geschichtliche Tendenz der neuen Gesellschaft

Der Einblick in Tiefe und Umfang jenes historischen Vorgangs, der sich in den Ländern des sowjetischen Typs seit Stalins Tod vollzieht, erlaubt nunmehr einige allgemeine Aussagen über die Richtung des Gesamtprozesses.
1. Der eingetretene Wandel kann heute nicht mehr angemessen als bloßer ‹Abbau des Stalinismus› gedeutet werden. Er bezeichnet vielmehr den Aufbruch zu neuen Inhalten der sozialistischen Ordnung, für die es auch in den Ländern des sowjetischen Typs bisher kein Vorbild gibt.
2. Der Eigenart dieses Prozesses entspricht es, daß er zunächst als ein *Zurückgehen* erscheint, als ein Nachholen dessen, was man schon hinter sich gebracht zu haben glaubte. So fällt in die gegenwärtige Periode des erklärten Kurses auf die Stufe des Kommunismus, wobei das Prinzip des Tauschs, der Äquivalenz von Leistung und Gegenleistung, die kommerziellen Formen des Wirtschaftsverkehrs einer freien Bedürfnisbefriedigung ohne Preisbildung, ohne Geld und Geldeslohn, weichen sollen, gerade die konsequente Anwendung des Prinzips der ‹materiellen Interessiertheit›, der ‹ökonomischen Hebel›, die Nutzbarmachung des Marktinteresses, des Vertragssystems, des Betriebsgewinns, des Leistungslohns für die Zwecke der Planwirtschaft. In ähnlicher Weise richtet sich in einer Zeit, da der Staat in die höhere Form allgemeiner gesellschaftlicher Selbstverwaltung überführt werden soll, das Bemühen zunächst auf Stärkung des parlamentarischen Lebens, auf Verbesserung des Wahlsystems, auf Wiederherstellung einer gewissen Eigenständigkeit der ‹legislativen› Organe im Staat gegenüber einer früher allgewaltigen ‹Exekutive›; es geschieht also ein gewisser Rückgriff auf das alte, erklärtermaßen überwundene Prinzip der Gewaltenteilung im Staat. Ferner: eine Gesellschaft, die im Fortschreiten zum vollendeten Kommunismus mit dem Staate auch das Recht als Mittel der sozialen Gewalt ‹absterben› lassen will, besinnt sich jetzt auf die elementaren Bedingungen ihrer eigenen Rechtsstaatlichkeit zurück. Und eine Ordnung, die auf den ‹neuen›, gänzlich verwandelten Menschen hinzielt, setzt ihre bis dahin in der Treibhausluft gesicherter Dogmen herangebildete Intelligenz einer erweiterten Umwelt wieder aus, mit der sie sich messen muß; sie tritt in Auseinandersetzungen wieder ein, die sie hinter sich gelassen zu haben schien. Es vollzieht sich hier die

Dialektik eines *Fortschreitens durch Rückgriff*, das Aufarbeiten eines liegengebliebenen geschichtlichen Pensums, das man nur hinter sich bringt, indem man es erfüllt. ‹Der den großen Sprung machen will, muß einige Schritte zurückgehen. Das Heute geht gespeist durch das Gestern in das Morgen. Die Geschichte macht vielleicht einen reinen Tisch, aber sie scheut den leeren.› (B. Brecht)

3. Es ist eben dieser geschichtliche Rückgriff, der den Prozeß der gesellschaftlichen Neubesinnung in den Ländern des sowjetischen Typs dem Mißverständnis der Umwelt aussetzt. Die ‹Liberalisierung› erscheint als Zugeständnis an die uns vertraute Lebensordnung, die sie als die naturgemäße zu bestätigen scheint, als Zugeständnis an Gewinnprinzip und Erwerbssinn, an den Wunsch nach privatem Behagen und nach einem kommoden Staat – und an das oberste aller bürgerlichen Rechte unserer Epoche: das Recht auf Verbrauch. An solchen Maßstäben gemessen muß in der Tat alles, was offensichtlich nicht ‹Liberalisierung› ist, als ‹Re-Stalinisierung› erscheinen, und verliert die gesellschaftliche Entwicklung in den Ländern des Ostblocks überhaupt die Merkmale einer durchgehenden allgemeinen Tendenz.

4. Der Rückgriff-Charakter, den viele Seiten des neuen gesellschaftlichen Prozesses zeigen, läßt aber auch besser verstehen, warum dieser Prozeß sich keineswegs geradlinig vollzogen hat. Immer wieder gab es Verzögerungen, korrigierende Beschlüsse, individuelle Maßregelungen. In der Tat mußte das Zurückgehen auf Formen des gesellschaftlichen Verkehrs, die man für überwunden hielt, wie eine Preisgabe schon erreichter geschichtlicher Positionen erscheinen. Zudem hatte die Lockerung des früheren Drucks Kräfte freigesetzt, die nicht nur diesem Druck, sondern der Gesamtordnung entrinnen wollten, in der er wirkte. Lange hintan gehaltene Affekte haben sich im geistig-kulturellen Leben, in der Literatur, in der Filmproduktion zeitweise auszusprechen gesucht; und das ließ die Mächtigen besorgen, die Entwicklung könne ihrer Kontrolle entgleiten. Man bedenke immer: Jener Vorgang, der zunächst als ‹Entstalinisierung› bezeichnet werden konnte, ist selbst das Werk einstiger Stalinisten gewesen, die gleichzeitig von einem Stalinismus als *System* nichts haben wissen wollen. Und die Sorge, es könne bei diesem Sich-Lösen der Marxismus selbst Schaden nehmen, hat die Führer immer wieder mit Argwohn auf die Eiferer des Neuen blicken lassen.

Auch konnte die gesellschaftliche Reform nicht auf etwas schon Fertiges zurückgehen, das gewissermaßen unter der Kruste stalinistischer Machtentfaltung unberührt sich hätte erhalten können und einfach freizulegen war. Vielmehr mußte eine ganze Generation, die durch den Stalinismus gegangen war, erst ertasten, was ‹wahrer› Marxismus heute eigentlich sei. Nicht Rückbesinnung, sondern Neubesinnung auf allen Lebensgebieten hat sich ihr als Aufgabe gestellt. Und solche Neubesinnung mußte in der gewandelten Welt unserer Tage zugleich kritische Prüfung auch des klassisch-marxistischen Erbes sein. Die Maßstäbe selbst mußten gefunden werden; und die Scheidung von Stalinismus und Marxismus war keineswegs ein einfacher Vorgang, dessen Ergebnis von vornherein gesichert sein konnte.

So hat die Gesamtbewegung Pendelschwünge gezeigt. Aber ihre eigene Richtung hat von Anfang an nicht auf der Linie dieser Ausschläge gelegen, die allein wir wahrzunehmen geneigt sind; sie geht vielmehr unverkennbar auf etwas Drittes: auf einen erneuerten, den Gegenwartsverhältnissen adaptierten Marxismus, bezogen auf die praktischen Sachaufgaben einer Gesellschaft, welche die Klassiker des ‹wissenschaftlichen Sozialismus› nur in ihren ganz allgemeinen Umrissen sich vorstellen konnten.

5. Die Eigenart dieses Prozesses ist nicht mit dem Maßstab einer Annäherung an den ‹Westen› zu messen. Je mehr vielmehr eine marxistisch geleitete Gesellschaft sich auf das besinnt, was ihr nach ihren allgemeinen Voraussetzungen, nach dem Stand aller ihrer Potenzen und nach ihrer eigenen Zukunftsidee möglich und angemessen ist, je mehr sie in ihren eigenen erweiterten Freiheitsraum hineinwächst, je mehr sie das, was ihr *wesentlich* ist, auch in ihren *Formen* zum Ausdruck bringt, desto mehr wird sich die neue Gesellschaft von einer Ordnung des uns bekannten Typs *entfernen.*

Die Schwäche aller bisherigen ‹Sowjetologie› in unseren Breiten ist es gewesen, daß sie die fremde Ordnung auf ihre jeweiligen Zustände, nicht auf ihre immanenten Möglichkeiten der Fortbildung hin untersucht hat. Ihre Deutungen sind daher unvermeidlich hinter der raschen Entwicklung einer so ‹dynamischen› Gesellschaft in Rückstand gekommen. Heute aber wird offenbar: Das Wesen der hier untersuchten Gesellschaftsformation liegt in ihrer *geschichtlichen Potentialität* begründet, und das heißt – in ihrer *Realität von morgen. Die Potentialität der Sowjetgesellschaft aber ist immer von sozialistischer, nicht von stalinistischer Natur gewesen.*

Je mehr sich aber die Länder des sozialistischen Typs von ihrer eigenen Vergangenheit lösen, desto mehr droht der Stalinismus zur ‹unbewältigten Vergangenheit› seiner *Kritiker* zu werden. Die Sorge ist in der Tat begreiflich, die bisherige Abschreckung könne an Wirkung verlieren. – Wer allerdings ernstlich auf ‹Erleichterungen› für jene Menschen sinnt, die – ob sie es wollten oder nicht – in das fremde System hineingeraten sind, sollte vorab darüber nachdenken, ob nicht die wirksamste *eigene* Hilfeleistung in einem Beitrag zur Entspannung jener *Umweltverhältnisse* läge, welche die Geschichte des Stalinismus von dessen Anfang an überschattet haben. Wahre Humanität erweist sich heute nicht in Mitleidstränen, sondern vielmehr in redlicher, tätiger *Politik*, die um den allgemeinen Zusammenhang von Wirkung und Rückwirkung auf unserem klein gewordenen Globus weiß.»

Beispiel einer Gliederung der Gegenstände der allgemeinen Volkswirtschaftspolitik

VORBEMERKUNG: Die Behandlung wirtschaftspolitischer Fragen wird in der Schule wie in der Erwachsenenbildung in aller Regel ‹exemplarisch› vorgehen, was durchaus gerechtfertigt ist. Dennoch sei im folgenden ein Muster für die Möglichkeit einer Gliederung des Gesamtstoffs der allgemeinen Volkswirtschaftspolitik geboten[1]; auch, um die Möglichkeit zu geben, Einzelfragen, die etwa aus aktuellem Anlaß gewählt werden, in einen allgemeinen Zusammenhang zu stellen und die Auswahl selbst in beabsichtigter Streuung vorzunehmen. Eine Übersicht über die wichtigsten Wirtschaftsgesetze der Bundesrepublik (Stand: Okt. 1968) wird angefügt.

Rahmendisposition

EINLEITUNG:
GRUNDBEDINGUNGEN MODERNER VOLKSWIRTSCHAFTSPOLITIK
1. TEIL: WIRTSCHAFTSVERFASSUNGSPOLITIK
1. ABSCHNITT: Die Ordnung der Trägerschaft und der Mittel der Wirtschaftspolitik als Ausdruck der Wirtschaftsverfassung.
2. ABSCHNITT: Eigentumspolitik
3. ABSCHNITT: Arbeitsverfassungspolitik
4. ABSCHNITT: Marktverfassungspolitik

2. TEIL: DIE ORDNUNG DER WIRTSCHAFTSSTRUKTUR
1. ABSCHNITT: Die Größe der Produktionseinheiten und ihre Beeinflussung (gew. Produktion, Handel, Landwirtschaft)
2. ABSCHNITT: Die sachliche Arbeitsteilung (Spezialisierung in Industrie, Handel, Landwirtschaft)
3. ABSCHNITT: Die räumliche Arbeitsteilung als Gegenstand von Raumordnungspolitik und Standortplanung

3. TEIL: DIE ORDNUNG DES WIRTSCHAFTSABLAUFS
1. ABSCHNITT: Produktionspolitik
2. ABSCHNITT: Marktpolitik
3. ABSCHNITT: Einkommenspolitik

Ausgeführte Disposition

EINLEITUNG:
GRUNDBEDINGUNGEN MODERNER VOLKSWIRTSCHAFTSPOLITIK
A. Die Wirtschaftsordnung
B. Die Stellung der Wirtschaftspolitik in der Wirtschaftsordnung
I. Echte und ideologische Zielsetzungen in der Wirtschaftspolitik
II. Die Rangordnung der Ziele
III. Ziele und Interessen
IV. Die Hauptaufgabe der Wirtschaftspolitik
C. Die Lehre von der Volkswirtschaftspolitik

1 Sie folgt Universitätsvorlesungen des Verfassers.

a) Ökonomische Grundlagen
b) Spielarten
aa) Die ‹berufsständische Ordnung›
bb) Der Korporativstaat des faschistischen Italien
cc) Das nationalsozialistische System des organisierten Kapitalismus
dd) Das gegenwärtige Verhältnis relativer Autonomie der Verbände
c) Träger der wirtschaftlichen Selbstgestaltung in der Gegenwart
aa) Körperschaften
1. Körperschaften des öffentlichen Rechts (besonders: Kammern)
2. Körperschaften des privaten Rechts (Markt- und Fachverbände)
bb) Organe

2. Einwirkung Privater auf den Hoheitsträger
a) Quasi-parlamentarische Einwirkung: der Gedanke der Wirtschaftsräte
b) Direkte Einwirkung von Verbänden auf die öffentliche Gewalt
c) Die Möglichkeiten einer Gegenwehr

§ 2: Verteilung der wirtschaftspolitischen Aufgaben zwischen den Gebietskörperschaften
A. Prinzipien der Aufgabenverteilung
I. Politische Prinzipien
II. Der Gesichtspunkt der Zweckmäßigkeit
B. Die Verteilung der wirtschaftspolitischen Initiative zwischen den Gebietskörperschaften in der westdeutschen Bundesrepublik
I. Die Aufteilung der öffentlichen Haushalte als Indiz
II. Die Verteilung der Gesetzgebungskompetenz
III. Die Verteilung der Wirtschaftsverwaltungskompetenz
IV. Tendenzen in der Verteilung der wirtschaftspolitischen Aufgaben
1. Verlegung der gesetzgeberischen Initiative von den Ländern auf den Bund
2. Abgabe von wirtschaftspolitischer Initiative vom Bund auf übernationale Einrichtungen (EWG)
3. Verlegung der Gesetzesinitiative vom Parlament in die Regierung.

2. *Kap.: Die Wahl der wirtschaftspolitischen Mittel*
(Insbesondere: die volkswirtschaftliche Rahmenplanung)

2. ABSCHNITT: *Eigentumspolitik*

1. *Kap.: Das Wirtschaftseigentum als Gegenstand des öffentlichen Schutzes*
A. Das Privateigentum als Grundlage der Erwerbswirtschaft
B. Der Schutz des Eigentums gegenüber der öffentlichen Gewalt: Eigentum als Grundrecht
C. Der Schutz des Eigentums gegenüber Privaten
I. Erfinder- und Urheberschutz
II. Warenzeichenschutz
III. Gebrauchsmusterschutz
IV. Internationaler Schutz von Nutzungsrechten

2. *Kap.: Das Wirtschaftseigentum als Gegenstand öffentlicher Gestaltung*
A. Entziehung des Eigentums
B. Bindung des Eigentums
I. Negativ: Beschränkung des Eigentums

1. Beschränkung des freien Gebrauchs
2. Beschränkung der freien Veräußerung (besonders beim landwirtschaftlichen Boden)
3. Beschränkung der Testierfreiheit (Erbsitten und Erbrecht in der Landwirtschaft)
4. Beschränkung der Freiheit der leihweisen Überlassung (Landpacht, Mieten)
II. Positiv: Beauflagung des Eigentums
1. Verpflichtung zum Gebrauch des Eigentums
2. Verpflichtung zur Überlassung des Gebrauchs an andere
C. Umlegung von Eigentum: die Flurbereinigung in der Landwirtschaft
D. Umschichtung von Eigentum: der Lastenausgleich als Beispiel

3. Kap.: Neubildung von Eigentum
A. Der Anlaß
B. Neubildung von Wirtschaftseigentum in der Hand Selbständiger (vor allem: Bodenreform und ländliche Siedlung)
C. Vermittlung von Eigentum an Konsumobjekten an Unselbständige (Eigenwohnung und Eigenheim als Beispiel)
D. Kapitalbeteiligung Unselbständiger
I. Motive
II. Formen der Verwirklichung
1. Beteiligung Unselbständiger am Kapital des beschäftigenden Unternehmens (Belegschaftsaktien u. dgl.)
2. Beteiligung am Kapital fremder Unternehmungen (Investment-Sparen, Volksaktienwesen)
III. Öffentliche Maßnahmen der Förderung
IV. Würdigung

3. Abschnitt: *Arbeitsverfassungspolitik*

1. Kap.: Verfügbarmachung von Arbeitskräften
A. Verwandlung der Bevölkerung in Arbeitsbevölkerung als wiederkehrender Inhalt der ‹industriellen Revolution› (Frühkapitalismus, Sowjetunion, Kolonien, Entwicklungsländer)
B. Bevölkerungspolitik als Arbeitskräftepolitik
C. Organisierung des Arbeitsmarktes
I. Arbeitsvermittlung
II. Arbeitsverpflichtung
III. Arbeitslosenhilfe
1. Persönliche Unterstützung; 3 geschichtliche Etappen:
   a) Verbandliche Selbsthilfe
   b) Öffentliche Erwerbslosenfürsorge
   c) Arbeitslosenversicherung
2. ‹Produktive› Erwerbslosenhilfe
   a) Objektiv: Schaffung neuer Arbeitsplätze
   b) Subjektiv: Umschulungshilfe

2. Kap.: Verfügbarhaltung der Arbeitskräfte
(Kampf gegen Fluktuation, Absentismus, etc.)

3. Kap.: Qualifizierung der Arbeitskräfte
A. Schule und Wirtschaftswelt
B. Die Lehrlingsausbildung

4. Kap.: Schutz der Arbeitskräfte
A. Arbeitsplatzschutz
B. Arbeitszeitschutz
C. Arbeitsgefahrenschutz

5. Kap.: Die Frage der wirtschaftlichen ‹Mitbestimmung›
A. Der Grundgedanke
B. Die Forderung auf Mitbestimmung in der Geschichte der deutschen Betriebsverfassung
I. Bis zum Zweiten Weltkrieg
II. Nach dem Zweiten Weltkrieg
C. Würdigung
I. Die Frage der Realisierbarkeit
II. Das Prinzip der ‹Betriebsdemokratie›
III. Die Notwendigkeit einer ‹Kontrolle von unten›

4. ABSCHNITT: *Marktverfassungspolitik*

1. Kap.: Regelung der Marktteilnahme: Der Kampf um die Gewerbefreiheit
A. Der Kampf um die Gewerbefreiheit in der Vergangenheit
B. Die Ordnung der Marktteilnahme in Westdeutschland nach dem Zweiten Weltkrieg

2. Kap.: Einwirkung auf die Marktformen: das Problem der beschränkten Konkurrenz

§ 1: Die Ballung von Kapitalverfügungsmacht als Grundlage
A. Die Tendenz zum Großbetrieb
B. Die Tendenz zum Großunternehmen

§ 2: Formen und Wirkungen der Konkurrenzbeschränkung
A. Die überkommenen Haupttypen der Marktbeherrschung
B. Entwicklungstendenzen
C. Neue Formen des Zusammenwirkens zwischen den Unternehmungen
D. Wirkungen

§ 3: Etappen der Marktvermachtung in der jüngeren Wirtschaftsgeschichte
A. Etappe der privat geordneten Verbandswirtschaft (bis zur Weltwirtschaftskrise)
B. Etappe der nationalstaatlich geordneten Verbandswirtschaft (seit der Weltwirtschaftskrise)
C. Etappe der überstaatlich geordneten Verbandswirtschaft (seit Gründung von Montanunion und EWG)

§ 4: Marktmacht als Gegenstand der Wirtschaftspolitik
A. Die Alternativen
I. Förderung
II. Indirekte Gegenwehr
III. Direkte Gegenwehr

2. Spezielle Produktionsförderung
II. Produktionserzwingung
III. Produktionsbeschränkung
B. Der westdeutsche Kohlenbergbau als Beispiel
I. Die Ruhrkohle im Kräftespiel der Nachkriegszeit
1. Die Frage der Unternehmensverfassung
2. Die Ruhrkohle als Gegenstand internationalen Interesses
3. Produktionsbedingungen und frühe Förderungsmaßnahmen
II. Der Strukturwandel in der Energieversorgung und seine Bedeutung für den westdeutschen Kohlenbergbau
1. Die neue Konkurrenz der Energieträger
2. Maßnahmen zur Regulierung
3. Würdigung

2. *Kap.: Einwirkung auf Art und Qualität der Produktion*
A. Einwirkung zwecks Sicherung des Absatzes
B. Einwirkung zwecks Leistungssteigerung
C. Einwirkung zwecks Schutzes der Verbraucher

2. ABSCHNITT: *Marktpolitik*

1. *Kap.: Marktorganisationspolitik*
A. Marktorganisationspolitik innerhalb der Nationalwirtschaft
I. Regelung des Börsenwesens
1. Begriff, Geschichte und Arten der Börsen
2. Die öffentliche Einwirkung auf das Börsenwesen
II. Ordnung des Kreditwesens
B. Marktorganisationspolitik im übernationalen Raum: Euratom als Beispiel
I. Die Entwicklung der Atomwirtschaft in der Nachkriegswelt
II. Der westeuropäische Markt für spaltbares Material

2. *Kap.: Marktversorgungspolitik*
A. Marktversorgungspolitik innerhalb der Nationalwirtschaft
I. Stetigkeit der Marktversorgung als Ziel (Bsp.: Einfuhr- u. Vorratsstellen für agrar. Produkte)
II. Räumlicher Ausgleich der Märkte als Ziel
1. Der unterschiedliche Marktradius der Produkte als Gegenstand räumlicher Marktordnung (Bsp.: Marktgebiete der Molkereien)
2. Der interlokale Warenausgleich als Gegenstand der Verkehrspolitik
   a) Verkehrserschließung
   b) Kooperation und Konkurrenz zwischen den Verkehrsträgern (besonders: das Verhältnis Schiene–Straße)
   c) Tarifpolitik
      aa) Allgemeine Bedingungen der Verkehrspolitik
      bb) Das Tarifsystem der Bundesbahn
      cc) Das Problem der Tarifkoordinierung zwischen den Verkehrsträgern. Die Reform von 1961 und die gegenwärtige Lage
   d) Die Koordinierung der Verkehrspolitik innerhalb der westeuropäischen Gemeinschaften (Montanunion u. EWG)
B. Marktversorgungspolitik in der Weltwirtschaft

I. Der Nationalstaat als Träger von Marktversorgungspolitik
1. Zielsetzungen
2. Mittel
3. Hauptetappen westdeutscher Außenwirtschaftspolitik
a) Außenhandelspolitik der Besatzungsmächte
b) Der Wiedereintritt Westdeutschlands in die Weltwirtschaft
c) Die westdeutsche Außenhandelspolitik innerhalb der EWG
II. Zwischenstaatliche Marktregulierung: Internationale Kartelle und Regierungsabkommen
III. Überstaatliche Marktregulierung: Die Agrarmarktordnung der EWG als Beispiel
1. Vorgeschichte des gemeinsamen Agrarmarktes
2. Die Agrarmarktpolitik der EWG seit 1962
a) Die Frage des Preisniveaus. Die Bedeutung der Getreidepreise
b) Die Einfuhrschutzpolitik
3. Würdigung

3. Kap.: Preispolitik
A. Anlaß und Wirkungsweise
I. Korrigierende Preispolitik
II. Bestätigende Preispolitik
B. Mittel der Preispolitik
I. Einwirkung auf die Einzelpreise
II. Einwirkung auf das Preisniveau
C. Zur Geschichte der neueren deutschen Preispolitik

3. ABSCHNITT: *Einkommenspolitik*

1. Kap.: Einkommensverteilungspolitik
A. Politik der funktionellen (primären) Einkommensverteilung
B. Politik der personellen (sekundären) Einkommensverteilung
C. Die agrarische Einkommenspolitik als Beispiel: Der ‹Grüne Plan›

2. Kap.: Einkommensverwendungspolitik
A. Einwirkung auf die Konsumtion
B. Einwirkung auf Geldkapitalbildung und Investition
I. Der Umfang der Investition
II. Die räumliche Verteilung der Investitionen

Wichtige Wirtschaftsgesetze der Bundesrepublik (Stand Oktober 1968)

Öffentliche Wirtschaft und wirtschaftliche Selbstverwaltung
Grundgesetz für die Bundesrepublik Deutschland vom 8. 5. 1949 Art. 72–75 (Abgrenzung der wirtschaftspolitischen Aufgaben und Kompetenzen zwischen Bund, Ländern und Gemeinden)

Verfassungen und Gemeindeordnungen der Bundesländer

Reichshaushaltsordnung vom 31. 12. 1922
Gesetz zur Förderung der Stabilität und des Wachstums der Wirtschaft vom 8. 6. 1967
Raumordnungsgesetz vom 8. 4. 1965
Gesetz zur vorläufigen Regelung des Rechts der Industrie- und Handelskammern vom 18. 12. 1956

Arbeitsverfassungspolitik
Bürgerliches Gesetzbuch vom 18. 8. 1896
(insbesondere: 2. Buch: Recht der Schuldverhältnisse §§ 241 ff)
Handelsgesetzbuch vom 10. 5. 1897
Gewerbeordnung vom 26. 7. 1900
Europ. Sozial-Charta vom 18. 10. 1961
Gesetz über Arbeitsvermittlung und Arbeitslosenversicherung vom 16. 7. 1927 i. d. F. vom 3. 4. 1967
Tarifvertragsgesetz vom 9. 4. 1949 i. d. F. vom 11. 1. 1952
Kündigungsschutzgesetz vom 10. 8. 1951
Gesetz zum Schutz der arbeitenden Jugend vom 9. 8. 1960 i. d. F. vom 29. 7. 1966
Gesetz zur Förderung der Vermögensbildung der Arbeitnehmer vom 12. 7. 1961
Gesetz zur Sicherstellung von Arbeitsleistungen für Zwecke der Verteidigung einschließlich des Schutzes der Zivilbevölkerung vom 9. 7. 1968

Marktordnungspolitik
Gesetz gegen Wettbewerbsbeschränkungen vom 27. 7. 1957 i. d. F. vom 3. 1. 1966
Gesetz gegen den unlauteren Wettbewerb vom 7. 6. 1909
Lebensmittelgesetz vom 21. 12. 1958
Wirtschaftsstrafgesetz vom 9. 7. 1954

Geld- und Kreditpolitik
Gesetz über die Deutsche Bundesbank vom 26. 7. 1957
Gesetz über das Kreditwesen vom 10. 7. 1961
Sparprämiengesetz vom 5. 5. 1959
Börsengesetz vom 22. 6. 1896

Agrarpolitik
Landwirtschaftsgesetz vom 5. 9. 1955
Agrarmarktgesetze (ab 1951) für: Getreide, Milch, Zucker, Fisch, Eier, Geflügel, Fett
Agrarmarktordnungen der EWG (ab 1960)

Handwerkspolitik
Gesetz zur Ordnung des Handwerks vom 17. 9. 1953 i. d. F. vom 28. 12. 1965

Verkehrswirtschaft
Bundesbahngesetz vom 13. 12. 1951
Güterkraftverkehrsgesetz vom 17. 10. 1952

Gesetz über die Aufgaben des Bundes auf dem Gebiet der Binnenschiffahrt vom 15. 2. 1956

Wohnungswirtschaft

Bundesbaugesetz vom 23. 6. 1960

Gesetz über den Abbau der Wohnungszwangswirtschaft und über ein soziales Miet- und Wohnrecht vom 23. 6. 1960

Gesetz über das Wohnungseigentum und das Dauerwohnrecht vom 15. 3. 1951

Zweites Wohnungsbaugesetz vom 27. 6. 1956 i. d. F. vom 1. 9. 1965

Notstandsgesetze mit wirtschaftspolitischer Bedeutung

Wirtschaftssicherstellungsgesetz vom 24. 8. 1965

Verkehrssicherstellungsgesetz vom 24. 8. 1965

Ernährungssicherstellungsgesetz vom 24. 8. 1965

Gesetz zur Sicherstellung von Arbeitsleistungen für Zwecke der Verteidigung einschließlich des Schutzes der Zivilbevölkerung vom 9. 7. 1968

Internationale Wirtschaft – Außenwirtschaft

Außenwirtschaftsgesetz vom 28. 4. 1961

Zollgesetz vom 14. 6. 1961

Vertrag über die Gründung der Europäischen Gemeinschaft für Kohle und Stahl (Montanunion) vom 18. 4. 1951

Vertrag zur Gründung der Europäischen Wirtschaftsgemeinschaft (EWG) vom 23. 3. 1957

Vertrag zur Gründung der Europäischen Atomgemeinschaft vom 25. 3. 1957

Das Zitat aus Isaac Deutscher: ‹Die unvollendete Revolution 1917–1967› drukken wir mit freundlicher Genehmigung der Europäischen Verlagsanstalt aus dem gleichnamigen dort erschienenen Buch ab.

Das Zitat Emil Lederer: ‹Konjunktur und Krisen›, entnehmen wir mit freundlicher Genehmigung des Verlages J. C. B. Mohr (Paul Siebeck), Tübingen, dem Buch ‹Grundriß der Sozialökonomie›, IV. Abteilung I. Teil.

Das Zitat von Alexander Mahr: ‹Monopolistische Preispolitik in der Depression› entnehmen wir mit freundlicher Genehmigung des Instituts für Weltwirtschaft an der Universität Kiel dem Band 35 des «Weltwirtschaftlichen Archivs».

Das Zitat aus Paul Sering: ‹Jenseits des Kapitalismus› drucken wir mit freundlicher Genehmigung von Professor Dr. Richard Löwenthal, Berlin, ab.

Die Zitate aus Werner Hofmann: ‹Stalinismus im Antikommunismus› drucken wir mit freundlicher Genehmigung des Suhrkamp Verlages aus dem gleichnamigen dort erschienenen Buch ab.

Annex

Gedanken zum Aufbau des Unterrichts im Fache Wirtschafts- und Sozialkunde in der Oberstufe des Gymnasiums (Wirtschafts- und sozialwissenschaftliche Zweige) Ein Gutachten des Verfassers

A. Pädagogische Zielsetzung

1. Die Beschäftigung mit Wirtschafts- und Sozialkunde dient selbstverständlich nicht einer Berufsvorbereitung. Nicht krude Fertigkeiten und unverarbeiteter Kenntnisstoff sollen vermittelt werden, vielmehr soll den jungen Menschen geholfen werden, sich in der Gesellschaft unserer Epoche zu orientieren.
Die Aufgabe des Unterrichts, Orientierungshilfe zu leisten, sollte um so schlichter und ohne falschen Anspruch bezeichnet werden, als der Lehrende selbst sich in dem Bemühen um Einsicht in die Lebensvorgänge der Gesellschaft mit den Lernenden trifft. Da allerdings Fragen der Wirtschafts- und Gesellschaftsordnung zur Stellungnahme, zur Entscheidung, schließlich zum verbürgten Bekenntnis herausfordern, wird der Lehrende mit Zurückhaltung und Behutsamkeit, mit Takt und didaktischem Geschick den Prozeß der Urteilsbildung bei den jungen Menschen sich selbst entwickeln lassen. Gerade in einem Fach, das dem Mißbrauch so sehr ausgesetzt ist, wird alle Indoktrination, alle Vorwegnahme von Entscheidungen (bis in die Begriffswahl hinein) peinlich zu vermeiden sein. Gewiß sollte darauf bestanden werden, daß die Schüler lernen, verbürgt Stellung zu nehmen. Die Urteile jedoch müssen erarbeitet werden. Hierzu bedarf es der Vermittlung von Sachwissen und der methodischen Anleitung.

2. Die Aufgabe, Orientierungshilfe zu leisten, ist nicht im Sinne eines Verzichts auf eindringendere Untersuchung zu verstehen. Die Wirtschaftsgesellschaft selbst ist nicht ein diffuses Nebeneinander beziehungsloser Einzelelemente; in ihren Lebensäußerungen lassen sich vielmehr ihre inneren Ordnungs- und Entwicklungskräfte erschließen. Die Frage sollte von Anfang an auf Grundsachverhalte und bewegende Triebkräfte unserer Ordnung gelenkt werden, wodurch sich erst die Einzelseiten des gesellschaftlichen Lebens in sinnvollen Zusammenhang miteinander bringen lassen. Von vornherein sollte hierbei das Wirtschaftsgeschehen nicht als verselbständigtes formales Beziehungsgefüge von ‹Strukturen›, ‹Faktoren›, ‹Determinanten›, unabhängigen und abhängigen ‹Variablen›, sondern vielmehr als Daseinsäußerung gesellschaftlicher Gruppen und Individuen verstanden werden, die sich miteinander in Verhältnis setzen.

Methodik wie Stoffanordnung im Gymnasialfach Wirtschafts- und Sozialkunde werden sich mithin auch sehr von der überkommenen Darstellung ökonomischer und soziologischer Gegenstände an unseren Hochschulen unterscheiden. Ohne falschen Synkretismus wieder zusammenzuführen, was zusammengehört, und hierdurch zu einem tieferen Verständnis der Wirtschaftsgesellschaft zu verhelfen, ist heute die bedeutungsvolle Aufgabe des Gymnasiums.

3. Die Gesellschaft ist auch in ihren Widersprüchen, in den Konflikten und Kollisionen ihrer Teilgruppen ohne Beschönigung, aber auch ohne eilfertige

Parteinahme zu betrachten. Ferner sollte ein vertieftes, deutendes Eindringen in die Konfliktnatur unserer Gesellschaft beizeiten den Sinn dafür wecken, daß unsere Wirtschaftsgesellschaft als Interessentenordnung auch interesse-bestimmte Auffassungen und Forderungen hervorbringt, die kritisch zu prüfen sind. Daß die gesellschaftlichen Gruppen durchwegs unter dem Anstoß ihrer speziellen Interessen handeln, sollte auch den Blick für Interessenten-Ideologien schärfen, die solches Handeln weithin begleiten.

4. Schließlich sollte die Gesellschaft nicht als fertig und abgeschlossen, sondern als das Ganze von geschichtlich gewordenen und sich wandelnden Verhältnissen begriffen werden, in die man handelnd eingreifen kann. Bewußt sollten die allgemeinen gesellschafts- und wirtschaftspolitischen Entscheidungsalternativen sichtbar gemacht und sollte der Sinn für Möglichkeiten einer gestaltenden Einwirkung entwickelt werden.
Indem den Lernenden solcherweise geholfen wird, in ein urteilsvolles, prüfendes und schließlich tätiges Verhältnis zu der gesellschaftlichen Ordnung unserer Zeit zu treten, wird das Fach Wirtschafts- und Sozialkunde seine allgemeinen wie seine besonderen Bildungsmöglichkeiten verwirklichen.

B. Prinzipien der Stoffbestimmung

Aus der Zielkonzeption entspringen Folgerungen für Inhalt und Methodik der Fachdarbietung.

1. Mit aller Entschiedenheit ist zu fordern, daß an die Fragen der Wirtschaftsgesellschaft in wissenschaftlicher Haltung herangegangen wird. Dies entspricht durchaus dem intellektuellen Vermögen, das Schüler der hier gemeinten Altersstufe freisetzen, wenn sie sich in ihrem Auskunftsverlangen ernst genommen sehen. Es ist daher auch der weitverbreiteten Meinung zu widersprechen, grundsätzlich sei von dem unmittelbaren engsten Erfahrungsbereich der Schüler (Familie, Gemeinde) auszugehen. Dem liegt die Auffassung zugrunde, daß der junge Mensch auch heute noch aus verhältnismäßig selbständigen und sozusagen windgeschützten ‹Zellen› urwüchsiger Gemeinschaft mehr oder minder ‹organisch› in die größeren Gesellschaftseinheiten hinüberwachse. Von daher der vielfach naiv-hausbackene Aufbau des Lehrstoffs, wie er noch immer des öfteren empfohlen wird. Vielmehr muß heute davon ausgegangen werden, daß die heranwachsende Generation (und zwar Mädchen wie Jungen) durch die Ereignisse des Tages sehr unmittelbar auf die großen Ordnungsfragen des gesellschaftlichen Lebens hingelenkt werden und daß es hierzu keiner wohlmeinend-listigen pädagogischen Umwege bedarf.
Erziehung zum wissenschaftlichen Arbeiten heißt von Anfang an Entwicklung des *theoretischen Vermögens* der Schüler, Hinlenkung zu *Grundsachverhalten* der Wirtschaftsgesellschaft, von denen aus auch die Einzelseiten und die beobachtbaren Vorgänge des sozialen Lebens zu erklären, zu deuten und schließlich in ihrem inneren Zusammenhang zu begreifen sind.
Abzulehnen ist daher ein wahllos-empiristisches Ausgehen von vermeintlich unmittelbar faßlichen oder erlebbaren Einzelsachverhalten, etwa von den Verhältnissen der Berufswelt, von den betrieblichen Arbeitsbedingungen, von einzelnen Kaufakten an Märkten. Einem solchen Ansatz würde ein falscher Begriff von ‹Anschaulichkeit› zugrunde liegen. Nicht die undurchdrungene Dinglichkeit

‹für sich selbst sprechender› Tatsachen, sondern vielmehr das, was etwas *bedeutet, worin* sich etwas *veranschaulicht*, kann allein den Anforderungen gegenstandsbezogener pädagogischer Arbeit genügen. – Abzuraten ist aber auch von einer Stoffgestaltung, die etwa mit der Bevölkerungsstruktur, der ‹sozialen Schichtung›, dem Berufsaufbau oder einzelnen Institutionen (Betrieb, Gemeinde, Gewerkschaft, Verbände) beginnt. Auch mit diesem Ansatz wäre ein folgenschwerer Vorentscheid getroffen, im Sinne einer sehr veräußerlichten Fragestellung und der Orientierung des Lehrplanes an disparaten ‹Gegenständen›, die für sich selbst genommen nicht einmal auf ihren Bedeutungsgehalt hin gesichtet werden können.

Bedenklich muß daher auch ein ‹exemplarisches Verfahren› überall da bleiben, wo es als die rettende Ausflucht aus einer nicht mehr zu bewältigenden ‹Stofffülle› mißverstanden wird, und wo das Fehlen einer Ordnungskonzeption durch eklektische Beschränkung des Themenkreises geheilt werden soll; durch einen Verzicht also, der selbst im Stofflichen befangen bleibt. – Diese kritische Einschränkung entwertet nicht den gelegentlichen Gebrauch des ‹exemplarischen Verfahrens› da, wo durch analytische Vertiefung eines mit pädagogischem Vorbedacht gewählten empirischen Sachverhalts, einer kontroversen Frage etc. zu etwas der Gesellschaft *Typischem* vorgedrungen wird, dessen Verständnis auch andere Seiten des gesellschaftlichen Lebens zu erhellen hilft.

Muß also dagegen Verwahrung eingelegt werden, daß aus mißverstandener Forderung nach ‹Anschaulichkeit› der Lehrplan nach sehr äußerlichen ‹Gegenständen› entworfen wird, so wäre auf der anderen Seite allerdings auch das Ausgehen von einem formalen allgemeinen Kategorialsystem (‹Produktionsfaktoren›, soziale Gruppen, Verhaltensnormen, Kommunikationsformen, ‹Triebdynamik› etc.) sachlich wie didaktisch falsch. Solche Begriffshülsen bleiben letztlich abgezogen von der Gesellschaft als einem *bestimmten* geschichtlich sich bildenden und wandelnden Ordnungsgefüge; sie bleiben in der bloßen Apparatur des zwischenmenschlichen Verkehrs hängen. – Es ist in diesem Zusammenhang auch zu warnen vor der unbedachten Übernahme hochschulgängiger konstruierter ‹Modelle› von wirtschaftlichen Abläufen, in die zumeist sehr ungeprüfte begriffliche und sachliche Voraussetzungen eingegangen sind. Überhaupt darf die notwendige Wissenschaftlichkeit des sozial- und wirtschaftskundlichen Bemühens nicht als blinde Anlehnung an die geläufige Vermittlung von weithin kritikbedürftigem Lehrgut durch unsere Hochschulen mißverstanden werden.

All dem gegenüber bedeutet wissenschaftliches Vorgehen in unserem Fach, daß von Anfang an nach elementaren Grundbedingungen und Triebkräften unserer Gesellschaft gefragt wird und daß von daher die Einzelseiten und Erscheinungen des ökonomischen und allgemeinen sozialen Lebens zu prinzipiellen und zugleich überprüfbaren Einsichten in die Gesellschaft vertieft werden. Ziel ist mithin eine *empirisch gesättigte Theorie* und eine *theoretisch geleitete Empirie.*

2. Eine so verstandene Wissenschaftlichkeit verzichtet also nicht auf Anschauung; allerdings ist es Anschauung von anderer Art, die nun nutzbar gemacht wird. Den Zugang zu der besonderen Natur unserer *Ordnung* vermittelt den Schülern (wie den Lehrenden selbst) am besten der *geschichtliche* Ansatz; so wie die *Wirkungsweise* der Wirtschaftsgesellschaft sich in der Verarbeitung der *wirtschaftspolitischen* Fragen und Entscheidungen unserer Zeit erschließt.

Der geschichtliche Ansatz ist aus mehreren Gründen von großem Nutzen:

a) Es wird möglich, die *Besonderheit* unserer Wirtschaftsgesellschaft, etwa gegenüber feudalistischen Ordnungen oder auch gegenüber merkantil verhältnismäßig entwickelten Gesellschaften früherer Zeit (Beispiel: Mittelmeer-Antike) zu entwickeln. Auf dem Wege des historischen Vergleichs wird also das *Allgemeine* unserer Wirtschaftsordnung zugleich in seiner inhaltlichen *Bestimmtheit* erschlossen.

b) Ferner wird der Geschichtsunterricht nach der bisher vernachlässigten Seite der Wirtschafts- und Sozialgeschichte hin ergänzt. (Wobei selbstverständlich nur *Ordnungsprobleme* früherer Epochen erschlossen werden können; für eine rein liebhaberische sozialgeschichtliche Miniaturenmalerei ist in der Schule kein Raum.)

c) Die Nutzbarmachung der historischen Dimension für das Verständnis unserer Wirtschaftsgesellschaft ist daher auch geeignet, dem vielbeklagten Schwund des Geschichtsbewußtseins, des Sinnes für bewegende Kräfte und innere Entwicklungsneigungen einer Gesellschaft entgegenzuwirken.

Die zweite große empirische Bezugsebene theoretischer Einsicht ist das gegenwärtige Wirtschaftsgeschehen – verstanden als Lebensäußerungen einer Gesellschaft und ihrer Teilgruppen, in denen sich die ökonomischen Grundverhältnisse unserer Ordnung selbst kundtun; verstanden aber auch als Ausdruck eines bewußten sozio-ökonomischen Gestaltungswillens von Staat, Verbänden und Einzelnen.

Auch der wirtschaftspolitische Aspekt, der sich damit erschließt, gewährt Einblicke in das Triebwerk der Gesellschaft. Die Behandlung von Gegenwartsfragen unserer Wirtschafts- und Sozialordnung sollte sich dabei bewußt auf Entscheidungssituationen konzentrieren. Sie sollte die Alternativen sichtbar machen und hierdurch zu eigener Stellungnahme herausfordern. Hier bietet sich auch reiche Gelegenheit, die Formen gesellschaftlicher Willensbildung (etwa in den Verbänden), die Umsetzung von Interessen in wirtschaftspolitische Forderungen und in wirtschaftspolitische Entscheidungen zu verfolgen sowie die Übersetzung wirtschaftspolitischer Absichten in die Sprache ausgewählter Gesetze zu studieren. Damit eröffnen sich Ausblicke von rechts- und staatssoziologischer Art und entsprechende Verbindungen des Faches Wirtschafts- und Sozialkunde zur sogenannten Gemeinschaftskunde.

3. Eine in diesem vertieften Sinn empirisch vorgehende, auf Einsicht in Grundbedingungen unseres Wirtschaftssystems gerichtete Arbeitsweise bleibt gleichzeitig tagesnah. Sie macht in deutender Absicht auch von tagesgebundenem Material (Gesetzestexten, Statistiken, Nachrichten aller Art) Gebrauch. Es ist hierbei unerläßlich, den kritischen Sinn der Lernenden für den Grad von Verläßlichkeit der Information, für interessengebundene Standpunkte und Informationsquellen nachhaltig zu entwickeln. Ferner sollen, ohne daß hierauf systematisch eingegangen werden kann, den Schülern fallweise Einblicke in die empirische Arbeitsweise vermittelt werden. Wichtig ist auch hier die Pflege eines kritischen Sinns für verborgene Aussageabsichten, die sich in die Methodik von Untersuchungen, Befragungen etc. einschleichen können.

Wie auf eine systematische Einführung in die Methoden empirischer Forschung, so kann auch auf eine geschlossene Darbietung etwa der Geschichte der ökonomischen und soziologischen Theorien verzichtet werden. Natürlich sollte aber im Zusammenhang mit Sachfragen dem Auskunftsverlangen der Schüler auch hier

entsprochen werden, indem nach Bedarf Grundgedanken etwa der klassischen, der Marxschen, der Keynesschen Ökonomie oder auch Grundauffassungen bestimmter Lehrschulen oder Einzeldenker der Soziologie vorgeführt werden. Ein gewisses Verhältnis zur wissenschaftlichen Literatur sollte immerhin vermittelt, Anregung zum eigenen (möglichst quellennahen) Lesen geboten werden. – Um die großen Fragen nach der Natur unserer Gesellschaft, nach ihren Wirkkräften, ihren Tendenzen, ihren Konflikten, denen systematisch und planvoll nachgegangen wird, können sich also andere Aspekte (theoretische Lehrgeschichte, Methodik statistischen, beobachtenden, befragenden Vorgehens) locker gruppieren.
Diesen Überlegungen sucht der im folgenden unterbreitete Vorschlag einer Anordnung von Themenkreisen zu entsprechen.

C. Vorschlag für den Aufbau von Problemkreisen der Wirtschafts- und Sozialkunde

VORBEMERKUNG: Eine Aufgliederung der folgenden zehn Fragenkreise auf Schuljahre erscheint nicht als erforderlich. Selbstverständlich lassen sich die Themen ergänzen, erweitern und kürzen. Die Reihenfolge der Problemgebiete sollte allerdings im großen und ganzen eingehalten werden. Im wirtschaftskundlichen Zweig der gymnasialen Oberstufe können die Fragenkreise 5–8 breiter ausgeführt werden.

Übersicht

FRAGENKREIS 1: Grundsachverhalte der erwerbswirtschaftlichen Ordnung
FRAGENKREIS 2: Das Arbeitsverhältnis
FRAGENKREIS 3: Kapitalverwertung, Gewinn, Markt
FRAGENKREIS 4: Erwerbswirtschaft und Zwischenschichten
FRAGENKREIS 5: Geld und Kredit
FRAGENKREIS 6: Der volkswirtschaftliche Gesamtprozeß
FRAGENKREIS 7: Öffentliche Hand und Privatwirtschaft
FRAGENKREIS 8: Nationalwirtschaft und Weltwirtschaft
FRAGENKREIS 9: Die Länder des sozialistischen Ordnungstyps
FRAGENKREIS 10: Das Problem der nachholenden Industrialisierung und die ‹Dritte Welt›.

FRAGENKREIS 1: *Grundsachverhalte der erwerbswirtschaftlichen Ordnung*

I. Kapital und Kapitalismus
Kapital als Erwerbsvermögen jeglicher Art, unabhängig von seiner Sachgestalt. Kapitalumschlag. Kapitalakkumulation. Verflechtungszusammenhang der einzelnen Sphären der Kapitalverwertung. Die Rolle des Marktes als Mittler. – Die besondere Natur des Kapitalismus, im Unterschiede zu allen früheren Ordnungen in der Geschichte.

II. Das Kapitalverhältnis
Kapitalverwerter, Unselbständige, Zwischenschichten: Unterschied der sozioökonomischen Stellung, Unterschied der Art der Einkommensgewinnung. Hier

auch: Klassen, Schichten, Gruppen; Herrschaft und Macht; das Verhältnis von sozio-ökonomischer und politischer Herrschaft.
(Auf klare Begriffsbildung ist hier von vornherein zu achten. Erfahrungsgemäß empfiehlt es sich, hierbei ständig den Unterschied zu früheren Sozialordnungen einerseits, zu Ländern von erklärtermaßen sozialistischem Typus andererseits herauszuarbeiten.)

III. Geschichtliche Voraussetzungen und Entstehung des kapitalistischen Systems in Europa
Allgemeine Voraussetzungen: Entwicklung kommerzieller Formen des Wirtschaftsverkehrs. Die Rolle der Städte in der europäischen Feudalität als Ansatz einer korporativen, genossenschaftlichen, den modernen Staat im kleinen vorwegnehmenden Ordnung. Entwicklung von Handels- und Geldkapital; dessen schrittweises Eindringen in die Produktion (Bergbau; Verlag, Manufaktur). Der Umbau der Gesellschaft und die geschichtliche Ausbildung der Hauptklassen einer Erwerbsgesellschaft: Loslösung der eigenständigen Kleinproduzenten von den Wirtschaftsmitteln. (In diesem Zusammenhang kann vergleichend geprüft werden, welche Rolle die Landwirtschaft für die Industrialisierung wiederkehrend spielt. Problem: Wie kann der Ernährungsbedarf einer vergrößerten nichtlandwirtschaftlichen Bevölkerung sowie der Bedarf der Industrie an agrarischen Rohstoffen gedeckt werden? Rolle der englischen «Einhegungen», des Bruchs mit der überkommenen Agrarverfassung in Frankreich, in Preußen usw. Rolle der sowjetischen Kollektivierung, der chinesischen Volkskommune. Zusammenhang zwischen Agrarreform und Industrialisierung in Entwicklungsländern von heute.)

Fragenkreis 2:
Das Arbeitsverhältnis

I. Das Grundverhältnis der unselbständigen Arbeit
Inhalt der ‹freien Lohnarbeit›. Theorien der Lohnarbeit (Marx u. a.). Hier auch Elemente des Arbeitsrechts: Arbeitsvertrags- und -tarifrecht, Arbeitsschutzrecht, Arbeitsgerichtsbarkeit.

II. Zusammensetzung und Aufbau der Lohneinkommen
Arten von Lohneinkommen. Aufbau des Tariflohns (Gehalts) (an Hand von Tarifvertragstexten). Der Leistungslohn. Die Lohnproportionen (nach Wirtschaftszweigen, Qualifikation, Alter). Die Frage einer Objektivierbarkeit der Lohnproportionen (analytische Arbeitsplatzbewertung). Tendenzen der Entwicklung: Differenzierung oder Nivellierung der Lohnspannen?

III. Der Arbeitskonflikt
1. *Gewerkschaften und Tarifvertrag*: Geschichte des Gewerkschaftswesens und des Koalitionsrechts. Organisationsprinzipien: Berufs- oder Industriegewerkschaft. Die Organisierung der Arbeitgeber. Die Faktoren, welche die relative Stärke der Tarifparteien bestimmen.
2. *Die Mittel des Arbeitskampfes*: Streik und Aussperrung. Arten des Streiks. Schlichtungswesen. Einwirkung des Staates auf den Arbeitskampf und auf die Gewerkschaften. (Auch: Verhältnisse im Ausland.) Fragen des Streikrechts heute. Notstandsordnung und Sozialkonflikt.
3. *Soziale ‹Partnerschafts›-Politik*: Das Betriebsverfassungsgesetz. Die Frage

der Mitbestimmung. Die freiwilligen Sozialleistungen. Gewinnbeteiligung, Investivlohn. Vermögensbildung bei den nicht kapitalverwertenden Schichten. «Betriebsklima». Das Vorgesetztenproblem. Kriterien betrieblichen Aufrückens. Möglichkeiten einer Erweiterung von arbeitnehmerischer Kontrolle im Betrieb.

IV. Lohneinkommen und Volkswirtschaft
Kontrast zwischen dem Lohn als Kostengröße der Unternehmungen und als Kaufkraftgröße an den Märkten. Die volkswirtschaftliche Lohnquote. Lohnhöhe und Beschäftigung. (Staatliche Beschäftigungspolitik sowie Lohneinkommen und Konjunkturprozeß: siehe Fragenkreis 6.) Löhne und Preise. Auch: Die Frage der ‹Lohn-Preis-Spirale›. Staatliche Lohnpolitik. (Auch: Ausland.) ‹Konzertierte Aktion› und ‹Lohnleitlinien›. Gegenwartsprobleme der Sozialversicherung.

V. Automation und Arbeitsverhältnis
Inhalt der Automation in Werkhalle und Büro. Wirkungen auf die Beschäftigung, auf die erforderliche Qualifikation der Arbeitenden (mit Folgerungen für die Berufsausbildung!), auf Lohnform und Lohnhöhe, auf die betriebliche Weisungshierarchie.

(*Nach* gründlicher Beschäftigung mit den Fragen dieses Themenkreises sind Betriebserkundungen sinnvoll.)

Fragenkreis 3:
Kapitalverwertung, Gewinn, Markt

I. Kapitalverwertung und Kapitalgewinn
1. *Allgemeines*: Das Wirtschaftseigentum als Grundlage. Eigentumstheorien und Eigentumspolitik. Wiederholung: Kapital als Erwerbsvermögen; Kapitalumschlag; Kapitalakkumulation. (Bezug zu Fragenkreis 1.) Der Zwang zur Kapitalverwertung. Erwerb und Wirtschaftsmoral (Unangemessenheit ethischer Maßstäbe zur Beurteilung unternehmerischen Verhaltens; mit Ausblick auf gesetzliche Versuche der Einwirkung; Wirtschaftsstrafgesetz; Lebensmittelrecht; Gesetz gegen den unlauteren Wettbewerb, usw.).
2. *Der Kapitalgewinn*: Arten von Gewinneinkommen: konkurrenzüblicher Gewinn, Monopolgewinn, Differentialgewinn. Die Bodenrente (Landwirtschaft, Bergbau, städtische Grundstücksverwertung). Der Leihzins. Originäre und abgeleitete Gewinneinkommen. (Unter Umständen: Gewinntheorien.)
3. *Der Wiedereinsatz des Gewinns als Kapital (Kapitalakkumulation)*: Die Bildung von Geldkapital (‹Sparen›) und dessen Verwandlung in Produktivkapital (‹Investieren›) als konjunkturelles und strukturelles Problem: Verzicht auf Kapitalerweiterung in der Depression, Kapitalerweiterung auf Kredit im Aufschwung. Kapitalbildung und Beschäftigung. (Bezug zu Fragenkreis 6.) – Das Problem der Selbstfinanzierung. Kapitalübertragung in andere Wirtschaftszweige oder in andere Länder. Die Rolle der Geldkapitalmärkte. Die räumliche Verteilung der Kapitalinvestitionen als Problem der Volkswirtschaft (schwach industrialisierte Regionen) und der Weltwirtschaft (unterentwickelte Länder; Bezug zu Fragenkreis 6, 10).

II. Kapitalverwertung und Wertschöpfung: Die Produktion
1. *Betriebliche Wertschöpfung durch produktive Arbeit.* (Mit Ausblick auf die rechnerische Zusammenfassung aller Einzelakte von Wertschöpfung im Sozialprodukt und Volkseinkommen; Fragenkreis 6.)

2. *Der Wertedurchlauf im Unternehmen und seine rechnerische Wiedergabe:* Grundelemente der Buchführung, der Bilanzierung, der Kostenrechnung.
3. *Der Zwang zur Rationalisierung des Betriebsablaufs.* Wachsende Anlageintensität der Produktion. Rolle der fixen Kosten, Gesetz der Massenproduktion. Tendenz zu größeren Betriebseinheiten. (Industrie, Handel, Banken, Transport etc.; Bezug zu IV.)

III. Kapitalverwertung und Werteumsatz: der Markt
1. *Inhalt des Marktes und Marktformen*: Geschichtlicher Rückblick. Volle Entfaltung des Marktverkehrs erst unter den Bedingungen der Erwerbswirtschaft. Arten von Märkten (Bezugsmärkte, Absatzmärkte: Produkten-, Arbeits- und Kreditmärkte). Marktformen: Monopol, Oligopol, freie Konkurrenz. (Siehe auch unten, Nr. IV.) Die staatliche Ordnung des Marktzugangs. Gewerbefreiheit und Gewerbeschließung in der neueren Geschichte.
2. *Die Preisbildung*: Allgemeine Regeln. Bestimmungsfaktoren der Preisbildung: ‹Elastizität› von Nachfrage und Angebot; Substitutionskonkurrenz; komplementäre Waren usw. Preisbildung bei freier und bei beschränkter Konkurrenz. Zusammenhang der Preisbildungsprozesse (‹Interdependenz der Märkte›; Vorbereitung auf Fragenkreis 6).

IV. Tendenz zur Beschränkung der Konkurrenz: ‹Konzentration› der Wirtschaft
1. *Die Überlegenheit des Großbetriebs und des Großunternehmens*: Vorteile in der Produktion, auf den Bezugs-, Absatz-, Arbeitsmärkten. Finanzierungsvorteile der großen Kapitaleinheiten. (Auch: Zusammenhang von allgemeiner Konzentration der gewerblichen Wirtschaft und Entwicklung der Großbanken.)
2. *Konkurrenz und Kooperation zwischen den Unternehmungen*: Formen der Zusammenarbeit (Kartelle, Syndikate, Aufteilung der Produktionsprogramme, Investitionsabsprachen, Gemeinschaftsgründungen etc.). Der Kampf gegen Kartellaußenseiter. Die internationale Kapitalverflechtung heute.
3. *Der Wandel der Unternehmensverfassung*: Vom persönlichen Eigentümer-Unternehmer zur anonymen Kapitalgesellschaft und zum Konzern. Probleme des inneren Konzernaufbaus und der Konzernplanung. Management und Aktionäre. Das Hinauswachsen der Unternehmensgrößen in den öffentlichen Raum und das Zusammenwirken von Staat und Privaten. (Vorbereitung auf Fragenkreis 7.)
4. *Der Wandel der Marktverfassung*: Inhalt der beschränkten Konkurrenz. Konkurrenznotwendiges Anfangskapital und Marktzugang. Marktmacht und Marktsitten. (Die Frage des ‹unlauteren Wettbewerbs› usw.) Die Preisbildung. Zusammenhang von gehäufter Machtpreisbildung (Preisüberwälzung, Kettenmonopole) und der ‹schleichenden Inflation› unserer Epoche.

V. Die ‹wirtschaftliche Konzentration› als Gegenstand staatlicher Politik
1. *Ungleiche Gewinne und ungleiche Kapitalbildungskraft als Problem von ‹Groß› und ‹Klein›*: Gefahren einer disproportionalen Entwicklung zwischen den Wirtschaftszweigen. Staatliche Begünstigung der Großen, bei gleichzeitigem Bemühen um Hilfe für die Schwachen. (Vorbereitung auf Fragenkreis 4.) Konzentrationsbehinderung oder Konzentrationsförderung als Ziel der Wirtschaftspolitik?
2. *Ungleiche Marktmacht und Versuche der Korrektur*: Kartellgesetz. Anti-Trust-Gesetze in den USA. Die Bestimmungen des EWG-Vertrages.

3. *Möglichkeiten öffentlicher Einwirkung auf Marktversorgung und Preisbildung*: Einwirkung auf die Einzelpreise (indirekt: Einflußnahme auf die Marktversorgung; direkt: Preisüberwachung, Einwirkung auf die Preisbildung: Preisgenehmigung, Preisfestsetzung; Korrektur von Preiswirkungen: Verbilligung, Subventionierung). Einwirkung auf das Preisniveau (indirekt: Kreditpolitik, Fiskalpolitik, Außenhandespolitik etc.; direkt: Preisstop, Verbot von Indexklauseln).

FRAGENKREIS 4:
Erwerbsgesellschaft und Zwischenschichten

I. Allgemeines
Grundmerkmal: Vereinigung von Arbeit und Eigentum, von Arbeitseinkommen und Gewinneinkommen. Gruppen von Zwischenschichten (1. Freischaffende a) kommerziell orientiert: Rechtsanwälte, Steuerberater usw.; b) geistig-künstlerisch orientiert: Schriftsteller, Wissenschaftler etc.; 2. Gewerbliche Zwischenschichten: Handwerk, Kleinformen des Handels, der Dienstleistungsgewerbe; 3. Bäuerliche Zwischenschichten). Das ‹mittelständische› Bewußtsein (Verhältnis zum Eigentum, zur Obrigkeit, zur Familie, zu den Kirchen etc.). Die Zwischenschichten als ‹Mittler zwischen Kapital und Arbeit› in der Sozialromantik. Zwischenschichten und Nationalsozialismus. ‹Mittelstandspolitik› heute: Konzeptionen, Formen, Erfolgsaussichten.

II. Entwicklungstendenzen im Kleingewerbe: Verdrängung, Regeneration, Kooperation in Handwerk, Handel und Dienstleistungsgewerbe. Kommerzialisierung und Kapitalisierung des Kleingewerbes. Handwerk und Kleinindustrie als Zulieferer von Großunternehmungen. Das Schwinden der Selbständigkeit im Zuge der Konzentration.

III. Die Stellung der Landwirtschaft in der Erwerbsgesellschaft
1. *Das Verhältnis von gewerblichen und agrarischen Interessen einst und heute*: Grundrente und Kapitalgewinn in der Geschichte (etwa: der Kampf um den Freihandel im 19. Jahrhundert; der Streit um die agrarische Grundrente). Spannungen zwischen Industrie und Landwirtschaft, zwischen Industrie- und Agrarländern heute.
2. *Tendenzen und Gegenwartsprobleme der Landwirtschaft in industriekapitalistischen Nationen*: Die Abwanderung vom Lande und ihre Gründe. Das Pendlertum. Annäherung des Dorfes an die Stadt. Voll- und Nebenerwerbsbetriebe in den Landgemeinden. Der Zwang zur Betriebsvergrößerung und Flächenarrondierung (Flurbereinigung). Mechanisierung und Spezialisierung und ihre Konsequenzen (vergrößerte Marktabhängigkeit und Marktempfindlichkeit). Die landwirtschaftliche Verschuldung. Das Eindringen der Industrie in die Landwirtschaft und die Rolle der Nahrungsmittelverarbeitung. Marktunterlegenheit der Landwirte gegenüber Lieferanten und Abnehmern. Marktgenossenschaften als Abhilfe. Die Preis- und Einkommensschere zwischen ‹Stadt› und ‹Land›. Unterschiede zwischen Erzeuger- und Konsumentenpreisen bei Ernährungsgütern. Lage der Landwirte und bäuerlicher Radikalismus. (Zu alledem: die jährlichen ‹Grünen Berichte› der Bundesregierung. Auch: Verhältnisse in anderen Ländern.)
3. *Staatliche Agrarpolitik*: a) Einkommenshilfe bei uns und anderswo: direkte

Subventionen, Zinsverbilligung etc.; indirekte Hilfe: Agrarmarktordnung (Einfuhr- und Vorratsstellen, EWG-Agrarmarktordnungen, Zollschutz). b) Strukturhilfe: Flurbereinigung, Dorfsanierung und Aussiedlung, Einwirkung auf die Erbsitten etc. – Das Problem der Agrarüberschüsse in einem Teil der Welt bei wachsendem Hunger in den Entwicklungsräumen. (Bezug zum Fragenkreis 10.)
4. *Möglichkeiten bäuerlicher Selbsthilfe*: Genossenschaften in Absatz, Bezug und Produktion. Eindringen in die Weiterverarbeitung und damit in die Gewinnspannen der Gewerbe als Weg bäuerlicher Einkommensbesserung ohne Schädigung der Verbraucher.

Fragenkreis 5:
Geld und Kredit

Vorbemerkung: Es sollte besonders darauf geachtet werden, daß die Erscheinungen des Geld- und Kreditverkehrs nicht als verselbständigte Sachverhalte des Wirtschaftslebens und daher als bloße Gegenstände technischer Gestaltung behandelt werden. Vielmehr ist auch die monetäre Seite des ökonomischen Geschehens stets im Zusammenhang mit den Vorgängen der Warenproduktion und der Warenzirkulation und damit der Kapitalverwertung als ganzer zu betrachten. Hierdurch wird auch den Themenkreisen 6, 7 und 8 zugearbeitet.

I. Das Geld als Tauschmittler und als Kapitalform
1. *Begriff, Funktionen und geschichtliche Gestalten des Geldes*: Vom Stoffgeld (Produktengeld, dann Metallgeld) zum stoffwertlosen Geld (Zeichengeld und Buchgeld). Geschichtliche Übersicht über die Währungssysteme. Das Verhältnis von Geld und Kapital.
2. *Geldmenge und Warenmenge*: Die Qualitätsformel (nur zu Zwecken der Veranschaulichung zu gebrauchen!). Inflation, Deflation. Die ‹richtige› Geldmenge.

II. Kredit und Volkswirtschaft
1. *Inhalt und Formen des Kredits*: Kreditarten nach Fristigkeit, nach Verwendungsrichtungen, nach Beleihungsgrundlage etc. Der Leihzins als eine Form des Kapitalgewinns. Die Höhe des Zinssatzes und ihre Bestimmungsgründe.
2. *Die Kreditmärkte und das Bankwesen*: Arten der Kreditmärkte und Zinsproportionen. Der internationale Geld- und Kreditverkehr. – Das Bankensystem: Spezialisierung und Kooperation. Die Großbanken. Staatliche Ordnung der Kreditmärkte. Das Kreditwesengesetz.

III. Die Geld- und Kreditversorgungspolitik
Zusammenhang von Geldmenge und Konjunktur. Die Kreditschöpfungsfähigkeit der Geschäftsbanken. Die Zentralnotenbanken und ihre Instrumente: 1. Einwirkung auf die kurzfristige Kreditgewährung (direkt: Kontingentierung; indirekt: Verteuerung und Verbilligung des Kredits: Diskontpolitik); 2. Einwirkung auf das Bargeldvolumen: Offen-Markt-Politik; 3. Einwirkung auf das Buchgeldvolumen: Mindestreserve-Politik. – Neuere Auffassungen: Von der Politik des ‹neutralen› Geldes zur initiativen Geldversorgungspolitik im Dienste der Konjunkturstützung. (Bezug zu Fragenkreis 6 und 7.)

Fragenkreis 6:
Der volkswirtschaftliche Gesamtprozeß

I. Grundsachverhalte

1. *Wirtschaftsprozeß und Wirtschaftsordnung*: Der volkswirtschaftliche Gesamtablauf als Resultat der einzelwirtschaftlichen Kapitalumschläge. Der Zusammenhang der Einzelunternehmungen auf den Bezugs- und Absatzmärkten. Die koordinierende und synchronisierende Funktion der Märkte. Das Erfordernis einer Proportionierung des Wirtschaftsablaufs (etwa zwischen Konsumgüter-, Investitionsgüter-, Grundstoffproduktion; zwischen den einzelnen Wirtschaftszweigen). Korrekturen von Disproportionen (über die Bewegung der Preise, der Lagerbestände, der Produktion, des anlagebereiten Kapitals).
2. *Die volkswirtschaftliche Wertschöpfung*: Realprodukt, Sozialprodukt, Volkseinkommen. Brutto- und Nettosozialprodukt. Das Handelsvolumen (volkswirtschaftliche Gesamtrechnungen).

II. Fehlentwicklungen im Wirtschaftsprozeß: das Konjunkturproblem

1. *Das Erscheinungsbild des Konjunkturverlaufs*: Formen mehr oder minder regelmäßiger Schwankungen im ‹klassischen› Konjunkturgeschehen: saisonale, kurzfristige, mittelfristige und längerfristige Schwankungen. Branchenzyklen (Beispiel: Bauwirtschaft, ‹Schweinezyklus›) und gesamtwirtschaftliche Zyklen Dauer des ‹klassischen› Zyklus (8–11 Jahre) und Phasen des Konjunkturverlaufs (Aufschwung, Hochschwung, Krise, Stockung). Die Ungleichzeitigkeit in der Bewegung der Preise, der Produktion, der Beschäftigung, der Löhne und Gewinne, der Zinssätze, der Aktienkurse etc. (Wichtig für eine Erklärung des Konjunkturablaufs.) Nationale Konjunkturen und Weltwirtschaft: Bedingungen von Ausgleich oder Übertragung nationaler Konjunkturbewegungen (Ansatzstellen vor allem: der internationale Handel, der internationale Kapitalverkehr).
2. *Zur Deutung des Konjunkturprozesses*: (Bemerkung: Wie der ganze Fragenkreis 6, so stellt vollends die Deutung des Konjunkturgeschehens besondere Anforderungen an Lehrende und Lernende. Die folgenden Andeutungen bezeichnen nicht mehr als die Richtung, in welcher eine Erklärung unternommen werden kann.)

Allgemeines: Inhalt aller Konjunkturbewegung ist eine Häufung von Disproportionen im Wirtschaftsprozeß; von Disproportionen, die in der Regel durch Ausschläge nach der entgegengesetzten Seite korrigiert werden und ihrerseits nach einer gewissen Kumulation eine Berichtigung erfordern. Zu erklären ist also stets der obere wie der untere Wendepunkt der Konjunktur, wobei ein und das gleiche Erklärungsprinzip gelten muß; jede bloße *Krisen*theorie bleibt unvollständig. Konjunkturschwankungen sind immanent, aus dem Wirtschaftsprozeß selbst zu erklären. Zu unterscheiden ist zwischen Anstößen und Verstärkerwirkungen. (Zu letzteren sind gehäufte ‹Erwartungen› der Unternehmerwelt zu rechnen, spekulatives Verhalten auf den Produkten- wie auf den Effektenmärkten sowie Bewegungen des Kredits und der Zinssätze, welche die expansive oder kontraktive Phase der Konjunktur begleiten und verstärken.)

Sichtbarste Erscheinung des Konjunkturprozesses ist das Stocken oder die beschleunigte Fortsetzung der Kapitalakkumulation. Daher pflegen die Ausschläge am stärksten im Bereich der Investitionsgütererzeugung zu sein. Die Ungleichzeitigkeit der Fortpflanzung von Konjunkturimpulsen (vor allem von Preisbewegungen) durch die Volkswirtschaft hindurch läßt die unter dem Eindruck des Aufschwungs eingeleitete Ausdehnung der Produktionskapazitäten nach Ablauf der Zeit bis zum Wirksamwerden der Investitionen schließlich auf Märkte treffen, die sich infolge der Steigerung der Preise während der Prosperität als ungenügend aufnahmefähig zeigen. Durch mehr oder minder heftigen Rückgang oder Zusammenbruch der Preise wird die Kaufkraft konjunkturtragender nachfragender Teile der Volkswirtschaft (Endverbraucher wie wichtiger Sektoren der Unternehmenswirtschaft selbst) wieder aufgewertet und ein neuer Impuls ausgelöst. – Das Konjunkturgeschehen ist also aus dem Grundinhalt unserer Erwerbsgesellschaft selbst zu erklären: aus der periodischen Vereitelung des allgemeinen Gewinnstrebens durch Zusammenbruch der Rendite; wobei die Heftigkeit des Ausschlags nach der einen Seite Kräfte der spontanen Korrektur und Gegenwirkung auslöst.

3. *Der Wandel des Konjunkturbildes und die Verhältnisse seit der Weltwirtschaftskrise*: Die allgemeine ‹Konzentration› der Wirtschaftsmacht setzt sich um in gehäufte Machtpreisbildung auf den Märkten. (Bezug zu Fragenkreis 3.) Von daher ist die ‹schleichende Inflation› unserer Epoche zu begreifen, die schon in den beiden Jahrzehnten vor dem Ersten Weltkrieg in allen führenden Industrieländern wirksam gewesen ist. Auf einen Rückgang der Konjunktur pflegen Unternehmungen in starker Marktposition weniger durch Herabsetzung der Preise als vielmehr durch Einschränkung der Produktion zu antworten, um den Gewinn zu halten. Das bedeutet im Großen: Ausfall von Beschäftigung und von Lohnkaufkraft (bei ungenügend reagiblen Preisen), Entwertung auch der Kaufkraft weniger starker Unternehmenszweige (auch etwa: der Landwirtschaft! Problem der ‹Preisschere›, siehe Fragenkreis 4) und damit strukturelle Schwächung der Kräfte eines spontanen Wiederaufschwungs. Die Weltwirtschaftskrise bedeutet den großen Einschnitt. Sie macht den dauernden Eintritt des Staates als Ersatznachfrager und Auftraggeber im Großen zur zwingenden Notwendigkeit, wobei die Finanzierung großenteils auf dem Wege tendenziell wachsender Staatsverschuldung erfolgt, verbunden mit Schöpfung zusätzlicher Geldmittel. (Überleitung zum Fragenkreis 7. In diesem Zusammenhang kann auf die Bedeutung der Lehre von Keynes eingegangen werden. Wegen der großen Schwierigkeiten empfehlen sich allerdings nicht die theoretischen Hauptwerke, sondern vielmehr einige kleinere wirtschaftspolitische Veröffentlichungen.

III. Fehlentwicklungen im Wirtschaftsprozeß: Strukturprobleme der Volkswirtschaft

1. *Das Problem ungleicher Kapitalbildungskraft der Wirtschaftszweige*: Resultat ungleicher Marktmacht, daher ungleicher Gewinne. (Bezug zu Fragenkreis 3.) Technische Fortentwicklung und Beharrungswille der benachteiligten Wirtschaftszweige. (Beispiel etwa: die Energiewirtschaft und Energiepolitik unter dem Druck einer Verdrängungskonkurrenz neuer Energiequellen gegenüber der Kohle.)

2. *Ungleiche Entwicklung der Wirtschaftsräume in der Volks- und Weltwirtschaft*: Probleme einer Nichtübereinstimmung von industrieller und bevölkerungsmäßiger Besetztheit eines Raumes. Grundfragen der Raumordnungspolitik. Das Problem der Industrialisierungsländer in einer fortgeschrittenen industriellen Umwelt. (Vorbereitung auf Fragenkreis 10.)

FRAGENKREIS 7:
Öffentliche Hand und Privatwirtschaft

I. ‹Staat› und ‹Wirtschaft› als Ergänzung und Gegensatz

1. *Geschichtliche Verhältnisse*: Der Merkantilismus als Wegbereiter einer erwerbsbürgerlichen Ordnung. (Bezug zu Fragenkreis 1.) Der klassische Liberalismus und der Übergang zur relativ staatsfreien Erwerbswirtschaft. (Mit Ausblicken in die Verfassungstheorie.)
2. *Die Abgrenzung von öffentlicher und privatwirtschaftlicher Sphäre heute*: Die Abgrenzung hoheitlicher Wirksamkeit des Staates im Wirtschaftsleben. ‹Wirtschaftliche Selbstverwaltung› der Interessenten. Einwirkung Privater auf den Staat (‹Herrschaft der Verbände›). – Die wirtschaftliche Eigenbetätigung der öffentlichen Hand. (Einige Zweige vorwiegend öffentlicher Wirtschaftstätigkeit: Wasserwirtschaft, Elektrizitätswirtschaft, Bundesbahn.) Die Privatisierung staatlicher Unternehmungen. – Die Öffentliche Hand als Käufer am Markt und als Auftraggeber der Privatwirtschaft. (Bezug zu Fragenkreis 6.)

II. Die Finanzwirtschaft von Staat und Gemeinden

1. *Die öffentlichen Einnahmen und Ausgaben*: Die Struktur der öffentlichen Finanzwirtschaft. Die Steuerpolitik im gesellschaftlichen Kräftespiel. Die Verteilung von Einnahmen und Ausgaben zwischen Bund, Ländern und Gemeinden als Ausdruck der politischen Aufgabenverteilung. Der Finanzausgleich. Das öffentliche Vermögen.
2. *Die Rolle des Fiskus in der Volkswirtschaft*: Der geschichtliche Weg: von der Deckung des notwendigen Staatsbedarfs zur Staatsverausgabung als Stütze der Konjunktur. Das Problem einer ‹antizyklischen› Fiskalpolitik. Das ‹Stabilitätsgesetz› von 1967. Öffentliche Aufträge und Staatsverschuldung. (Bezug zu Fragenkreis 6.) Umverteilung von Einkommen durch die Öffentliche Hand. (Bezug zu Fragenkreis 2, 3.)

FRAGENKREIS 8:
Nationalwirtschaft und Weltwirtschaft

I. Der zwischenstaatliche Warenaustausch

1. *Grundbegriffe der Außenhandelslehre*: Die Handelsbilanz und ihre Zusammensetzung. Die Austauschverhältnisse an den Weltmärkten und der ‹Weltmarktpreis›; die terms of trade (Realaustauschverhältnisse). Motive und Instrumente einer staatlichen Einwirkung auf Einfuhr und Ausfuhr (Zölle, Kontingente, Exportvergünstigungen).
2. *Etappen der neueren Handelsgeschichte*: Der Merkantilismus. Der Kampf um den Freihandel. Imperialismus und Handelskrieg. Die wachsende internationale Kapitalverflechtung und der Übergang zu übernationalen Wirtschaftsblöcken. Montanunion, EWG, EURATOM, EFTA in ihrem Innen- und Außenverhältnis.

II. Die zwischenstaatlichen Geldbewegungen

1. *Die Zahlungsbilanz und ihre Elemente*: Geldbewegungen in Bezahlung von Waren. Einseitige Übertragung von Geldkapital. Das Problem einer ‹unausgeglichenen› Zahlungsbilanz.
2. *Der Außenpreis des Geldes. Wechselkurs*: Bestimmungsfaktoren des Außenwertes des Geldes. Die Rolle des Goldes. Fester oder beweglicher Devisenkurs?
3. *Instrumente staatlicher Währungspolitik*: Diskontpolitik, Aufwertung und Abwertung der Währungseinheit. Internationale Devisenhilfe heute.

4. *Die Währungssysteme in der geschichtlichen Folge*: Die Zeit der Goldwährung. Die Devisenbewirtschaftung (von der Weltwirtschaftskrise bis nach dem Zweiten Weltkrieg). Die internationale Währungsordnung nach dem Zweiten Weltkrieg: Internationaler Währungsfonds und Weltbank; europäische Zahlungsunion; Rückkehr zur Konvertibilität wichtiger Währungen. Die schleichende Weltinflation und ihre Folgen: Ungleichgewicht der Zahlungsbilanzen, Währungskrisen und das Problem erweiterter Weltgeldversorgung.

III. Die Internationalisierung des Kapitals und das Arbeitsverhältnis
Das Gefälle der Löhne und Sozialleistungen und die zwischenstaatliche Wanderung der Arbeitskräfte. Fragen einer übernationalen Lohnpolitik. Die Sozialbewegung im übernationalen Raum.

Fragenkreis 9:
Die Länder des sozialistischen Ordnungstyps

I. Die Lehren der marxistischen Klassiker
Kapitalismus, Revolution und proletarische Diktatur, Sozialismus, Kommunismus im Lichte ausgewählter Schriften von Marx, Engels, Lenin. (Bezug vor allem zu Fragenkreis 1, 2.) Der Marxismus im Unterschied zu anderen Richtungen der Sozialbewegung (Anarchismus, Reformismus etc.)

II. Sowjetgesellschaft und Stalinismus
Die russische Revolution und die geschichtlichen Besonderheiten des Übergangs zum Sozialismus ‹in *einem* Lande›. Industrialisierung einer zurückgebliebenen Nation unter den Bedingungen äußerer Isolierung. Die wirtschaftliche und gesellschaftliche Bedeutung der Kollektivierung. Grundelemente und Ergebnisse früher sowjetischer Planwirtschaft. Der Stalinismus: Inhalt, Bedingungen, Überwindung.

III. Wandlungen des Sozialismus in der Nachkriegszeit
1. *Vom ‹monolithischen› System zum ‹Polyzentrismus›*: Die Entwicklung der osteuropäischen und asiatischen Volksrepubliken. Maoismus und Titoismus als Extreme unterschiedlicher sozialistischer Ordnungskonzeptionen. Die DDR. Neuere Tendenzen: insbesondere das Staatsleben, der Umbau der Planwirtschaft. Der erklärte Übergang zum Kommunismus.
2. *Die kommunistische Weltbewegung im Wandel*: Der Faschismus und die Entwicklung der Volksfront-Politik. Das Verhältnis von Revolution und Reform. Parlamentarismus und Diktatur des Proletariats in der neueren Lehre des theoretischen Kommunismus. Das Verhältnis von nationaler und sozialer Frage und die Stellung zu den Entwicklungsländern.

Fragenkreis 10:
Das Problem der nachholenden Industrialisierung und die ‹Dritte Welt›

I. Die politische und wirtschaftliche Hinterlassenschaft der europäischen Vormächte
Die Kolonialpolitik von einst. Die Rolle der abhängigen Gebiete für die ‹Mutterländer›. Kolonialismustheorien. Der Kampf um politische und wirtschaftliche Unabhängigkeit. Probleme der Grenzziehung bei den jungen Nationen. Die Monokultur. Die Überlegenheit der hochorganisierten erwerbswirtschaftlichen Industrienationen und die ungleiche Entwicklung der ‹terms of trade›.

II. Der Weg zur Industrie

Die Quellen einer Mittelaufbringung für die Industrialisierung und die Rolle der Landwirtschaft. (Bezug zu Fragenkreis 1.) Bodenreform als wirtschaftliches und soziales Problem. (Übersicht über den gegenwärtigen Stand: Chile, Iran, Indien, Formosa; die kommunistisch regierten Länder Asiens.) Die Frage der Industrialisierungsschwerpunkte (konsumnahe oder Grundstoff- und Investitionsgüterindustrie? Wiederholung der europäischen Manufakturperiode oder Übernahme der höchstentwickelten Technik?) Unternehmerischer oder gemeinwirtschaftlicher Weg zur Industrie. Das Problem der Arbeitskräfte, ihrer industriellen Erziehung und Ausbildung. Industrialisierung und Staatsgewalt.

III. Möglichkeiten einer Mithilfe der Umwelt

1. *Hilfe durch Handel*: Das Problem ungleicher Angewiesenheit zwischen Industrie- und Agrarländern. Die ungleiche Marktmacht. Die Welthandelskonferenzen. Internationale Marktregulierung (Rohstoffabkommen; internationale Vereinbarungen bei Ernährungsgütern).
2. *Zwischenstaatliche und übernationale Hilfe*: Darlehen und Schenkungen. Die Weltbank. Zweiseitige Abkommen. Wirtschaftshilfe und politische Bindung. Die Rolle der Waffenhilfe. Die Verschuldungsgrenze.
3. *Private Kapitalübertragung*: Die Problematik des privaten Kapitaltransfers für die Entwicklungsländer und für die Ausgangsnationen. Kapitalschutzabkommen. Kapitalflucht aus den Entwicklungsländern.
4. *Die nachholende Industrialisierung im Spannungsfeld zwischen kapitalistischem und sozialistischem Weg*: Kuba, Ägypten, Algerien etc. als Beispiele. Neue Varianten gemeinwirtschaftlicher Entwicklung. Rückwirkungen auf die beiden rivalisierenden Weltsysteme.

Liste wissenschaftlicher Buchveröffentlichungen von Werner Hofmann

Die volkswirtschaftliche Gesamtrechnung, Berlin 1954

Wohin steuert die Sowjetwirtschaft? Zur Deutung der Sowjetgesellschaft von heute, Berlin 1955

Die Arbeitsverfassung der Sowjetunion, Berlin 1956

Adolf Weber: Kurzgefaßte Volkswirtschaftspolitik, unter Mitwirkung von W. H., 7. neubearb. Aufl., Berlin 1957

Adolf Weber: Geld und Kredit, Banken und Börsen, 6. neubearb. Aufl., in Verbindung mit W. H., Heidelberg 1959

Europa-Markt und Wettbewerb, Berlin 1959

Gesellschaftslehre als Ordnungsmacht. Die Werturteilsfrage – heute, Berlin 1961

Die säkulare Inflation, Berlin 1962

Ideengeschichte der sozialen Bewegung des 19. und 20. Jahrhunderts (Sammlung Göschen Bd. 1205/1205 a), Berlin 1962; 2. Aufl. 1968, Übersetzung ins Spanische, Mexico 1964

Sozialökonomische Studientexte, hrsg.-bearb. von W. H., Bd. I: Wert- und Preislehre, Berlin 1964

Sozialökonomische Studientexte, Bd. II: Einkommenstheorie. Vom Merkantilismus bis zur Gegenwart, Berlin 1965

Sozialökonomische Studientexte, Bd. III: Theorie der Wirtschaftsentwicklung. Vom Merkantilismus bis zur Gegenwart, Berlin 1966

Stalinismus und Antikommunismus. Zur Soziologie des Ost-West-Konflikts. Edition Suhrkamp, Frankfurt 1967, 2. Aufl. 1968

Notstandsordnung und Gesellschaft in der Bundesrepublik. 10 Vorträge, hrsg. von Werner Hofmann und Heinz Maus, rororo Bd. 986, Reinbek 1967

Universität – Ideologie – Gesellschaft, Beiträge zur Wissenschaftssoziologie. 1. u. 2. Aufl. Frankfurt 1968 wissen ro ro ro

rowohlts deutsche enzyklopädie

Staats- und Wirtschaftswissenschaften

Hans Apel, Der deutsche Parlamentarismus / Unreflektierte Bejahung der Demokratie? [298/99]

Hans Barth, Masse und Mythos / Die ideologische Krise an der Wende zum 20. Jahrhundert und die Theorie der Gewalt: Georges Sorel [88]

Walter Eucken, Grundsätze der Wirtschaftspolitik [81]

J. R. Hicks, Einführung in die Volkswirtschaftslehre [155/56]

Hans Kellerer, Statistik im modernen Wirtschafts- und Sozialleben [103/104]

Erich Kosiol, Die Unternehmung als wirtschaftliches Aktionszentrum / Einführung in die Betriebswirtschaftslehre [256/57]

Börje Kragh, Konjunkturforschung in der Praxis / Prognosen und ihre Anwendung in der Konjunkturpolitik [321]

Wilhelm Mantel, Wald und Forst / Wechselbeziehungen zwischen Natur und Wirtschaft [123]

Andreas Predöhl, Das Ende der Weltwirtschaftskrise / Eine Einführung in die Probleme der Weltwirtschaft [161]

Hans Raupach, System der Sowjetwirtschaft / Theorie und Praxis [296/97]

Günter Schmölders, Konjunkturen und Krisen [3] – Geschichte der Volkswirtschaftslehre / Überblick und Leseproben [163/64] – Psychologie des Geldes [263–65]

Dies ist nur eine Auswahl. Ein vollständiges Verzeichnis aller lieferbaren Bände erhalten Sie direkt vom Rowohlt Taschenbuch Verlag, 2057 Reinbek bei Hamburg.

136/7

rororo aktuell

Herausgegeben von Fritz J. Raddatz

WOLFGANG ABENDROTH / HELMUT RIDDER / OTTO SCHÖNFELDT [Hg.] KPD-Verbot oder Mit Kommunisten leben? [1092]

● **HEINRICH ALBERTZ / DIETRICH GOLDSCHMIDT [Hg.]** Konsequenzen oder Thesen, Analysen und Dokumente zur Deutschlandpolitik [1280]

GUNTER AMENDT [Hg.] Kinderkreuzzug oder Beginnt die Revolution in den Schulen? Mit Beiträgen von Stefan Rabe, Ilan Reisin, Ezra Gerhardt, Günter Degler u. Peter Brandt [1153]

JAMES BALDWIN Hundert Jahre Freiheit ohne Gleichberechtigung oder The Fire Next Time / Eine Warnung an die Weißen [634]

UWE BERGMANN / RUDI DUTSCHKE / WOLFGANG LEFÈVRE / BERND RABEHL [Hg.] Rebellion der Studenten oder Die neue Opposition. Eine Analyse [1043]

● **JUAN BOSCH** Der Pentagonismus oder Die Ablösung des Imperialismus? Mit einem Nachwort von Sven G. Papcke [1151]

G. und D. COHN-BENDIT Linksradikalismus – Gewaltkur gegen die Alterskrankheit des Kommunismus [1156/57]

● **DAVID COOPER [Hg.]** Dialektik der Befreiung. Mit Texten von Carmichael, Gerassi, Goodman, Marcuse, Sweezy u. a.

EDWARD CRANKSHAW Moskau–Peking oder Der neue Kalte Krieg [633]

Dr. med. WOLFGANG CYRAN Genuß mit oder ohne Reue? Eine medizinische Analyse über die Gefahren des Rauchens [984]

● **BERNADETTE DEVLIN** Irland: Religionskrieg oder Klassenkampf? [1282]

FREIMUT DUVE [Hg.] Die Restauration entläßt ihre Kinder oder Der Erfolg der Rechten in der Bundesrepublik [990] – Kap ohne Hoffnung oder Die Politik der Apartheid [780]

● **HORST EHMKE [Hg.]** Perspektiven. Sozialdemokratische Politik im Übergang zu den siebziger Jahren [1205]

● **FRANTZ FANON** Die Verdammten dieser Erde. Vorwort von Jean-Paul Sartre [1209/10]

J. WILLIAM FULBRIGHT Die Arroganz der Macht [987/88]

● **ROGER GARAUDY** Marxismus im 20. Jahrhundert [1148]

GARAUDY / METZ / RAHNER Der Dialog oder Ändert sich das Verhältnis zwischen Katholizismus und Marxismus? [944]

GUNTER GAUS Staatserhaltende Opposition oder Hat die SPD kapituliert? Gespräche mit Herbert Wehner [942]

● **GUNTER GAUS [Hg.]** Zur Wahl gestellt: CDU/CSU, SPD, FDP, NPD, DKP, SDS – Interviews und Analysen [1208]

● **ERNESTO CHE GUEVARA** Brandstiftung oder Neuer Friede? Reden und Aufsätze. Hg. und mit einem Nachwort versehen von Sven G. Papcke [1154]

DAVID HALBERSTAM Vietnam oder Wird der Dschungel entlaubt? [840]

GERD HAMBURGER Katholische Priesterehe oder Der Tod eines Tabus? [1090]

HILDEGARD HAMM-BRUCHER Aufbruch ins Jahr 2000 oder Erziehung im technischen Zeitalter. Ein bildungspolitischer Report aus 11 Ländern [983]

166/29–29a

aktuell rororo

Herausgegeben von Fritz J. Raddatz

ROBERT HAVEMANN Dialektik ohne Dogma? / Naturwissenschaft und Weltanschauung [683]

● **WERNER HOFMANN** Grundelemente der Wirtschaftsgesellschaft – Ein Leitfaden für Lehrende [1149]

WERNER HOFMANN / HEINZ MAUS [Hg.] Notstandsordnung und Gesellschaft in der Bundesrepublik. Zehn Vorträge [986]

Homosexualität oder Politik mit dem § 175 / Mit einem Vorwort von Professor HANS GIESE [943]

JOACHIM KAHL Das Elend des Christentums oder Plädoyer für eine Humanität ohne Gott [1093]

GERT KALOW [Hg.] Sind wir noch das Volk der Dichter und Denker? 14 Antworten [681]

ERICH KUBY Im Fibag-Wahn oder Sein Freund, der Herr Minister [554]

ARNE LEIBING Flugsicherheit oder Die Chance zu überleben [982]

ERWIN LEISER «Deutschland, erwache!» Propaganda im Film des Dritten Reiches. Mit 31 Fotos [783]

HEINZ LIEPMAN [Hg.] / HEINRICH HANNOVER / GÜNTER AMENDT Kriegsdienstverweigerung oder Gilt noch das Grundgesetz? Mit einem neuen Beitrag von Günter Amendt [885]

● **NORMAN MAILER** Nixon in Miami und die Belagerung von Chicago [1221/22]

MAO TSE-TUNG Theorie des Guerillakrieges oder Strategie der Dritten Welt / Einleitender Essay von SEBASTIAN HAFFNER [886]

CARL NEDELMANN / GERT SCHÄFER [Hg.] Politik ohne Vernunft oder Die Folgen sind absehbar. Zehn streitbare Thesen. Vorwort: WALTER JENS [781]

ERNST RICHERT Die DDR-Elite oder Unsere Partner von morgen? [1038]

STEPHEN ROUSSEAS Militärputsch in Griechenland oder Im Hintergrund der CIA. Mit Beiträgen von Hermann Starobin und Gertrud Lenzer. Vorbemerkung: MELINA MERCOURI [1089]

BERTRAND RUSSELL / JEAN PAUL SARTRE Das Vietnam-Tribunal I oder Amerika vor Gericht [1091]

● Das Vietnam-Tribunal II oder Die Verurteilung Amerikas [1213/14]

J. SAUVAGEOT / A. GEISMAR / D. COHN-BENDIT Aufstand in Paris oder Ist in Frankreich eine Revolution möglich? Hg. von HERVÉ BOURGES [1155]

● **RADOSLAV SELUCKÝ** Reformmodell ČSSR – Entwurf einer sozialistischen Marktwirtschaft oder Gefahr für die Volksdemokratien? [1207]

MICHAEL SERAFIAN Der Pilger oder Konzil und Kirche vor der Entscheidung [686]

Welternährungskrise oder Ist eine Hungerkatastrophe unausweichlich? Hg. von der Vereinigung Deutscher Wissenschaftler [1147]

● Neuerscheinung 1969

Gesamtauflage über 2 Millionen Exemplare

Jean Fourastié

Die große Hoffnung des zwanzigsten Jahrhunderts

Aus dem Französischen übersetzt
von Burkart Lutz
Zweite Auflage.
279 Seiten, Ganzleinen DM 25,–

Die von der klassischen Volkswirtschaftslehre benutzten Modelle der wirtschaftlichen Zusammenhänge genügen nicht, um langfristige Strukturveränderungen der industriellen Volkswirtschaft ausreichend zu erklären. Deshalb entwirft Fourastié ein neues Modell der wirtschaftlichen Entwicklung der letzten 150 Jahre, dessen Schlüsselbegriffe der technische Fortschritt und die vom technischen Fortschritt verursachte Steigerung der Produktivität der menschlichen Arbeit sind.
Aus seiner Analyse umfangreichen statistischen Materials ergibt sich, daß für die Erzeugnisse eines erheblichen Teils der Wirtschaftszweige, in denen die Steigerung der Produktivität besonders groß ist, mit steigendem Lebensstandard eine Sättigung eintritt, während sich das Schwergewicht der Nachfrage zunehmend auf die Bereiche verlagert, in denen die Arbeitsproduktivität bisher nicht wesentlich angestiegen ist und sich auch nicht beliebig steigern läßt.
Die «Frankfurter Allgemeine Zeitung» schrieb zur ersten Auflage: «Der französische Sozialwissenschaftler Jean Fourastié hat ... ein ... Gedankengebäude geschaffen, das zur Beurteilung des Gegenwärtigen wie des Kommenden wesentliches beisteuert.»

Bund-Verlag

5 Köln 21 · Postfach 21 01 40